国学句典丛书

阳明先生则言

王守仁
薛侃
王畿

曹诣珍 注析·纂·撰

中国出版集团
东方出版中心

图书在版编目（CIP）数据

阳明先生则言 /(明) 王守仁撰; (明) 薛侃, (明)
王畿纂; 曹诣珍注析. 一上海: 东方出版中心,
2023.6
　ISBN 978 - 7 - 5473 - 2199 - 7

　Ⅰ. ①阳… Ⅱ. ①王… ②薛… ③王… ④曹… Ⅲ.
①王守仁（1472 - 1528）－文集 Ⅳ. ①B248.21 - 53

中国国家版本馆 CIP 数据核字(2023)第 081968 号

阳明先生则言

著　　者　（明）王守仁 撰;（明）薛侃、王畿 纂;曹诣珍 注析
责任编辑　刘玉伟　陈哲泓
装帧设计　青研工作室

出 版 人　陈义望
出版发行　东方出版中心
地　　址　上海市仙霞路 345 号
邮政编码　200336
电　　话　021 - 62417400
印 刷 者　上海颛辉印刷厂有限公司

开　　本　890mm × 1240mm　1/32
印　　张　9
字　　数　200 千字
版　　次　2023 年 8 月第 1 版
印　　次　2023 年 8 月第 1 次印刷
定　　价　52.00 元

"国学句典"丛书总序

近些年，国学逐渐"热"起来了，常有亲友因我毕业于国学院、研究诗词，让帮忙推荐入门读物。对此，我不能不慎重。《诗经》《庄子》等元典，肯定是首选，但让他们读全本，不大现实。即使是选本，长长的《七月》《逍遥游》等篇章，也没有足够的时间一次读完；分散着读，则可能顾此失彼、读了下段忘上段。结合自己学习的经历和体验思前想后、反复斟酌，我买了很多学通四部的当代国学大师张舜徽先生纂辑的《经传诸子语选》，每逢人下问，就送其一本，果然反响不错！

此书是张先生为了进德修业，从先秦诸子、六艺经传等中华元典中摘录至理名言汇编而成的。据说，张先生将其抄在小本本上，从年轻时起就置于案头以备修省。此等纂辑目的和阅读方式，与普通人了解国学的期待完全一致，怪不得会获其青睐。普通人忙了一天，身心疲惫，下班回家泡壶茶，能读几句放松放松就很不错了！而且，他们了解国学，是为了滋养心灵、获得修身处事的启发，不像我辈专业研究人员，是为了写论文、专著。普通人了解国学的这种目的及方式，其实更契合国学之精神。

国学首先是"内圣外王"的"为己之学"，其次才是知识体系。可惜近代以来，随着"西学东渐"，相关研究越来越"技术化"，大有将其变成一堆系统而过时的知识之势。古人研治国学，明白了一个道理，是要在日常生活中身体力行的，所以治学贵识宗旨，强调博约结合。初学之书，尤要简明、系统，这样才便于涵泳、贯彻，就像"三大纪律八项注意"那样，不能烦琐、庞杂。职是之故，古人像张先生那样，精选要言编纂了《近思录》《朱子学的》等接引后学、传承文脉的好书。他们对国学的体悟更为浑融、透彻，故选择多含卓识、纂辑尤见匠心，能导人由浅入深、由点知面。

我们的这套"国学句典"丛书，即精选前贤编纂的以一句或数句为基本单位的经典著作，加以校勘、注释、解析，以供普通人修身处世之助。读者朋友们可以将其置于案头、放在包中，利用等车、候人、喝茶之类的"碎片化"时间，随时读上几句，让国学精华轻松、便捷地滋养我们的心灵，点化我们的生活。而且，由于这些著作隐含着系统的架构，多按主题分类，且循序渐进地编排，日积月累读下来，则会对国学领域某一核心人物或学科的学说获得较为全面的感知，由"碎片"抵达"通识"。也正因为具有这些特点，这套书也颇便于学生、文秘人员及书法家作文、撰稿、书写时"引经据典"。

正如张先生在《经传诸子语选》自序中所说，"纂录既竟，置之案头以备观省。或拈出一言以检束身心，或综合群语以会通理道，悠然有得，益我良多。盖古人立言，不为一时，今人读之，亦有可资借鉴，取古语以为今用者，比比是也"，国学具有超越时空、跨越国度的永恒魅力。希望这套书能为读者感知国学精华、提升生活品质，也为社会营造书香氛围、增进和谐幸福略尽绵薄！

陈斐

癸卯芒种后五日于京师乐闲堂

前　言

王阳明是宋明理学的集大成者，他将陆九渊"心即理"理论进行了完善和升华，同时对宋代理学有一个完整的总结，更有对孔孟以来整个儒学思想核心问题的提炼。他创立的阳明心学是中国思想文化史上的重要学说之一，以儒学为根基，同时又融汇佛道思想，通过"心即理""知行合一""致良知"等核心概念，简明切实地阐释了极具东方特色的思想体系，并实现理论与实践的统一、主体与客体的统一，直至今天依然有着重大的理论价值和现实意义。而正如钱穆所论："要研究王学的人，不要忘了他成学前的那一番经历""要把他自己成学前的种种经历来为它下注释""若忘了他的实际生活，空来听他的说话，将永不会了解他说话的真义"①。欲领会阳明学说的精神所在，必得先了解他的生平经历。

王阳明（1472—1528）名守仁，字伯安，谥文成，浙江绍兴府余姚人。其父王华为成化十七年（1481）状元，官至南京吏部尚书。阳明幼年随父迁居山阴，三十一岁结庐宛委山阳明洞天，自号阳明山人、阳明子，故世称阳明先生。阳明自少年时就有非凡的志向。据钱德洪所撰《年谱》记载，阳明十一岁时，"尝问塾师曰：'何为第一等事？'塾师曰：'惟读书登第耳。'先生疑曰：'登第恐

---

① 钱穆：《阳明学述要》，九州出版社 2010 年版，第 45 页。

未为第一等事，或读书学圣贤耳。'"希圣希贤之志，此时已然确立。十五岁时，"出游居庸三关，即慨然有经略四方之志"。十八岁时，谒见儒学名流娄谅，娄谅"语宋儒格物之学，谓'圣人必可学而至'"，阳明"深契之"，"始慕圣学"。弘治五年（1492），阳明二十一岁，举浙江乡试，成为举人，但学圣之路也遭遇重大挫折："遍求考亭遗书读之。一日思先儒谓'众物必有表里精粗，一草一木，皆涵至理'，官署中多竹，即取竹格之；沉思其理不得，遂遇疾。"这使他对朱熹的"格物致知"之学产生了深刻的怀疑，"自委圣贤有分，乃随世就辞章之学"。不料在接下来的两次会试中，阳明又因才高被忌，接连失利。同舍有以不得第为耻者，而阳明慰之曰："世以不得第为耻，吾以不得第动心为耻。"在他心目中，举业仕进已降格为外在的"动心"之欲，不得第并不为"耻"，若不得第而"动心"，方是"耻"。弘治十二年（1499），阳明二十八岁，第三次参加礼部会试，举南宫第二人，赐二甲进士第七人，观政工部，开始了他坎坷而辉煌的政治生涯。在这一时期，他还曾经和李梦阳、何景明、徐祯卿等当时文坛第一流诗人唱和交游，"以才名争驰骋，学古诗文"，成为当时文学复古运动的积极参与者，但最终感叹："吾焉能以有限精神为无用之虚文也！"又转求佛老之学，"久之悟曰：'此簸弄精神，非道也。'又屏去"。可见，阳明虽然在十一岁时就立下"学圣贤"之志，但对于经由何种途径实现这一志向，却终究是不明确的，经历了一系列的挫折、迷茫和惶惑，湛甘泉概括为："初溺于任侠之习；再溺于骑射之习；三溺于辞章之习；四溺于神仙之习；五溺于佛氏之习。"（《阳明先生墓志铭》）直至弘治十八年（1505），阳明才不再彷徨犹疑，最终确定儒家的圣贤之学为他精神上的终极追求。《年谱》记载："是年先生门人始进。学者溺于词章记诵，不复知有身心之学。先生首倡言之，使人先立必为圣人之志。"但还未能建立起自己的心学体系，同时也因欠缺"事上磨炼"，所以还不能达到"心与理为一"的程度和浑融一片的境界。

明武宗正德元年（1506）十月，给事中戴铣、御史薄彦徽共同上书弹劾宦官刘瑾，被逮系诏狱。阳明义愤难平，抗疏相救，于十一月上《乞宥言官去权奸以章圣德疏》，因此触怒刘瑾，"亦下诏狱。已而廷杖四十，既绝复苏。寻谪贵州龙场驿驿丞"。在赶赴龙场之前，他写下《泛海》诗："险夷原不滞胸中，何异浮云过太空！夜静海涛三万里，月明飞锡下天风。"在他看来，世间万象，都不过是飘风浮云，不变的是自己宁静的心体，如太空一样渊默深邃，周流不息。他把人生的坎坷崎岖置之度外，做好充分的心理准备去直面艰苦的贬谪生涯。也正因有这一份不计世间荣辱的洒然心态，他才得以在"贵州西北万山丛棘中，蛇虺魍魉，蛊毒瘴疠"的恶劣环境中艰难地生存下来，并通过澄净其心，看破名利、生死，终于迎来"顿悟"。《年谱》记载：

> 时瑾憾未已，自计得失荣辱皆能超脱，惟生死一念尚觉未化，乃为石椁自誓曰："吾惟俟命而已！"日夜端居澄默，以求静一；久之，胸中洒洒。而从者皆病，自析薪取水作糜饲之；又恐其怀抑郁，则与歌诗；又不悦，复调越曲，杂以诙笑，始能忘其为疾病夷狄患难也。因念："圣人处此，更有何道？"忽中夜大悟格物致知之旨，寤寐中若有人语之者，不觉呼跃，从者皆惊。始知圣人之道，吾性自足，向之求理于事物者误也。

阳明曾长期困惑于朱子所主张的要穷尽事物之理才能入圣，此时大悟，终于明白"圣人之道，吾性自足"，不须向外求理，天理即在我心中。有此大悟，他的心学思想真正开始浮现。左东岭以为，阳明龙场悟道"首先是摆脱了对环境的依赖，超越了生死祸福的纠缠与威胁，形成了以自我为价值标准的人生态度"，更重要的，是"改变了自我的心态，即从忧谗畏讥的悲愤凄凉转向从容自得"，"显示了明代士人正在开始艰难地摆脱长期的从属地位，从原来政治工具的角色转向道义的承担者，从妾妇的心态转向独立自主的心态"①。旁人难以承受的生命困顿，却被阳明视为"最是动心忍性砥砺切磋之地"（《寄希渊（四）》），成为他人生历程与学术生涯的转折点，其心学思想体系由此开始建立。阳明悟道后的第二年，即正德四年（1509），他被提督学政席书聘请讲学于贵阳文明书院，始论"知行合一"，学术上更进一层。

正德四年（1509）闰九月，阳明谪戍期满，复官庐陵县（今江西吉安）知县。次年十二月升任南京刑部主事。正德六年（1511）被召入京，历任吏部验封司主事、署员外郎、吏部文选司主事。正德七年（1512）历任吏部考功司郎中、南京太仆寺卿。正德九年（1514），升任南京鸿胪卿。正德十一年（1516）八月，被擢为都察院左佥都御史，巡抚南（安）、赣（州）、汀（州）、漳（州）等地。正德十四年（1519）六月十四日，宁王朱宸濠在南昌发动叛乱，迅速波及江西北部及南直隶西南一带，形势危殆。阳明闻变，举兵勤王，于七月二十日攻克南昌，二十四日与叛军激战于黄家渡，二十六日以火攻，宸濠大败，与其世子、郡王等皆被擒。仅经四十三天，这场危及明王朝基业的叛变即为阳明所平定。然而立此

---

① 左东岭：《王学与中晚明士人心态》，商务印书馆 2014 年版，第 134、139 页。

赫赫奇功的阳明不但没有得到朝廷应有的封赏，却反而遭遇人生的又一次厄难。宸濠被擒获后，好大喜功的明武宗欲御驾亲征，幸臣张忠、许泰、江彬等不但不加以阻拦，还怂恿万端，甚至要求阳明将宸濠释放在鄱阳湖地区，希望再起战端。阳明断然拒绝，故衔恨者众，不但功高不赏，还被诬"通濠"，由此陷入比远谪龙场更为险恶的人生境遇中，自思"以一身蒙谤，死即死耳"。但他依旧坚信："尔那一点良知，是尔自家底准则。尔意念着处，他是便知是，非便知非，更瞒他一些不得。尔只不要欺他，实实落落依着他做去，善便存，恶便去。他这里何等稳当快乐。"并写下《啾啾吟》一诗："知者不惑仁不忧，君胡戚戚眉双愁？信步行来皆坦道，凭天判下非人谋。用之则行舍即休，此身浩荡浮虚舟。丈夫落落掀天地，岂顾束缚如穷囚……人生达命自洒落，忧谗避毁徒啾啾！"表达了身陷谗谤的泰然自若和无所畏惧，以及乐天知命的洒落通达。外在恶劣环境的刺激与磨炼，促使他更加深刻地体验到"良知"对于统摄身心和适应灾变的决定性作用，启发他提出"致良知"的重要哲学命题，心学思想进一步发扬光大。据《年谱》记载，正德十六年（1521）正月，王阳明"居南昌。是年先生始揭致良知之教"；"自经宸濠、忠、泰之变，益信良知真足以忘患难，出生死，所谓考三王，建天地，质鬼神，俟后圣，无弗同者。乃遗书守益曰：'近来信得"致良知"三字，真圣门正法眼藏。往年尚疑未尽，今自多事以来，只此良知无不具足。譬之操舟得舵，平澜浅濑，无不如意，虽遇颠风逆浪，舵柄在手，可免没溺之患矣。'"他又对门人陈九川说："我此良知二字，实千古圣圣相传一点滴骨血也。""某于此良知之说，从百死千难中得来，不得已与人一口说尽。"

嘉靖元年（1522），父王华去世，阳明回乡守制，讲学于稽山书院及余姚的龙泉寺天中阁，招收了包括下第归来的王畿、邹守益、钱德洪等在内，来自绍兴八县及湖广、直隶、南赣等地的三百余人入学听讲，各地慕名而来之学者络绎不绝。嘉靖二年（1523），门下弟子日益增多，讲学呈现空前的繁盛景象。钱德洪曾在《传习续录》二卷的跋文中描述了当时的盛况：

> 先生初归越时，朋友踪迹尚寥落，既后，四方来游者日进。癸未年已后，环先生而居者比屋，如天妃、光相诸刹，每当一室，常合食者数十人；夜无卧处，更相就席；歌声彻昏旦。南镇、禹穴、阳明洞诸山，远近寺刹，徙足所到，无非同志游寓所在。先生每临讲座，前后左右环坐而听者，常不下数百人，送往迎来，月无虚日；至有在侍更岁，不能遍记其姓名者。

嘉靖四年（1525）十月，阳明又在越城西郭门内光相桥之东，自立阳明书院讲学，向钱德洪、王畿等人传授了他哲学思想的宗旨——"四句教"："无善无恶是心之体，有善有恶是意之动，知善知恶是良知，为善去恶是格物。"使他的哲学思想更臻完善。黄宗羲极为推崇阳明学术晚年的境界："居越以后，所操益熟，所得益化，时时知是知非，时时无是无非，开口即得本心，更无假借凑泊，如赤日当空而万象毕照。"（《明儒学案·姚江学案》）

嘉靖六年（1527），阳明奉命兼都察院左都御史，总制两广、江西、湖广等军务事宜，往征广西西北边境思田之乱，之后又平八寨、断藤峡民变；终因奔波劳累、年老衰病而请辞归乡，虽朝廷不允，再于次年十月上疏告归，在归途中逝世，享年五十七岁。临终之时，门人周积泣下，问："何遗言？"阳明微哂曰："此心光明，亦复何言？"一代大儒，就此陨落。隆庆时，阳明被追赠新建侯，谥文成。万历十二年（1584），从祀于孔庙。

纵观阳明一生，"文武兼资"是其最大特点。他不仅是明代最有影响的哲学家、心学运动的代表人物，且一生为保明王朝东南半壁江山鞠躬尽瘁，功业盖世。故王士禛誉之为"明第一流人物，立德、立功、立言皆踞绝顶"（《池北偶谈》）。他的心学思想并非得自书斋学院之清谈，而淬炼自"百死千难"的人生经历，因此偏重实行，注重"事上磨炼"，强调个人的能动性，其人生的历程与思想的发展始终处于交互促进的状态。他提出的"致良知"的哲学命题和"知行合一"的方法论，具有要求冲破思想禁锢、呼吁个性解放的意义，在当时和后世都产生了极大的影响力。张岱说："阳明先生创良知之说，为暗室一炬。"（《石匮书后集》）黄宗羲评价："震霆起寐，烈耀破迷，自孔孟以来，未有若此之深切著明者也。"（《明儒学案·师说》）翁方纲慨叹："阳明之学既出，天下宗朱者，无复几人矣。"（《复初斋集》）阳明心学后来传入日本、朝鲜等国，同样有非常大的影响。对于当代而言，阳明心学依旧有极高的借鉴意义。正如冈田武彦所论："王阳明的'良知'说振奋了弱者的心灵，给那些深陷权势和名利的漩涡而不能自拔、遭受现世重压而不能逃脱的世俗中人指出了一条正大光明、强而有力的快乐生存之路。"[①] 杜维明也说："王阳明继承和发扬光大了中国儒学特有的人文精神。他提出'仁者要以天地万物为一体'，就是要创造人与自然的和谐；他提出'知行合一'，就是要创造人与社会的和谐；他提出致良知，就是要创造

---

① 冈田武彦：《王阳明大传：知行合一的心学智慧》，重庆出版社 2014 年版，第 3 页。

人与自身的和谐。"① 因此，学习阳明心学，既有助于我们从个体的角度将其思想精髓转化为自身精神的一部分，从容坦荡地面对人生的一切历练，也有助于我们从时代的角度更为深入地理解"和谐"思想和"人类命运共同体"概念中的文化底蕴和哲理内涵。

《阳明先生则言》是王阳明语录、文章的精选，由其弟子薛侃、王畿编辑。据薛侃《序》，编辑此书的目的，主要是考虑到阳明全集"行者不易挟，远者不易得"，而"先生之教，贵知要也"，因此希望以"则言"的形式，在有限的篇幅内，简明扼要地呈现阳明的思想精髓，促进阳明心学的传播。这同样是我们今天校理《阳明先生则言》的初衷所在。阳明学说博大精深，卷帙繁重，若通读全集，对普通学者而言，确实存在时间、精力的限制；倘能萃取精华，使学者在较短的时间内即能领略纲要，功莫大焉。而能担此重任者，必得是得阳明心学真传之人。《则言》的两位编辑者薛侃、王畿，俱为阳明嫡传弟子中的佼佼者。薛侃（1486—1545）字尚谦，自号中离，潮州府揭阳人（今潮州市潮安县）人，明正德十二年（1517）进士，为官清正刚直，师事阳明于江西赣州，一生致力于维护师门、弘扬师说。薛侃传王学于岭南，为岭表大宗，《明史》称："自是王氏学盛行于岭南。"王畿（1498—1583）字汝中，号龙溪，绍兴府山阴（今绍兴市）人，明正德十三年（1518）举人，嘉靖二年（1523）试礼部进士不第，返乡后受业于阳明，"亲炙阳明最久，习闻其过重之言"（黄宗羲《明儒学案》），协助阳明指导后学，时有"教授师"之称。他传播阳明学说达四十余年，足迹遍及吴、楚、闽、越等东南各地，所到之处，听者云集，学者称龙溪先

---

① 转引自纪望书：《传习录通解》，武汉出版社 2017 年版，第 269—270 页。

生。二人俱得阳明亲传，也是阳明心学分化、演变过程中的关键人物，因此所编《则言》，能够秉持择精妙、集要旨之原则，以较短的篇幅展现阳明心学精华，极有助于后世学者学习和研读。是书在明代已成为阳明心学的入门书籍，万历年间江起鹏在《刻〈近思录补〉小引》中即记述其"年十三"时，被授以"王阳明先生《则言》"。

《则言》最初于明嘉靖十六年（1537）由薛侃刊刻，其后又有明嘉靖四十四年（1565）谷中虚重刻本、钱中选校订本、吴勉学《合刻宋明四先生语录》本。此次校理，以嘉靖十六年（1537）薛侃刻本为底本，每则均列注释、译文和解析，既对生字难词、人名地名等作了必要的说明，也在尽可能不走失原意并保持原有风格的前提下将原文译为现代文，并适当介绍背景、归纳要旨、阐明学理，以备读者参阅。

曹诣珍

凡　例

　　一、本书的编著目的是：帮助一般读者比较容易而正确地领略阳明先生的语录和文章精华，在较短的时间内掌握阳明心学的纲要。

　　二、本书以《续修四库全书》第 937 册所收安徽省图书馆藏明嘉靖十六年（1537）薛侃刻本《阳明先生则言》为底本标点。正文文字有疑误者，参照上海古籍出版社 2011 年版《王阳明全集》，在注释中校改，不出校勘记。与阐释有关的重要异文，在注释中说明。其他无关宏旨、可以两通的异文，一律不说明。

　　三、原书共分上下两卷。为使眉目清晰，便于读者检阅，今统一于每则前编列序号，共 185 则。

　　四、注释部分，着重于生字难词、人名地名、典章制度、地理职官、引文出处等的解析说明，一般只在第一次出现时加注。再次出现，如有必要，会注明参见某则某注释。

　　五、译文坚持"信达雅"的原则，在尽可能不走失原意并保持原有风格的前提下力求流畅清通。若必须加原文含义之外的词句，外用（　）作标识。

　　六、解析部分，重在介绍背景，归纳要旨，阐明学理，揭示《则言》对于提升个人道德修养与经世致用的价值之所在。

　　七、为行文简净，本书称引诸家，除阳明称"先生"外，余皆称名。

八、本书的编著多方借鉴了前人的相关成果，但限于篇幅、体例，不能一一出注，择取重要者列于参考书刊目录。

凡

例

目 录

序

先生之言，始锓自赣，曰《传习录》，纪其答问语也①；锓于广德②，曰《文录》，纪其文词者也；锓于姑苏，益之曰《别录》，纪其政略者也③。录既备，行者不易挟，远者不易得。侃与王子汝中萃其简切为二帙④，曰《则言》。盖先生之教，贵知要也⑤。或曰："先生之学，不厌不倦，其道荡荡，其思渊渊⑥，士羹墙而民尸祝矣⑦。诵其遗言，皆可则也⑧。譬之树然，牙、甲、华、实皆生意也⑨。子之择而取之也，无乃不可乎？"曰："道之在吾人也，孰彼

---

① 锓（qǐn）：刻，雕刻。赣：指江西赣州。明正德十三年（1518）八月，薛侃刊刻《初刻传习录》于赣州，即今本之上卷。纪：通"记"，记录，记载。

② 广德：地名，位于安徽省东南部。

③ 姑苏：苏州。益：增加。政略：政治策略。

④ 侃：即薛侃。王子汝中：即王畿，字汝中。萃：聚集，汇集。简切：简要切实。帙（zhì）：量词，一册，一套。

⑤ 要：纲要，要点。

⑥ 荡荡：广大貌，博大貌。语本《尚书·洪范》："王道荡荡。"渊渊：深广貌，深邃貌。

⑦ 羹墙：《后汉书·李固传》："昔尧殂之后，舜仰慕三年，坐则见尧于墙，食则睹尧于羹。"意思是：尧去世后，舜日夜追怀，三年之中，坐着便看到尧的形象在墙上，吃饭时就看到尧的形象在羹中。后以"羹墙"为追念前辈或仰慕圣贤的意思。尸祝：祭祀。

⑧ 遗言：遗训。则：仿效，效法。

⑨ 牙：通"芽"，植物的幼芽。甲：植物的新叶。华：同"花"，花朵。实：果实，子实。生意：生机，生命力。

この焉？而其见于言也，孰众寡焉？惟其切于吾之用也，则一言一药矣，而况于全乎？如其弗用也，则六籍亦粕烬耳^①，而况于一言乎？此《则言》之意也。"或质诸周子文规^②，曰："然。"遂命锓之。嘉靖丁酉冬十二月朔，门人薛侃序。

【译文】

先生的言论，最早在赣州刊刻，名《传习录》，记录他与弟子之间的答问语；后在广德刊刻，名《文录》，记录他的文词；后在苏州刊刻，又增加了《别录》，记录他的政治策略。所录内容虽然完备，但是行路之人不易携带，远方之人也不易得到。我和王畿择取其中简要切实的言论汇集为两册，名《则言》。因为先生的教导，贵在了解纲要。有人说："先生的学问，没有人会心生厌倦，其中的道理是那样广博，其中的思想又是那样深邃，人们都极为仰慕和敬奉。吟诵他的遗训，每一句都是仿效的对象。就好像一棵树，它的幼芽、新叶、花朵、果实，无不是生机所在。你现在择取其中一部分，恐怕不可以吧？"我回答说："道在我们每个人自身，又哪分彼此？用言语表述出来，又哪在于多寡？只要它对我们是切实有用的，那么每一句都如同良药，更何况是全部内容？如果它是没有用的，那么哪怕是'六经'也不过是糟粕与灰烬，更何况只是一句？这就是我们编纂《则言》的本意。"有人以此求证于周文规先生，他说："是的，就是这样。"于是命人刊刻此书。嘉靖十六年冬十二月初一，门人薛侃序。

① 六籍：即六经，《诗》《书》《礼》《易》《乐》《春秋》的合称。粕烬：糟粕与灰烬。
② 质：对质，验证。周子文规：周文规，生卒年不详，曾任职于浙江，并"大兴阳明公之学"（湛若水《答王汝中兵曹》），是《则言》刊行的资助人。

【解析】

此序由阳明先生弟子薛侃撰写，作于嘉靖十六年（1537）冬，距先生逝世已八年。在这篇序言中，薛侃阐述他和王畿编纂《则言》的出发点，主要是考虑到阳明先生的全集虽然完备，但有两方面不足：其一，过于厚重，行路之人不易携带；其二，刊印数量不多，远方之人不易得到。这种现状显然不利于阳明心学的传播。因此他们择取了先生语录、文章中简要切实的部分内容，汇集为《则言》，既轻便易携，也有助于学者在较短的时间内领略阳明心学的纲要所在。

序

阳明先生则言上

1. 先生曰：德有本而学有要，不于其本而泛焉以从事①，高之而虚无，卑之而支离②，终亦流荡失宗③，劳而无得矣。是故君子之学，惟求得其心。虽至于位天地，育万物④，未有出于吾心之外者也。孟氏所谓"学问之道无他，求其放心而已"者⑤，一言以蔽之。故博学者，学此者也；审问者，问此者也；慎思者，思此者也；明辩者，辩此者也；笃行者，行此者也⑥。心外无事，心外无理，故心外无学。譬之植焉，心，其根也；学也者，其培壅之者也⑦，灌溉之者也，扶植而删锄之者也，无非有事于根焉耳矣。

【译文】

先生说：道德有根本，学术有要领，如果不从根本出发，而只是

① 泛：肤浅，不深入。

② 卑：低，与"高"相对。支离：烦琐杂乱。

③ 流荡：无所依托。宗：根本，本旨。

④ 位天地，育万物：使天地各归其位，使万物生长发育。语本《礼记·中庸》："致中和，天地位焉，万物育焉。"

⑤ "学问"句：出自《孟子·告子上》，意思是：做学问的途径没有别的，只要找回放纵散漫的本心即可。放心：放纵之心。

⑥ 博学：广泛学习。审问：详细、深入地问。慎思：谨慎思考。明辩：即"明辨"，明确分辨。笃行：切实履行。语本《礼记·中庸》："博学之，审问之，慎思之，明辨之，笃行之。"

⑦ 培壅（yōng）：于植物根部堆土以保护根系，促其生长。

泛泛行事，往高了讲是虚无，往低了讲是繁杂，最终无所依托，失去根本，劳而无功。因此，君子治学，只在于求得其心。即使到了使天地各归其位，使万物生长发育的境界，也没有超出我心之外的。孟子所说"做学问的途径没有别的，只要找回放纵散漫的本心即可"，正是用一句话概括了这个道理。所以广泛学习的人，学的就是这个；深入探问的人，问的就是这个；谨慎思考的人，思考的就是这个；明确分辨的人，辨别的就是这个；切实履行的人，履行的也就是这个。心外没有事物，心外没有天理，所以心外也没有学问。这好比植树，心就是根，学习则是培土巩固，浇水灌溉，栽种锄草，都是为了更好地培育根部。

【解析】

此则撷自《紫阳书院集序》。朱熹别称紫阳先生，南宋淳祐间，郡守韩补在安徽歙县紫阳山为朱熹建紫阳书院。明正德七年（1512），徽州太守熊世芳重修紫阳书院，编《紫阳书院集》；十五年（1520），阳明先生为之作序。紫阳书院以宣扬朱熹理学思想为宗旨，而阳明先生所作之《序》，内容完全揭一"心"字，继孟子之后，重申君子治学只在于求得其心，并针对朱熹"位天地，育万物，只此一理而已"（《朱子语录》）的理论，明确提出"位天地，育万物，未有出于吾心之外者也"。此段文字，言简意赅地表明了阳明心学的要旨，故置于篇首。

2. 君子之学以明其心。其心本无昧也①，而欲为之蔽②，习为之害。故去蔽与害而明复，匪自外得也③。

① 昧：昏暗愚昧。

② 蔽：覆盖，遮挡。

③ 匪：通"非"，不是。

【译文】

君子为学，是求内心清明纯正。人心本不昏暗愚昧，只是欲望会蒙蔽它，习气会侵害它。所以去除蒙蔽与侵害，内心就会恢复明澈，这不是从外界能习得的。

【解析】

此则撷自《别黄宗贤归天台序》。黄绾（字宗贤）是阳明先生的好友和最早的入室弟子之一，一生笃信、践行王学。正德七年（1512），黄绾因病辞官返乡，先生赠序留念。在这段文字中，先生认为，学习的目的是"明其心"。而达成这一目的的途径，并非向外求知，而是坚持不懈地去除后天的欲望、习气等蔽害，不断向内心寻求、体认。明心见性本是佛教禅宗的主张，指摒弃一切世俗杂念，彻悟因杂念而迷失了的本性。南宋陆九渊移用此法以表述心学思想，主张为学应注重内省功夫，而不必执意于向外寻求。阳明先生延续此法，体现了对朱子向外求知的格物之学的坚决反对。

3. 人者，天地万物之心也；心者，天地万物之主也①。心即天，言心则天地万物皆举之矣②。

【译文】

人是天地万物之心，心又是天地万物之根本。心就是天，说心的时候，天地万物其实都已经包举在内了。

【解析】

此则撷自《答季明德》。儒学认为，人在宇宙中处于中心的、特殊的地位。《礼记·礼运》云："人为天地之心。"北宋程颢也提出：

---

① 主：事物的根本。

② 举：包举，总括。

"人为天地心,是心之动。"(《河南程氏遗书》卷二下)南宋陆九渊进而明确主张心是天地万物之根本,声称"宇宙便是吾心,吾心便是宇宙"(《象山全集》卷三十六)。阳明先生承袭了这些观点,主张心是世界的本原,是一切存在之全体,无所不包,生发一切,主宰一切,体现了心本论的基本立场和哲学基础。

4. 圣人之心如明镜,纤翳自无所容①,自不须磨刮。若常人之心如斑垢驳杂之镜,须痛加磨刮,尽去其驳蚀,然后纤尘即见,才拂便去,亦自不须费力,到此已是识得仁体矣。若驳杂未去,其间固自有一点明处,尘埃之落亦见得,亦才拂便去。至于堆积于驳蚀之上,终弗之能见。此学利困勉之所由异也②。

【译文】

圣人之心如同明镜,再微小的尘障也能照出形迹,自然不用磨光刮除。常人之心则如同布满污垢、斑驳不净的镜子,必须彻底磨光刮除,去除所有的污垢、剥蚀,然后就能发现纤尘,一拂便去,自然也不需要费力,到达这个地步已是识得仁之本体。如果斑垢没有去除,但其间还有一点明亮之处,尘埃落上也能看得见,同样是轻拂便去。但如果污垢已经层层堆积,那就看不到(落下的尘埃了)。这就是学利困勉的不同所在。

【解析】

此则撷自《答黄宗贤应原忠》。在这段文字中,阳明先生以镜喻

---

① 纤翳(yì):微小的尘障。
② 学利困勉:"学知利行"和"困知勉行"的简略,与之相应的是"生知安行"。生知安行:生来就知道,并发于本心、从容不迫地实行。学知利行:学习后知道,并顺利地运用于实践。困知勉行:实践中遇到困难再去学习,努力实践以修养品德。语出《礼记·中庸》:"或生而知之,或学而知之,或困而知之,及其知之,一也;或安而行之,或利而行之,或勉强而行之,及其成功,一也。"

心，阐述了及时、彻底磨刮心中斑垢（即欲望和习气）的重要性；认为唯有如此，方能使心体重现光明，识得仁体。其思想意蕴，与唐代禅宗高僧神秀之"身如菩提树，心如明镜台。时时勤拂拭，勿使惹尘埃"颇有相近之处。但先生更强调的是：对于常人而言，心之明镜极易被欲望、习气等斑垢遮蔽，甚至层层堆积，完全覆盖住心之光明本体；因此，"时时勤拂拭"显然是不够的，更需要痛下决心，彻底磨光刮除。

5. 圣人之所以为圣者，以其生而知之也①。释《论语》者曰："生而知之者，义理耳。若夫礼乐名物、古今事变，亦必待学而后有以验其行事之实。"②夫礼乐名物之类，果有关于作圣之功也，而圣人亦必待学，而后能知焉，则是圣人亦不可以谓之生知矣。谓圣人为生知者，专指义理而言，而不以礼乐名物之类，则是礼乐名物之类，无关于作圣之功矣。圣人所以谓之生知者，专指义理而不以礼乐名物之类，则是学而知之者，亦惟当学知此义理而已；困而知之者，亦惟当困知此义理而已。今学者之学圣人，于圣人之所能知者，未能学而知之，而顾汲汲焉求知圣人之所不能知者以为学③，无乃失其所以希圣人之方欤④？

---

① "生而知之"，及下文"学而知之""困而知之"：参见第4则注释②，是儒家所分的人的悟性学识的层次。《论语·季氏》记孔子曰："生而知之者，上也；学而知之者，次也；困而学之，又其次也；困而不学，民斯为下矣。"意思是：生来就知道是上等；学习然后知道的是次一等；实践中遇见困难再去学习，又是再次一等；遇见困难还不学的人，就是最下等的了。

② "生而"句：朱熹《论语集注·述而》"我非生而知之者"章所引尹焞语。义理：合于儒家伦理道德的行事准则。礼乐名物：礼节和音乐，事物的名称、特征等。

③ 顾：却，反而。汲汲：心情急切貌。

④ 希：仰慕。方：方向。

【译文】

圣人之所以是圣人，是因为他生来就知道。而朱熹解释《论语》时引尹焞语说："能生来就知道的，只有义理。至于礼乐名物、古今事变，那一定要等学习以后才能验证这些事物的实际情况。"如果礼乐名物之类真与成圣的功夫相关，而圣人也必须等学了以后才能知道，就不能说圣人是生来就知道了。如果说圣人生来就知道，是专就义理而言，并不是从礼乐名物方面说的，那么，礼乐名物之类和成圣的功夫就没有关系。圣人之所以说是生来就知道，是专指义理而言，并非指礼乐名物之类，因此，通过学习然后知道的人，也应该只是学这个义理；实践中遇见困难再去学习的人，也应该只是在困难中学这个义理。现在学者向圣人学习，对于圣人所知道的，不去学习知晓，反而急切地把圣人所不知道的作为学问，这不是迷失了向圣人学习的方向吗？

【解析】

此则撷自《答顾东桥书》。阳明先生认同圣人"生而知之"这一前提，但认为其范围、内容应限定于义理，也就是说，只有道德义理，才是圣人不学而知的，而礼乐名物等都属于后天的经验知识，无关于作圣之功。因此，后世学者学习圣人，就应该专求圣人所生知的道德义理，而不是具体知识。倘若汲汲于具体知识的追求，那就是迷失了正确的学习圣人的方向。在这段文字中，先生通过把道德与知识一一对列起来，强调了道德义理在学习中的优先性。这对于当时只注重博闻广记的学者而言是一大警醒，对提升当今的教育理念同样有借鉴作用。

6. 口之于甘苦也，与易牙同①；目之于妍媸也，与离娄同②；

---

① 易牙：人名，又称狄牙、雍巫，春秋时齐桓公宠臣，长于调味。后多以指善烹调者。

② 妍媸（chī）：美好和丑恶。离娄：传说中黄帝时视力特强的人。

心之于是非也，与圣人同。其有昧焉者，其心之于道，不能如口之于味、目之于色之诚切也，然后私得而蔽之①。

【译文】

人之口对于甘苦味道的品尝，与易牙相同；眼对于美丑容色的审视，和离娄相同；心对于是非道理的判断，与圣人相同。而那些愚昧不明的人，他们的内心对于道理，就不能像口对于味道、眼对于容色所反应的那样直接、真诚，然后还自以为尝到、见到，自我蒙蔽。

【解析】

此则撷自《赠郑德夫归省序》。在这段文字中，阳明先生强调了"立诚"的重要性。"立诚"是传统儒学也是阳明心学中的重要概念，"诚"指的是内心完全真实，没有虚假、欺妄的状态。《大学》："所谓诚其意者，毋自欺也。如恶（wù）恶（è）臭（xiù），如好（hào）好（hǎo）色。"认为诚意就是不自欺，要像厌恶臭气那样厌恶邪恶，像喜爱美色那样喜爱善良。受其影响，先生论述立诚，也以甘苦、美丑为喻，希望人心之于儒家道德伦理能像口之于味、目之于色那样真诚恳切。

7. 近时与朋友论学，惟说"立诚"二字。杀人须就咽喉上着刀，吾人为学当从心髓入微处用力②，自然笃实光辉。虽私欲之萌，真是洪炉点雪③，天下之大本立矣④。若就标末妆缀比拟⑤，凡

① 私得：自以为得到。蔽：蒙蔽。

② 心髓：心的深处。入微：指达到非常精细微妙的程度。

③ 洪炉点雪：大火炉里放进一点雪，马上就会融化。

④ 大本：根本，事物的基础。

⑤ 标末：树梢，喻枝节。妆缀：装饰点缀。

平日所谓学问思辨者^①，适足以为长傲遂非之资^②。自以为进于高明光大，而不知陷于狠戾险嫉，亦诚可哀也已。

【译文】

我最近与朋友探讨学问，只说"立诚"两个字。杀人要在咽喉上落刀，我们求学也要从内心最精细微妙的地方下功夫，自然坚实光辉。即使有私欲萌动，也好比大火炉里放进一点雪，马上就会消融，这样天下的根本就树立起来了。如果从细枝末节、装饰点缀的角度比拟，凡是平日可以称为学问思辨的东西，正足以成为滋长傲气、掩饰错误的资本。（很多人）自以为进入了高明光大的境界，却不知已陷入凶恶残暴、阴险嫉妒的境地，也实在是可悲！

【解析】

此则撷自《与黄宗贤》，同样探讨"立诚"。友人王道（字纯甫）北上为官以后，与阳明先生学术理念不一，渐行渐远；黄绾来信中提及此事，先生有此回复。在回信中，先生从交友的立诚，进一步阐释为学的立诚。他认为，立诚是为学的第一要义，诚是一种包含道德意志在内的思想境界，有了它就有了克制私欲的力量；倘若不抓住立诚这一根本，而一味追求所谓的学问思辨，就会适得其反。

8. 学患不知要^③；知要矣，患无笃切之志。既知其要，又能立志笃切，循循日进，自当有至^④。譬之饮食，其味之美恶，食者当自知之，非人之能以美恶告之也。

---

① 学问思辨：古代儒家的修养方法。出自《礼记·中庸》"博学之，审问之，慎思之，明辨之，笃行之"。参见第 1 则注释⑥。

② 长（zhǎng）傲：滋长傲气。遂非：坚持、掩饰错误。

③ 患：怕，担心。

④ 循循：有顺序貌。至：达到极点。

【译文】

学习就怕不知要领；知道了要领，又怕没有坚定真切的志向。既知道学习的要领，又能确立坚定真切的志向，每天不断进步，自然会达到极点。就好比饮食，味道的好或坏，吃的人应当自己就知道，而不是别人能告诉他好或坏的。

【解析】

此则撷自《答舒国用》。在这段文字中，阳明先生向弟子阐述了"立志"的重要性，指出在掌握学习要领的同时，若能立志坚定，自然能有所成。先生非常看重立志，从此则至第14则，均探讨立志。他自己便是在少年时期就确立"读书学圣贤"的志向，并以此作为一生孜孜以求的目标，无论顺境逆境，都不改初心，砥砺前行，才最终树立了立德、立功、立言的"三不朽"功业。

9. 求圣人之学而弗成者，殆以志之弗立欤^①? 天下之人，志轮而轮焉，志裘而裘焉，志巫医而巫医焉^②。志其事而弗成者，吾未之见也。轮裘巫医遍天下，求圣人之学者，间数百年而弗一二见^③。为其事之难欤? 亦其志之难欤? 弗志其事而能有成者，吾亦未之见也。

【译文】

追求圣人的学问却未能成功的人，大概是因为志向没确立吧? 天下之人，立志成为车轮匠的就能成为车轮匠，立志成为裘皮匠的就能成为裘皮匠，立志做巫师或医生的也就能成为巫师或医生。立志做什

---

① 殆：助词，乃。弗：不。欤：语气词，表示感叹。

② 志：立志。轮：制作车轮的工匠。裘：裘皮匠。巫医：巫师和医师。

③ 间：间隔。

么事却不成功的，我没见过。车轮匠、裘皮匠、巫师、医生到处都是，追求圣人学问的人，却隔数百年也见不到一两个。是因为这件事难做吗？还是因为这个志向难确立？不立志做某一件事却能有所成功的，我也没见过。

【解析】

此则撷自《赠林以吉归省序》。正德六年（1511），弟子林以吉归乡省亲，阳明先生为他写了这篇赠序。在文中，先生强调不论从事何种职业，只要立志坚定，必有所成；追求圣贤之学的关键也就在于立志。先生当年被贬谪至贵州龙场，在龙冈书院讲学，作《教条示龙场诸生》一文，以四事规诫学生，其中第一件就是立志："志不立，天下无可成之事。虽百工技艺，未有不本于志者。"其意与此则相近，可相互参看。

10. 夫久溺于流俗①，而骤语以求圣人之事②，其始也必将有自馁而不敢当③。已而旧习牵焉，又必有自眩而不能决④。已而外议夺焉，又必有自沮而或以懈⑤。夫馁而求有以胜之，眩而求有以信之，沮而求有以进之⑥。吾见立志之难能也，志立而学半矣。

【译文】

一个人如果长时间沉溺于平庸粗俗中，而突然告诉他要追求圣人之道，一开始必定会因缺乏自信而畏缩不前。然后又会因旧有习惯的

---

① 溺：沉湎而无节制，沉迷不悟。流俗：平庸粗俗。

② 骤：突然。

③ 自馁（něi）：因失去自信而畏缩。当：承当，承受。

④ 旧习：长久积累的习惯。牵：牵制。眩：迷惑，迷乱。决：分辨，判断。

⑤ 外议：外界的舆论。夺：用强力使之动摇、改变。自沮：自感灰心。懈：懈怠，懒惰。

⑥ 胜：克服。信：确证。进：推进。

牵制，不免迷惑不解而难以明了决断。随后外界议论的冲击，又必然会使他灰心懈怠。但是，畏缩之后，要有办法克服；迷惑之后，要有办法确证；灰心之后，要有办法推进。由此可见立志是多么艰难，但志向一旦确立，学业也就成功了一半。

【解析】

此则同样撷自《赠林以吉归省序》，阳明先生进一步指出立志的艰难和重要性。人在立志之时，都会受到来自自己或外界的各种阻力，只有坚定意志，克服这些阻力，才能实现目标。立志是艰难的，但它又是极为重要的，所以先生才会一而再，再而三地强调立志。他在写给弟弟守文的信《示弟立志说》中也说"夫学，莫先于立志"，"君子之学，无时无处而不以立志为事"，同样认为立志是为学的第一要义。

11. 夫志犹种也，学问思辨而笃行之①，是耕耨灌溉以求于有秋也②。志之弗端，是莨稗也③。志端矣，而功之弗继④，是五谷之弗熟，弗如莨稗也。

【译文】

志向犹如种子，而学习、询问、思考、分辨然后切实行动，就如同耕种灌溉以期盼秋收。志向不端正，就像是莨稗。志向端正，但功夫不能跟上，就像五谷不成熟，还不如莨稗。

【解析】

此则撷自《赠郭善甫归省序》，作于正德十年（1515）。文中，阳

---

① 学问思辨而笃行之：参见第1则注释⑥。
② 耕耨（nòu）：耕田除草，亦泛指耕种。秋：年成，收成。
③ 端：端正。莨稗（tí bài）：二草名，似禾，实比谷小，亦可食。
④ 功：功夫，谓做事所费的精力和时间。继：随后，跟着。

明先生将人的志向形象地比喻为植物的种子，种子需要通过耕种灌溉才能有所收获，同样，志向也需要不断地践行修炼才能实现。由此可知日本学者冈田武彦在《王阳明大传》中所论"在王阳明看来，只要'立志'，就不需要再去考虑是否努力实行或者能否取得成果，因为一旦'立志'，自然就会朝着目标努力，也自然会取得成果"，并不恰当。在阳明先生的思想中，立志固然重要，继之以践行修炼之功同样非常重要；功夫不跟上，即使志向端正，终究无法取得成果。

12. 今古学术之诚伪邪正，何啻碔砆美玉①。然有眩惑终身而不能辩者②，正以此道之无二，而其变动不拘③，充塞无间④，纵横颠倒，皆可推之而通。世之儒者，各就其一偏之见，而又饰之以比拟效像之功⑤，文之以章句假借之训⑥，其为习熟既足以自信，而条目又足以自安⑦，此其所以诳己诳人，终身没溺而不悟焉耳。然其毫厘之差，乃致千里之谬⑧。非诚有求为圣人之志，而从事于惟精惟一之学者⑨，莫能得其受病之源，而发其神奸之所由伏也⑩。若某

---

① 何啻（chì）：何止，岂止。碔砆（wǔ fū）：似玉之石。

② 眩惑：即"炫惑"，迷乱，困惑。辩：通"辨"，分辨。

③ 变动不拘：即"变动不居"，谓事物不断变化，没有固定的形态。语出《易经·系辞下》。

④ 充塞：充满塞足。无间：没有空隙。

⑤ 饰：粉饰。比拟：模拟。效像：仿效。

⑥ 文：修饰。章句：剖章析句，经学家解说经义的一种方式，亦泛指书籍注释。假借：六书之一，谓本无其字而依声托事。

⑦ 条目：按内容分的细目。自安：自安其心，自以为安定。

⑧ 毫厘之差，乃致千里之谬：此句意同"失之毫厘，谬以千里"，谓稍有差错，就会造成很大的错误。

⑨ 惟精惟一：精纯专一。语出《尚书·大禹谟》："人心惟危，道心惟微，惟精惟一，允执厥中。"

⑩ 神奸：指能害人的鬼神怪异之物。这里指错误。

之不肖，盖亦尝陷溺于其间者几年，伥伥然既自以为是矣①。赖天之灵，偶有悟于良知之学②，然后悔其向之所为者，固包藏祸机，作伪于外，而心劳日拙者也③。十余年来，虽痛自洗剔创艾④，而病根深痼，萌蘖时生⑤。所幸良知在我，操得其要，譬犹舟之得舵，虽惊风巨浪颠沛不无，尚犹得免于倾覆者也。夫旧习之溺人，虽已觉悔悟，而其克治之功⑥，尚且其难若此，又况溺而不悟，日益以深者，亦将何所抵极乎⑦？

【译文】

古今学术的真伪邪正之别，何止是碔砆和美玉的差别。然而有的人困惑终生，不能辨别，这是因为天道虽然独一无二，却不断变化，无处不在，从任何角度都可以推求贯通。世间儒生执着于一己偏见，进而修饰以仿效模拟、章句假借等手法，流畅通达足以使他们自信，细目清晰也足以使他们安心，因此欺人骗己，终生沉迷于其中不能觉悟。然而，差以毫厘，谬以千里。除非是确立了成圣之志并且从事精诚专一的学问的人，否则就不可能发现错误的根源，以及错误隐藏的地方。就像我这种不肖之人，也曾沉迷在那些错误的学说中好几年，无所适从，而又自以为是。幸好有神灵的帮助，偶然悟出良知学说，

---

① 不肖：不成才，在这里是自谦之词。伥伥：无所适从貌。

② 良知：语本《孟子·尽心上》："所不虑而知者，其良知也。"本指一种道德的天赋意识。阳明先生认为"良知"即天理，存在于人的本体之中。

③ 心劳日拙：用尽心机，不但不能得逞，反而越来越不好过。语出《尚书·周官》："作德心逸日休，作伪心劳日拙。"

④ 痛：彻底地。洗剔：清洗剔除。创艾：改正自己的过错。

⑤ 痼：积，久。萌：生芽、发芽。蘖（niè）：树木砍去后又长出来的新芽。喻指事物的开端。

⑥ 克治：谓克制私欲邪念。

⑦ 抵极：底止，止境。

然后悔恨以前的所作所为其实暗藏祸患，令我费尽心机，却日益困窘。十多年来，我虽然想要彻底消除改正过去的错误，但由于它根深蒂固，仍然不时会犯。幸好我把握了良知学说的精髓，就如同掌控了船舵，虽然有惊风巨浪，颠簸摇摆，但还不至于翻船。旧习使人沉溺，即使已经悔悟，要根绝它还这么困难，更何况那些沉迷其中、不知悔悟、越陷越深的人，又何时是个尽头？

【解析】

此则撷自《寄邹谦之（四）》，作于嘉靖五年（1526）。阳明先生以自身经历为示范，又以舟舵为喻，说明良知在人生中起着根本的指定方向的作用。他在给邹守益（字谦之，号东廓）的另一封书信中也写道："近来信得'致良知'三字，真圣门正法眼藏……譬之操舟得舵，平澜浅濑，无不如意，虽遇颠风逆浪，舵柄在手，可免没溺之患矣。"语意相近，可作参看。在此则中，先生自述致良知过程中的用力甘苦。以先生之学养纯粹，自省得种种大病，痛下十几年洗剔功夫，尚且萌蘖时生，更何况普通学者。可知良知功夫，全以毋自欺为核心，以坚持不懈为关键。

13. 世间无志之人，既已见驱于声利、词章之习，间有知得自己性分当求者①，又为一种似是而非之学兜绊羁縻②，终身不得出头。缘人未有真为圣人之志，未免挟有见小欲速之私③，则此种学问极足支吾眼前。是以虽在豪杰之士，而任重道远，志稍不力，即

---

① 性分：犹天性，本性。

② 兜：迷惑，受蒙蔽。绊：牵制。羁縻（jī mí）：束缚，控制。

③ 见小：贪小利。欲速：企图很快成功。语本《论语·子路》："无欲速，无见小利。欲速则不达，见小利则大事不成。"

且安顿其中者多矣。

【译文】

世上没有志向的人，往往被名利、词章之习所驱使，间或有懂得自己天性中应当去探究什么的人，又被一种似是而非的学问迷惑束缚，终生不得解脱。这是因为人如果没有真正确立成圣的志向，未免就会挟带贪小利、图速成的私念，那么这种学问就足以应付一时。因此即使是豪杰之士，也任重而道远，志向稍不坚定，就容易安于这种学问。

【解析】

此则撷自《寄邹谦之（一）》。在这段文字中，阳明先生委婉地表达了对好友湛若水的学术的批评；指出倘若没有真正树立圣人之志，学者很容易被利益、声名等私欲所裹挟，急功近利，忘却初心，而满足于眼前的似是而非的学问，得过且过。这一批评，即使置于当今学界，依然可谓一针见血、鞭辟入里。

14. 学者既立有必为圣人之志，只须就自己良知明觉处，朴实致去①，自然循循日有所至，原无许多门面折数也②。外面是非毁誉，亦可资之以为警切砥砺之地③，却不得以此稍动其心，便将流入于心劳日拙而不自知矣。

【译文】

学者既然已经确立必定要成为圣人的志向，只需要依循自己良知觉察入微之处，踏踏实实地推极（于万事万物），自然逐渐就会每天有

---

① 明觉：觉察入微，不受蒙蔽。致：推极（于万事万物）。
② 门面：虚饰，表面应付。折数：折充抵数。
③ 资：凭借，依靠。警切：犹警策，督教而使之儆戒振奋。砥砺（dǐ lì）：激励，勉励。

所长进，本来没有许多虚饰充数。外界的是是非非、毁损赞誉，也可以用来作为警策和激励，但不能因此动摇心志，否则就变得费尽心机、日益困窘而不自知。

【解析】

　　此则撷自《答刘内重》，作于阳明先生居越以后，论述了践志过程中良知的重要性，也是他自己"当利害，经变故，遭屈辱"的经验之谈。在经历江西之变以后，先生确信良知不仅可以使人达到道德的至善，而且依赖它，人可以真正达到"不动心"的境界，处变不惊，处急不乱，处危不动，无论什么样的变故，都视之为考验和锻炼的机会，自然也就能免于外界是非毁誉的干扰，专心实践自己的志向。

　　15. 先认圣人气象，昔人尝有是言矣[1]，然亦未见有头脑[2]。圣人气象自在圣人，我从何处识认？若不于自己良知上真切体认，如以无星之称而权轻重[3]，未开之镜而照妍媸[4]，真所谓以小人之腹而度君子之心矣。圣人气象何由认得？自己良知，原与圣人一般。若体认得自己良知明白，即圣人气象不在圣人，而在我矣。

【译文】

　　首先认识圣人的气象，前人曾这样说过，但这种说法并未领略要旨。圣人的气象自然就在圣人身上，我们从哪里认识？如果不从自己的良知上认真体悟，就像用没有准星的秤去量轻重，用未经打磨的镜

---

① 昔人：指程颐（1033—1107），北宋著名理学家。《河南程氏遗书》卷二十二上程颐云："凡看文字，非只是要理会语言，要识得圣贤气象。"《河南程氏遗书》卷十五，程颢也有类似语。

② 头脑：要旨。

③ 星：镶在秤杆上的金属小圆点，以作计量的标志。称：即"秤"。权：称量。

④ 未开之镜：未经打磨、不够光亮的铜镜。

子去照美丑一样，真所谓以小人之腹度君子之心。圣人的气象通过什么认识呢？我们自己的良知，本来就与圣人的一样。如果能把自己的良知体认明白，那么，圣人的气象就不在圣人那里，而在我们身上了。

【解析】

此则撷自《答周道通书》。弟子周道通写信向阳明先生请教学者是否要先识认圣人气象，先生对此予以反驳。他认为，我们每个人的良知与圣人的良知是一样的，只要能清楚体认自己的良知，圣人的气象就在我们自己身上。这一观点，与他"良知人人皆有""人皆可以为尧舜"的思想相互贯通。《传习录集评》录施邦曜对这段文字的评语："圣人亦只是尽得自己心性，何曾有一个圣人在模仿而学之？"意思是圣人之所以成为圣人，是因为他们尽了自己的心性，体认了自己的良知，他们何曾有模仿、学习？颇为精当，可作参看。

16. 心之良知是谓圣。圣人之学，惟是致此良知而已。自然而致之者，圣人也；勉然而致之者①，贤人也；自蔽自昧而不肯致之者，愚不肖者也。

【译文】

人心中的良知就是圣。圣人之学，只是推极良知罢了。自然而然就能推极良知的，是圣人；通过努力推极良知的，是贤人；自我蒙蔽愚昧而不肯推极良知的，是愚笨不肖的人。

【解析】

此则撷自《书魏师孟卷》。阳明先生认为虽然良知人人都有、时时存在，但能否致良知，即能否推极良知于客观事物，却是愚夫愚妇和

---

① 勉：尽力，努力。

圣人的区别所在。他在《传习录》中也说："良知良能，愚夫愚妇与圣人同。但惟圣人能致其良知，而愚夫愚妇不能致，此圣愚之所由分也。"也就是说，良知虽然是先天赋予的道德本原，但只有通过致良知，才能走向现实的德性，成为圣贤；如果没有致良知的自觉和实践，终究无法去除物欲的遮蔽，无法摆脱愚昧的境地。

17. 良知者，即所谓"是非之心，人皆有之"①，不待学而有，不待虑而得者也②。人孰无是良知乎？独有不能致之耳。自圣人以至于愚人，自一人之心以达于四海之远，自千古之前以至于万代之后，无有不同。是良知也者，是所谓天下之大本也。致是良知而行，则所谓天下之达道也③。天地以位，万物以育，将富贵贫贱，患难夷狄，无所入而弗自得也矣④。

【译文】

所谓良知，就是前人所说的"是非之心，人人都有"，不用学习就已具备，不用思考就能得到。谁没有这种良知呢？只有不能推极它罢了。从圣人到愚人，从一人之心到四海之远，从千古以前到万代之后，都没有不同。因此，良知是天下的根本。推极良知付诸实践，则是天下公认的准则。天地各归其位，万物生长发育，无论是身处富贵或贫

---

① "是非之心，人皆有之"：语出《孟子·告子上》，意思是：分辨是非的能力人人都有。

② 不待学而有，不待虑而得：不用学就有，不用思考就能得到。语本《孟子·尽心上》："人之所不学而能者，其良能也；所不虑而知者，其良知也。"待：须，需要。虑：思考。

③ 达道：公认的准则。

④ 夷狄：古称东方部族为夷，北方部族为狄。这里指边远少数民族地区。无所入而弗自得：即"无入而不自得"，意思是：没有一种境地可以使他不能够安然自得。入：处于。自得：自己感到安然舒适。语本《礼记·中庸》："素富贵，行乎富贵；素贫贱，行乎贫贱；素夷狄，行乎夷狄；素患难，行乎患难。君子无入而不自得焉。"

贱、患难或夷狄的境地，都可以安然自得。

【解析】

此则撷自《书朱守乾卷》，与上一则语意相近。阳明先生认为良知作为人的内在准则，是人人固有、个个相同的；良知是天地万物的根本，致良知则是天地间公认的准则。先生的良知观念，承袭自孟子的"良能""良知"。"良能""良知"是孟子先天性善论中的重要概念，认为人天生就具有道德上的本能，这是人和其他动物的根本区别；人只有通过努力使这种本能得到发挥和完善，才能成为真正的人。孟子的这一理论对后世产生了深远的影响，阳明心学正是其中的代表。

18. "致知"二字乃是孔门正法眼藏[①]，于此见得真的，直是建诸天地而不悖，质诸鬼神而无疑，考诸三王而不谬[②]，百世以俟圣人而不惑[③]。知此者，方谓之知道[④]；得此者，方谓之有德。异此而学，即谓之异端；离此而说，即谓之邪说；迷此而行，即谓之冥行[⑤]。虽千魔万怪眩瞀变幻于前[⑥]，自当触之而碎，迎之而解；如太阳一出，而魑魅魍魉自无所逃其形矣[⑦]。

【译文】

"致知"二字是孔门精义所在，从中能发现本质，简直是建于天地

---

① 正法眼藏（cáng）：佛教语，禅宗用来指全体佛法（正法）。朗照宇宙谓眼，包含万有谓藏。借指事物的诀要或精义。

② 考：研求。三王：指夏禹、商汤、周文王。《孟子·告子下》："五霸者，三王之罪人也。"赵岐注："三王，夏禹、商汤、周文王是也。"谬：谬误，差错。

③ 俟（sì）：等待。

④ 知道：谓通晓天地之道，深明人世之理。

⑤ 冥行：盲目行事。

⑥ 眩瞀（mào）：眼睛昏花，视物不明。

⑦ 魑魅魍魉（chī mèi wǎng liǎng）：害人的鬼怪的统称。

而不相违背，对质于鬼神而没有疑问，以三王的标准来研求而没有谬误，百世等待圣人而不困惑。知道这个，才算通晓了天地之道；得到这个，才算是有德。与此学说不同，就是异端；离开此学说，就是邪说；对此学说迷惑不解就行事，是盲目行事。即使前方有千魔万怪炫目耀眼、变幻不定，自当一触即碎，迎面而解；就像太阳一出，各种妖魔鬼怪自然无所遁形。

【解析】

此则撷自《与杨仕鸣》。正德十六年（1521）正月，弟子杨仕鸣来信汇报致良知的实践功夫，阳明先生回复此信。文中所指"致知"，即"致良知"。他在给弟子邹守益的信中也说："近来信得'致良知'三字，真圣门正法眼藏。"先生非常珍视他本人在百死千难中发现的致良知学说，并认之为古圣人的传家宝。他利用"正法眼藏"等佛语，来描述这一学说的重要性；又以天地、鬼神、三代圣王为证，来表示这学说是信得过的，是古圣人亲自传下的正统儒学的教法。

19. 良知者，心之本体。心之本体，无起无不起①。虽妄念之发，而良知未尝不在，但人不知存，则有时而或放耳②；虽昏塞之极③，而良知未尝不明，但人不知察，则有时而或蔽耳。虽有时而或放，其体实未尝不在也，存之而已耳；虽有时而或蔽，其体实未尝不明也，察之而已耳。

【译文】

良知是心的本体。心的本体无所谓有开端或没有开端。即使妄念萌

---

① 起：开始，开端。

② 妄念：指不切实际或不正当的念头。存：存养。放：散失，散落。

③ 昏塞：昏聩，闭塞。

发，良知也未尝不在，只是人如果不知道存养，有时就会散失；即使昏聩闭塞到极点，良知也未尝不明，只是人如果不知道体察，有时就会蒙蔽。虽然有时散失，但是，良知的本体依旧还在，只要存养它就好；虽然有时蒙蔽，但是，良知的本体依旧光明，只要体察它就好。

【解析】

此则撷自《答陆原静书》。嘉靖三年（1524），学生陆澄（字原静）在来信中写道："良知亦有起处。"认为良知是有开端的，阳明先生回信阐述了不同的看法。在先生看来，良知作为心的本体，和道一样，是不生不灭的；不论是多么昏聩闭塞的人，只要对它体察、存养，良知就会向人显明它自己。所以，它没有开端，也没有终止；或者，它既是开端，又是终止。

20. 学者欲求宁静，欲念无生，此正是自私自利、将迎意必之病①，是以念愈生而愈不宁静。良知之体本自宁静，今却添一求宁静；本自生生②，今却添一欲无生。非独圣门致知之功不如此，虽佛氏之学亦未如此将迎意必也。良知只是一个良知，而善恶自辨，更有何善何恶可思？一念良知，彻头彻尾，无始无终，即是前念不灭，后念不生。今却欲前念易灭，而后念不生，此即佛氏所谓断灭种性，入于槁木死灰之谓矣③。

---

① 将迎：送和迎。语本《庄子·应帝王》："至人之用心若镜，不将不迎，应而不藏，故能胜物而不伤。"意思是说：至人的用心犹如镜子，任物的来去而不加迎送，如实反映而无所隐藏，所以能够胜物而不被物所损伤。意必：语出《论语·子罕》："子绝四：毋意、毋必、毋固、毋我。"意：臆测。必：绝对肯定，犹意断。

② 生生：孳生不绝，繁衍不已。

③ 断灭种性：佛教语，意为心灵处于死寂状态，心性不能起用。语出玄奘《成唯识论》卷五。槁木死灰：干枯的树木和火灭后的冷灰，亦引申为对世事无动于衷。

【译文】

学者想要强求宁静，想要杂念不生，这正是自私自利、将迎意必的毛病，所以杂念越生，而心越发不宁静。良知的本体自然宁静，如今却要强求宁静；良知的本体自然生生不息，如今却要不生杂念。不仅儒学致知的功夫不是这样，即使佛教本意也不是这样将迎意必的。良知只有一个，人有了良知，自然能辨别善恶，还有什么善恶可想？只要一心在良知上，彻头彻尾，无始无终，就是前念不灭，后念不生。现在却要前念易灭而后念不生，这是佛教所说的断灭种性，就如同枯木死灰了。

【解析】

此则同样撷自《答陆原静书》。《乐记》云："人生而静，天之性也。感于物而动，性之欲也。"认为人性本静，动是受到外物影响的结果。这是理学家的一贯理念，阳明先生继承的正是这种基本思路。他认为，良知本就宁静，静是良知本体的特点；良知也本就生生不息，心生杂念是自然而然的现象。关键在于破除将迎意必，守住静根。倘若刻意遏制杂念，刻意追求宁静，只会适得其反。这里其实是指出了儒家的主静功夫和佛教主静功夫的区别。佛教主静，是为了主静而主静，把主静当作一个目标来追求；而儒家主静，是为了存天理、灭人欲，也就是去除外在物欲的诱惑，恢复良知本体的宁静。

21. 学问功夫只要主意头脑是当①。若主意头脑专以致良知为事，则凡多闻多见，莫非致良知之功。盖日用之间，见闻酬酢②，

① 主意：主旨。指核心、关键。
② 酬酢（chóu zuò）：应酬交往。

虽千头万绪，莫非良知之发用流行①；除却见闻酬酢，亦无良知可致矣。

【译文】

学问的功夫在于抓住关键。若专把致良知看成关键，那么，凡是广泛的见闻，无不是致良知的功夫。在日常处事中，见闻应酬，虽然千头万绪，无不是良知的使用与运行；离开见闻应酬，也就无从致良知。

【解析】

此则撷自《答欧阳崇一》，写于嘉庆五年（1526）。阳明先生主张做学问要分清主次，认为学问的关键在于致良知，见闻应酬无不是致良知的功夫和媒介。也就是说，良知并不虚无缥缈，它存养于人的本心，却体现于日常生活的点点滴滴。在这里，先生显然是希望借由良知本体的确立来强调和规范人的道德行为，把良知推衍到人伦日用中去。

22. 知是心之本体，心自然能知。见父自然知孝，见兄自然知悌②，见孺子入井自然知恻隐③，此便是良知，不假外求。若良知之发，更无私意障碍，即所谓"充其恻隐之心，而仁不可胜用矣"④。

【译文】

认知是心的本体，心自然会认知。见到父亲，自然知道孝顺；见

---

① 发用：犹使用，运用。流行：传递，运行。

② 悌（tì）：敬爱兄长。

③ 孺子：幼儿，儿童。恻隐：同情，怜悯。语本《孟子·公孙丑上》："今人乍见孺子将入于井，皆有怵惕恻隐之心。"

④ "充其"句：出自《孟子·尽心下》第三十一章。

到兄长，自然知道敬爱；见到小孩子掉到井里，自然知道同情，这就是良知，不需要向外寻求。如果良知的发用，没有私欲阻碍，那就是孟子所说的"心中充满同情，仁爱的感情就会取之不尽用之不竭"。

【解析】

此则撷自《传习录上》。阳明先生认为，认知是心的本体，而良知是心中天理的自我认识，是人人固有的、共有的、先验的道德意识。道德观念都存在于良知之中，只要探求或开发良知，就可以获得一切道德观念。也就是说，"心"或"良知"是产生一切道德的总根源。因此，孝、悌、恻隐等道德观念全凭本心，不须从心外求得；良知若无私欲遮蔽，也自能达成仁的境界。这段文字连用四个"自然"，强调的是良知的与生俱来，不假外求；说明良知是一种本体，不是一种功用。

23. 良知只是天理自然明觉发见处①，只是真诚恻怛②，即是本体。故致此良知之真诚恻怛以事亲③，即是孝；致此良知之真诚恻怛以从兄，即是弟④；致此良知之真诚恻怛以事君，即是忠。

【译文】

良知就是天理自然觉察入微的显现，就是真诚恳切，就是本体。所以，推极良知的真诚恳切去侍奉双亲，就是孝；推极良知的真诚恳切去遵从兄长，就是悌；推极良知的真诚恳切去侍奉君主，就是忠。

【解析】

此则撷自《答聂文蔚》，与上一则语意相近。在这段文字中，阳明

---

① 发见：亦作"发现"，显现，出现。

② 恻怛（dá）：恳切。

③ 事：侍奉，供奉。亲：父母。

④ 从：遵从，顺从。弟：同"悌"，敬爱兄长。

先生强调良知作为心之本体，根本特征是真诚恳切；以真诚恳切之心侍奉父母、兄长、君主，自然就能实现孝、悌、忠。在《寄正宪男手墨二卷》中，先生也有类似表述："吾平生讲学，只是'致良知'三字。仁，人心也；良知之诚爱恻怛处，便是仁。无诚爱恻怛之心，亦无良知可致矣。"因此，先生所说的良知，乃真诚恳切之知，是扎根于儒学根本"仁"体之中的。首句同样用到"自然"一词，说明良知的显现是真实无妄、自然而然的。

24. 良知之于节目时变①，犹规矩尺度之于方圆长短也②。节目时变之不可预定，犹方圆长短之不可胜穷也。故规矩诚立，则不可欺以方圆，而天下之方圆不可胜用矣；尺度诚陈③，则不可欺以长短，而天下之长短不可胜用矣；良知诚致，则不可欺以节目时变，而天下之节目时变不可胜应矣。

【译文】

良知与事物变化的关系，就像规矩尺度与方圆长短的关系。事物变化不可能预先确定，就好像方圆长短难以穷尽。所以，规矩一旦确立，方圆与否就无法欺瞒，而天下的方圆是用之不尽的；尺度一旦公布，长短与否就无法欺瞒，而天下的长短是不可计数的；良知一旦推极，事物变化就无法欺瞒，而天下的事物变化也是多得难以应对的。

【解析】

此则撷自《答顾东桥书》。在这段文字中，阳明先生指出，良知是

---

① 节目：事的条目。时变：随时变化。

② 规矩：校正圆形、方形的两种工具。

③ 陈：公布，显示。

衡量事物变化的唯一标准、尺度。人事物事千变万化，但良知是其万变不离之宗。推极良知，就有了标准、尺度，就不会被难以预定的事物变化所欺瞒。也就是说，致良知犹如掌握方圆长短的规矩尺度，至为重要。也因此，先生在后文中指出，凡遇到时变，不必"考之何典""问诸何人"，只需求之于此心一念之良知，进而权衡轻重利弊，就能够做出恰当的分析、判断和应对。

25. 良知不由见闻而有，见闻莫非良知之用。故良知不滞于见闻①，而亦不离于见闻。

【译文】

良知并非从见闻知识中产生，见闻知识却无不是良知作用的结果。因此，良知不受见闻知识的局限，但也不能脱离见闻知识。

【解析】

此则撷自《答欧阳崇一》，探讨了良知与见闻知识的关系。阳明先生认为，良知是最高本体，是种种经验认识活动的主宰与头脑，因此不局限于见闻知识。但他也反对脱离经验认识活动而空谈良知，认为良知又在见闻知识之中。区分良知与知识，并以良知统摄知识，是阳明学的一大特色。

26. 明道云："吾学虽有所受，然天理二字，却是某自家体贴出来。"②良知即天理，体贴者，实"有诸己"之谓③，非若世之想像

---

① 滞：局限，拘泥，固执。

② 明道：指北宋著名理学家程颢（1032—1085），字伯淳，世称明道先生，河南府洛阳（今河南洛阳）人。与弟弟程颐并称"二程"。所引之语见《二程全书·外书》第十二。受：习学。某：自称之词，指代"我"或本名，旧时谦虚的用法。体贴：体察认识。

③ 有诸己：语出《大学》第十章"君子有诸己而后求诸人"。谓品德高尚的人，总是自己先做到，然后才要求别人做到。这里指有切身经历。

讲说者之为也。近时同志^①，莫不知以良知为说，然亦未见有能实体认之者^②，是以尚未免于疑惑。盖有谓良知不足以尽天下之理，而必假穷索以增益之者^③。又以为徒致良知未必能合于天理，须以良知讲求其所谓天理者，而执之以为一定之则^④，然后可以率由而无弊^⑤。是其为说，非实加体认之功而真有以见夫良知者，则亦莫能辩其言之似是而非也^⑥。

【译文】

明道先生曾说："我的学问虽然是从别人那里习得的，但天理这两个字，却是我自己体察认识到的。"良知就是天理，所谓体贴，就是自己有切身体验，而不是像世上那些全凭想象讲学的人那样。近来同志都知道良知学说，但没见谁有切身的体验，所以不免将信将疑。有人认为良知不足以涵盖天理，而必须通过苦心思索来增补。又有人认为仅仅是致良知不一定都与天理相契合，必须通过良知来讲求所谓的天理，并把它作为一个定则，然后才能遵循而无弊病。对于这种说法，如果不是切实下了体察认识的功夫并真正得见良知的人，都难以明了它的似是而非。

【解析】

此则撷自《与马子莘》。阳明先生通过引用程颢的话，强调良知就是天理，对良知的体认只能依靠切身的体验，必须体现在实际的事物和行为上，而不能停留在想象和讲说中。他指出，很多人正是因为对

---

① 同志：趣味相同的人。

② 体认：体察认识。

③ 假：借助。穷索：苦心思索。

④ 一定之则：固定不变的准则。

⑤ 率由：遵循，沿用。弊：弊病，害处。

⑥ 辩：明了，了解。

良知缺乏切身体验，所以才对这个学说将信将疑，犯下许多似是而非的错误。这段文字较集中地体现了阳明心学并非空疏之学，而是一门重实践和体验的学问。这也是先生于"良知"之外，又高倡"致良知"的原因所在。

27. 某近来却见得良知两字日益真切简易。朝夕与朋辈讲习，只是发挥此两字不出①。缘此两字，人人所自有，故虽至愚下品，一提便省觉②。若致其极，虽圣人天地不能无憾。故说此两字，穷劫不能尽③。世儒尚有致疑于此，谓未足以尽道者，只是未尝实见得耳。近有乡大夫请某讲学者云④："除却良知，还有甚么说得？"某答曰："除却良知，还有甚么说得！"

【译文】

近来我却悟到良知这两个字越发真切简易。从早到晚与志同道合的友人讲议研习，只是不能充分阐发这两字所包含的道理。原因在于，良知是人人自有的，所以即使是最愚蠢最下等的人，只要一提起便有所觉悟。但若要推求到极致，即使是圣人天地也有缺憾。因此关于良知的学说，穷尽一劫也难以讲完。世间的儒生对此还有所怀疑，认为良知之说不能完全阐述天道，其实只是他们没有真实见过罢了。近日有一个请我讲学的地方长官说："除了良知，还有什么可讲？"我回答

---

① 朝夕：从早到晚，整天，形容长时间。朋辈：志同道合的友人。讲习：讲议研习。发挥：阐发，把意思或道理充分表达出来。

② 省觉：觉悟，明白。

③ 穷：穷尽。劫：佛教名词，梵文 Kalpa 的音译，"劫波"（或"劫簸"）的略称。意为极久远的时节。古印度传说世界经历若干万年毁灭一次，重新再开始，这样一个周期叫作一"劫"。

④ 乡大夫：周官名。天子六乡，每乡以卿一人各掌其政教禁令，位在司徒之下。此处指地方长官。

说:"除了良知,还有什么可讲!"

【解析】

此则撷自《寄邹谦之(三)》。老子主张"大道至简",陆九渊推崇"简易"功夫,阳明先生也认为良知学说是真切简易的。他强调良知人人自有,倘若能推究至极者,便可以成圣。因此,"致良知"之"致"就是趋向于"极"的过程。先生和"乡大夫"的对话,生动而深刻,二人的文辞虽完全一样,但因语气的差别,表达的语意截然不同,表明他把"致良知"视为修养的要法、求知的根本途径,是求理明道和入贤成圣的唯一法门。

28. 性无不善,故知无不良①。良知即是未发之中②,即是廓然大公、寂然不动之本体③,人人之所同具者也。但不能不昏蔽于物欲,故须学以去其昏蔽;然于良知之本体,初不能有加损于毫末也。知无不良,而中、寂、大公未能全者,是昏蔽之未尽去,而存之未纯耳。

【译文】

本性没有不善的,所以知也没有不良的。良知就是人的情绪未表露出来之时的中和,就是廓清私欲情感后心胸开阔空静、寂然不动的本体,是人人都具有的。但良知不能避免受物欲的遮蔽,所以必须学

---

① 良:善良,贤良。

② 未发之中:语本《中庸》:"喜怒哀乐之未发,谓之中。"发:发生,产生。中:中和,适合。人都有喜怒哀乐等情绪,情绪未表露出来之时,心之体是平静安稳的,这个状态叫作"中"。

③ 廓然大公:宋明理学的道德境界,谓廓清私欲情感,心胸开阔空静。语本程颢《定性书》:"廓然而大公,物来而顺应。"寂然不动:寂静无声,一点动静都没有。语出《易经·系辞下》:"《易》无思也,无为也,寂然不动,感而遂通天下之故。"

习消除那些蒙蔽；而这对于良知本体而言，不会有丝毫的损害。良知没有不善的，倘若心胸的中和、寂静、开阔不能完全呈现，是因为物欲的遮蔽没有全部消除，良知的保存涵养还不够纯正。

【解析】

此则撷自《答陆原静书》。阳明先生承袭的是孟子的性善论。孟子认为人性本善，人之为善，是本性的表现；人之不为善，是违背其本性的。阳明先生同样认为性无不善，进而推导出知无不良。他将良知与心之本体视为同一回事，认为人人心中皆有良知，只是在人成长的过程中，良知必然会受到物欲的蒙蔽；所以致良知的关键，就在于通过后天的修习来消除蒙蔽，使良知的存养足够纯正。

29. 良知本来自明。气质不美者，查滓多，障蔽厚，不易开明①。质美者，查滓原少，无多障蔽，略加致知之功，此良知便自莹彻②，些少查滓，如汤中浮雪③，如何能作障蔽？

【译文】

良知本来就是光明纯净的。天质差的人，欲望私念多，遮蔽厚，良知就不容易显现出来。天质好的人，欲望私念原本就少，又没有太多的遮蔽，只要稍微下一点致知的功夫，良知自然莹洁透明，少许的欲望私念就好像是热水里的一点浮雪，如何能构成遮蔽？

【解析】

此则同样撷自《答陆原静书》，文义也与上一则相承。陆原静来信

---

① 气质：指人的生理、心理等素质，是相当稳定的个性特点。查滓：即渣滓，物品提出精华后剩下的东西，这里指欲望私念。障蔽：遮蔽，遮盖。

② 莹彻：莹洁透明。

③ 汤：沸水，热水。

中引用程颢之语"质美者明得尽，渣滓便浑化"，询问"明得尽"所指为何，如何"浑化"，阳明先生因此作答。他指出任何人的良知本来都是光明纯净的，只是人的天质有别，因此欲望私念的遮蔽就有多少之分。他强调，只要以良知为主体，切实下功夫打磨心体，就能去除人欲私念的遮蔽，恢复良知的光明纯净，成为圣贤也只是时间的问题。此则语义与第4则也有相近之处，可相互参看。

30. 凡人言语正到快意时，便截然能忍默得①；意气正到发扬时，便翕然能收敛得②；愤怒嗜欲正到腾沸时，便廓然能消化得③。此非天下之大勇者不能也。然见得良知亲切时④，其功夫又不自难。缘此数病，良知之所本无，只因良知昏昧蔽塞而后有；若良知一提醒时，即如白日一出，而魍魉自消矣。

【译文】

但凡一个人说话正痛快的时候，能够严正沉默；意气风发的时候，能够和顺收敛；愤怒和欲望正在炽烈的时候，能够空寂消融。这除了天下有大勇的人之外，没有人能做到。然而如果能够真切地体悟良知，这种功夫就不难达到。因为这几种毛病都不是良知本身具有的，只因良知受到蒙蔽以后才产生；如果良知一旦被提醒，它们就会像被太阳照到的鬼魅一样，自动消散。

【解析】

此则撷自《与黄宗贤》。在这段文字中，阳明先生特别强调了良知

---

① 快意：谓痛快，恣意所欲。截然：态度严正貌。
② 发扬：奋发，奋起。翕（xī）然：安宁、和顺貌。
③ 嗜欲：嗜好与欲望，多指贪图身体感官方面享受的欲望。腾沸：比喻情绪高涨。廓然：空寂貌。消化：熔化，消融。
④ 亲切：真切，确实。

所表现出来的意志力量。个人内在心性的修养需要强大的精神力量，而这种精神力量唯良知能提供。良知能够克服个人的一切私情嗜欲，由此展现出的大智大勇，正是良知的作用的表现。末句"白日""魍魉"的比喻，说明在先生看来，良知便如同万丈光芒的太阳，可普照一切寓所，穿透所有黑暗，让鬼祟之心无处躲藏。因此，若能恒守良知，便可使心境光明。

31. 沉空守寂与安排思索①，皆是自私用智②，其为丧失良知，一也。良知是天理之昭明灵觉处③，故良知即是天理。思是良知之发用。若是良知发用之思，则所思莫非天理矣。良知发用之思，自然明白简易，良知亦自能知得。若是私意安排之思，自是纷纭劳扰，良知亦自会分别得④。

【译义】

追求空寂与费心思考，都属于自私耍小聪明，都是丧失了良知。良知是天理的显著灵明之所在，因此良知就是天理。思考是良知的运用。如果是良知运用的思考，那么所思所想都是天理。良知运用的思考，自然简易明白，良知自然也能够知道。若是私心安排的思考，自然是杂乱烦扰，良知自然也会分辨。

【解析】

此则撷自《答欧阳崇一》。阳明先生肯定思维的作用，但他又认

---

① 沉空守寂：指追求空洞枯寂的境界。安排：谓施以心思人力，与纯任自然、不加干预相对而言。

② 自私：只为自己打算，只图个人的利益。用智：犹言耍小聪明。语本程颢《定性书》："人之情各有所蔽，故不能适道，大率患在于自私而用智。"

③ 昭明：显明，显著。灵觉：佛教语，谓众生本具的灵明觉悟之性。

④ 私意：犹私心。纷纭：杂乱貌。劳扰：劳苦烦扰。分别：区别，分辨。

为，思维必须受良知的指引，否则就都属于自私要小聪明，是丧失自己心中的良知。正如施邦曜所评："人只是一心思正……若空寂者，是于心上多一空寂之念；安排者，是于心上多一安排之念，俱失心之本然。"（《传习录集评》）也就是说，刻意追求空寂和费心思索，都会形成另一意义上的束缚，反而会失却本心；思维固然重要，但一定要从良知上开始体察，要以良知为前提，否则都是无益的，甚至会对良知的显现形成障碍。

32. 今之调养者，多是厚食浓味，剧酣谑浪，或竟日偃卧①。如此，是挠气昏神，长惰而召疾也，岂摄养精神之谓哉②！务须绝饮酒，薄滋味，则气自清；寡思虑，屏嗜欲，则精自明③；定心气，少眠睡，则神自澄。君子未有不如此而谓之致力于学问者。

【译文】

现在（考前）做调养的人，多数吃得多，口味重，狂喝滥饮，戏谑放荡，甚至整天躺在床上。这样做，只会挠乱神气，滋长惰性，招来疾病，这还叫调养精神吗！务必戒酒，口味清淡，这样神气自然清爽；减少思虑，摒弃嗜好，精气自然明朗；平心静气，减少睡眠，精神自然澄净。君子没有不这样做而能致力于学问的。

【解析】

此则撷自《示徐曰仁应试》。弟子徐爱（字曰仁）即将应试，阳明先生从各个方面殷切叮嘱。此段文字从饮食、睡眠等角度论述考前如何摄养精神，对当今学子而言也多有借鉴意义。

---

① 剧酣：狂饮。谑浪：戏谑放荡。偃（yǎn）卧：仰卧，睡卧。
② 挠气：挠乱神气。长（zhǎng）惰：滋长惰性。召疾：招来疾病。摄养：调养。
③ 寡：减少。屏：摒弃。精：精气。

33. 君子之学，为己之学也。为己故必克己，克己则无己①。无己者，无我也。世之学者执其自私自利之心②，而自任以为为己③；漭焉入于隳惰断灭之中④，而自任以为无我者，吾见亦多矣。呜呼！自以为有志圣人之学，乃堕于末世佛老邪僻之见而弗觉⑤，亦可惜也夫。

【译文】

君子求学，是为了修养自己的学问道德。要修养自己的学问道德，就一定要克制私欲，克制私欲就能达到忘我的境界。忘我，则我不复存在。世间的学者持守着一颗自私自利之心，而自信是为了自己；轻率地走向懈怠毁灭之路，而自信达到无我之境，这两类人，我见得也很多了。唉！那些自以为有志于圣人之学，却堕落到末世佛老的歪门邪道上还毫无察觉的人，也实在是可惜得很。

【解析】

此则撷自《书王嘉秀请益卷》。君子为己不为人，这是儒家的一贯主张。孔子说："古之学者为己，今之学者为人。"（《论语·宪问》）孔子所说的"为己"，指的是充实、完善自己，修养自己的道德学问，而并非自私自利；"为人"则指的是做给别人看。阳明先生承袭了孔子的这一观点，并且强调：要修养自己的道德学问，就必须克制自己的私欲，亦即无己、无我；可是世俗的学者却误把自私自利视作为己，误把堕入佛老学说视作无我，错误的理解将人生引入歧途，这是非常可悲的。

---

① 克己：克制私欲，严以律己。无己：无私心，忘我。
② 执：持守。
③ 自任：自信。
④ 漭：同"莽"，马虎，轻率。隳（huī）惰：懈怠。断灭：绝灭。
⑤ 佛老：佛家和道家的并称。佛家以佛陀为祖，道家以老子为祖，故称。邪僻：乖谬不正。

34. 先生征浰头^①，以书报学者曰^②："破山中贼易^③，破心中贼难。"

【译文】

阳明先生征伐浰头，以书信回复弟子："攻破山林中的盗贼容易，攻破心中的盗贼却很艰难。"

【解析】

此段文字未明出处，但"破山中贼易，破心中贼难"句，出自阳明先生的《与杨仕德薛尚谦书》："某向在横水，尝寄书仕德云：'破山中贼易，破心中贼难。'"此为名句，流传极广。时为明正德十三年（1518），先生在闽赣地区平定叛乱。他所说的"心中贼"，主要是指每个人内心存在的私欲，因其对人的良知极易产生遮蔽阻障的作用，所以称之为"贼"。先生认为，通过修养克服自己心中的"贼"，是比击溃现实中的贼寇更困难的事。探讨的其实就是道德修养中的"克己"功夫，即扫除心中的私欲，让良知重焕光明。

35. 今人病痛，大段只是傲^④。千罪百恶，皆从傲上来。傲则自高自是，不肯屈下人^⑤。为子而傲，必不能孝；为弟而傲，必不能弟；为臣而傲，必不能忠。象之不仁^⑥，丹珠之不肖^⑦，皆只是一

---

① 浰头：地名，今广东和平县。

② 报：复信。

③ 破：击溃，攻破。

④ 病痛：毛病，缺点。大段：犹大略，大体。傲：骄傲，高傲。

⑤ 自高：自傲，抬高自己。自是：自以为是。屈下人：谓屈己下人。

⑥ 象：舜之异母弟名。《史记·五帝本纪》："舜父瞽叟盲，而舜母死，瞽叟更娶妻而生象，象傲。"

⑦ 丹珠：即"丹朱"，尧之子名。《史记·五帝本纪》："尧知子丹朱之不肖，不足授天下，于是乃权授舜。"不肖：谓子不似父。

"傲"字，结果一生。"傲"之反为"谦"，"谦"字便是对症之药。非但是外貌卑逊①，须是中心恭敬、撙节、退让②，常见自己不是，真能虚己受人③。故为子而谦，斯能孝；为弟而谦，斯能弟；为臣而谦，斯能忠。尧舜之圣，只是谦到至诚处④，便是"允恭克让""温恭允塞"也⑤。

【译文】

今人的毛病，大体在于骄傲。千罪百恶，都是由骄傲而生。骄傲则自以为了不起，自以为是，不愿屈己下人。做儿子的骄傲了，就一定不能孝顺父母；做弟弟的骄傲了，就一定不会敬爱兄长；做臣子的骄傲了，就一定不会忠于君主。象的不仁，丹朱的不肖，都只是一个"傲"字，由此毁了他们自己的一生。骄傲的反面是谦虚，"谦"字便是骄傲的对症良药。谦虚不仅要外貌恭谨谦逊，内心也一定要恭敬、节制、礼让，经常看到自己的不足之处，真正做到虚心接受他人的意见。因此做儿子的谦虚了，就会孝顺父母；做弟弟的谦虚了，就能敬爱兄长；做臣子的谦虚了，就会忠于君主。尧舜之所以成为圣人，就是因为谦虚到至诚的地步，做到《尚书》所说的信实恭勤、谦虚礼让，温和恭敬的美德充满于天地之间。

---

① 卑逊：恭谨谦逊。

② 中心：心中。撙（zǔn）节：抑制，节制。退让：谦逊，礼让。语出《礼记·曲礼上》："是以君子恭敬、撙节、退让以明礼。"

③ 虚己受人：虚心接受他人的意见。

④ 至诚：儒家指道德修养的最高境界。《礼记·中庸》："唯天下至诚，为能经纶天下之大经，立天下之大本，知天地之化育。"

⑤ 允恭：信实而恭勤。克让：能谦让。语出《尚书·尧典》："允恭克让，光被四表，格于上下。"温恭：温和恭敬。允塞：充满，充实。语出《尚书·舜典》："浚哲文明，温恭允塞。"

【解析】

此则撷自《书正宪扇》，写于嘉靖四年（1525），正宪为阳明先生的继子。这段文字从正反两方面立论，阐述了戒除骄傲、保持谦逊的重要性，为人父的谆谆之情、拳拳之心跃然纸上。先生以丹朱和象为例，指出傲是人生大病，现实中人们的很多缺点和罪恶都源于傲慢；而与骄傲相反，谦逊则是人生最大的美德。反对傲慢，提倡谦虚，是中国古代思想家的一贯传统。《易》六十四卦中，谦卦最佳，六爻皆吉。孔子也说："如有周公之才之美，使骄且吝，其余不足观也已。"（《论语·泰伯》）意思是：假如才能的美好真比得上周公，但只要骄傲而吝啬，别的方面也就不值一看了。阳明先生显然是承袭了这一观念。

36. 金之在冶，经烈焰，受钳锤①，当此之时，为金者甚苦；然自他人视之，方喜金之益精炼②，而惟恐火力锤锻之不至。既出其冶，金亦自喜其挫折锻炼之有成矣。学者克己功夫亦然。

【译文】

金子在冶炼的过程中，要经受烈焰的燃烧、钳锤的敲打，这时，作为金子是很痛苦的；然而在他人看来，正为金子益发精纯而高兴，只怕火力和锤炼的功夫不到家。等到冶炼以后，金子也高兴自己能够经受住挫折锻炼，终有所成。学者修习克制自己的功夫，也是这样的过程。

【解析】

本则撷自《与王纯甫书》。正德七年（1512），阳明先生得知弟子王道（字纯甫）无论是在家还是在任上，处境皆不如人意，因此写下此信，以金属在冶炼中经烈焰之焚烧、钳锤之敲击而愈加精纯为喻，

① 冶：冶炼。钳锤：铁钳和铁锤。
② 精炼：提取精华或去除杂质，使之纯净。

劝慰弟子视困难和挫折为磨炼的机遇，勉力前进。其中所传递的思想，正与《孟子·告子下》"天降大任于斯人也，必先苦其心志，劳其筋骨，饿其体肤，空乏其身，行拂乱其所为，所以动心忍性，增益其所不能"一脉相承。任何人在生活和工作上都会历经困苦，若能以此磨炼身心，不顾外界阻力，坚持下去，必能有所成就。

37. 自家痛痒，自家须会知得，自家须会搔摩得①。既自知得痛痒，自家须不能不搔摩得。调停斟酌②，须是自家，他人总难与力③，亦更无别法可设。

【译文】

自己身上的痛痒，自己应该知道，自己应该会扒搔抚摩。既然自己知道痛痒，自己就不可能不去爬搔抚摩。也只能是自己去调整安排，别人帮不上忙，也没有别的办法。

【解析】

本则撷自《启问道通书》。阳明先生在回复弟子周道通的书信中指出：一个人自身心志、心性的不足，就如同自己身上的痛痒，自己明白，也只能自己解决。痛痒作为身体的一种感知，既是自然而然的、直接的、当下的，也是切己的、内在的。先生以知痛痒为喻，形象地点明了修持功夫的切己性和自发性。

38. 君子之学，求以变化其气质焉尔。气质之难变者，以客气之为患④，而不能以屈下于人，遂至自是自欺，饰非长傲⑤，卒归于

---

① 搔摩：扒搔抚摩。

② 调停：调整。斟酌：安排。

③ 与：给予。

④ 客气：谓言行虚骄，并非出自真诚。患：弊病，疾病。

⑤ 饰非：粉饰掩盖错误。

凶顽鄙倍①。故凡世之为子而不能孝，为弟而不能敬，为臣而不能忠者，其始皆起于不能屈下而客气之为患耳。

【译文】

君子学习，只是力求改变自己的气质而已。气质是很难改变的，言行虚骄是主要毛病，不能屈己下人，于是自以为是，自欺欺人，文过饰非，滋长傲气，最终归于凶恶愚顽、浅陋悖理之流。所以，世上凡是为人子却不能孝顺，为人弟却不能敬爱，为人臣却不能忠诚的人，都是源于不能屈己下人、言行虚骄的毛病。

【解析】

此则撷自《从吾道人记》。海宁董沄年六十八而欲拜阳明先生为师，且自号"从吾道人"，先生感其向道之赤诚，特撰此文。在这段文字中，先生首先指出：学习的目的在于改变气质。这一观点承自先儒，如张载认为："为学大益，在自能变化气质。"（《张子全书》卷六）程颐说："学至气质变，方是有功。"（《河南程氏遗书》卷十八）陆九渊也以为："学能变化气质。"（《象山全集》卷三十五）先生进一步指出：人的气质之所以难以改变，是因为虚骄矜持，不能屈己下人，进而不能孝、不能敬、不能忠。而董沄却具有破除虚骄矜持的"大勇"，先生对此极为赞赏，认为自己应该反过来拜董沄为师。

39. 变化气质，居常无所见②，惟当利害、经变故、遭屈辱③，平时忿怒者到此能不忿怒，忧惶失措者到此能不忧惶失措，始是能

---

① 凶顽：凶恶愚顽。鄙倍：浅陋悖理。倍，通"悖"。

② 居常：平时。

③ 当：值，遇到。利害：利益与损害。变故：意外发生的变化或事故。

有得力处，亦便是用力处^①。

【译文】

气质的变化，在平时是看不到的，只有遇到利益和损害，经受变化或事故，遭受委屈和羞辱，平时会愤怒的人到这时候能不愤怒，平时会惊慌失措的人到这时候能不惊慌失措，这样才是得其助力之处，也就是下功夫之处。

【解析】

此则与第36则均撷自《与王纯甫书》，文义也相关联。阳明先生认为，人若经常处在一种稳定安逸的状态中，是很难有所反思和进步的，气质也难有根本的变化。只有当利害当头、变故压顶、屈辱莫名时，控制情绪，冷静地面对苦难，并克服苦难，才是提升自己人格、修养自己心性的得力之处和用力之处。换言之，苦难具有心灵塑造的价值，受苦的意义就在于圣贤人格的培育与锤炼。

40. 气浮者，其志不确^②；心粗者，其造不深^③；外夸者，其中日陋^④。

【译文】

心气浮躁的人，他的志向不可能坚定；心神不定的人，他能达到的成就不可能高深；喜欢对外夸夸其谈的人，他的内心会越来越浅薄疏陋。

【解析】

此则撷自《赠王尧卿序》。正德六年（1511），王尧卿为谏官三月，

---

① 得力：得其助力，受益。用力：花费精力，下功夫。

② 确：坚定，坚决。

③ 造：学业等达到某种程度或境界。

④ 中：指内心。陋：目光短浅，见识不广。

便以病为名，辞职归家。他人都夸奖尧卿及他这种选择，但阳明先生不以为然。他认为尧卿沾沾自喜于一点小小的气节，刻意显示自己与普通人不同，其修养不足以达到圣贤的境地。由此告诫世人，心浮气躁的气质必定导致所思不细、所虑不远，这不仅是为学之忌，也是做人之忌。

41. 躁于其心者，其动妄①；荡于其心者，其视浮②；歉于其心者，其气馁③；忽于其心者，其貌惰④；傲于其心者，其色矜⑤。五者，心之不存也。不存也者，不学也。

【译文】

心气浮躁的人，行动随意；心性恣纵的人，视线飘忽；心怀愧疚的人，气势软弱；内心怠慢的人，表情轻慢；心中傲慢的人，神色自满。这五个方面，都是心不纯、不正的表现，因此不可做学问。

【解析】

此则撷自《观德亭记》。正德十四年（1519），龙南教谕缪铭奉阳明先生之命建观德亭，亭建成以后，先生亲自作《观德亭记》。中国古代素来讲求"射以观德"，即通过射箭来观察人的道德品质。先生在文中即以持弓射箭为例，说明内在心性对于外在行为的主宰和支配。这段文字既生动又深刻地说明：在由内向外的德性行为中，行是由心指使的，是得自心性的；心是身体的统治者与主宰者。

① 妄：胡乱，随便。
② 荡：恣纵，放荡不羁。浮：漂浮，游荡。
③ 歉：惭愧，觉得对不住人。馁：丧失勇气，害怕。
④ 忽：轻视，怠慢。惰：轻慢，不敬。
⑤ 矜：骄傲，自满。

42. 本心之明，皎如白日，无有有过而不自知者，但患不能改耳。一念改过，当时即得本心。人孰无过？改之为贵。蘧伯玉，大贤也，惟曰"欲寡其过而未能"①。成汤、孔子，大圣也，亦惟曰"改过不吝"，"可以无大过"而已②。人皆曰："人非尧舜，安能无过？"此亦相沿之说③，未足以知尧舜之心。若尧舜之心而自以为无过，即非所以为圣人矣。

【译文】

人心本体的明亮，如同太阳一般明亮，没有有过错而自己不知道的，就怕不去改正它。改过的念头一生成，当时就发现了本心。人谁能没有过错呢？改正了就很可贵。蘧伯玉是大贤人，只说"想减少过错却还没能做到"。成汤、孔子是大圣人，也只说"改正错误毫不犹豫"，"就可以没有大的过错"。人们都说："常人并非尧舜，怎么会没有过错呢？"这些都是沿袭下来的说法，其实不足以知晓尧舜的内心。如果尧舜的内心自以为没有过错，那么他们也就不是圣人了。

【解析】

此则撷自《寄诸弟书》。正德十二年（1517），阳明先生写信给守俭、守文和守章三个弟弟，力说"改过"。改过是儒家极为重视的道德问题。孔子说："过而不改，是为过矣。"（《论语·卫灵公》）意思

---

① 蘧（qú）伯玉：春秋时卫国人，名瑗，相传是一位求进甚急并善于改过的贤大夫。《论语·宪问》："蘧伯玉使人于孔子。孔子与之坐而问焉，曰：'夫子何为？'对曰：'夫子欲寡其过而未能也。'"意思是：蘧伯玉派一位使者拜访孔子。孔子给他座位，然后问道："他老人家干些什么？"使者回答："他老人家想减少过错却还没能做到。"

② "改过不吝"：改正错误毫不犹豫。语出《尚书·仲虺之诰》："用人惟己，改过不吝。""可以无大过"：可以没有大的过错。语出《论语·述而》："加我数年，五十以学《易》，可以无大过矣。"

③ 相沿：递相沿袭。

是：有过错而不改正，那就是真正的错误了。子贡说："君子之过也，如日月之食焉；过也，人皆见之；更也，人皆仰之。"（《论语·子张》）意思是：君子的过失就好比日食月食，犯错的时候每个人都看得见，更改的时候每个人也都仰望着。孔子和子贡都认为君子有过在所难免，关键在于能否有过必改，这是区分君子和小人的分界线。继承孔门的这一思想，阳明先生立足于良知，强调人心本体是明亮的，有错即知；知错就改，即为可贵。先生特地指出俗语常说的"人非尧舜，安能无过"是不正确的，因为哪怕是尧舜那样的圣人，也并不是没有过错；尧舜之所以高于常人，就在于有过即改，绝无委蛇矫饰。这一观点，与朱熹认为圣贤无过的思想形成鲜明的对照（《朱子语类》卷十三："圣人万善皆备，有一毫之失，此不足为圣人。"），也更合理，更近人情。

43. 古之圣贤时时自见己过而改之，是以能无过，非其心果与人异也。戒慎不睹、恐惧不闻者①，时时自见己过之功也。

【译文】

古代的圣贤时时察见自己的过错并加以改正，因此能没有过错，而并不是他们的心果真与常人不同。对于内心中的念头和动机都慎重对待的人，有时时刻刻察见自己犯错的功夫。

【解析】

此则同样撷自《寄诸弟书》。阳明先生进一步强调：古代圣贤也和常人一样会犯错，贵在能时时察见自己的过错并及时加以改正。以此

① 戒慎不睹、恐惧不闻：在还看不到的时候就非常警惕谨慎，在还听不到的时候就非常畏惧警醒。形容对于内心中的念头和动机要慎重对待。语出《礼记·中庸》："是故君子戒慎乎其所不睹，恐惧乎其所不闻。"戒慎：警惕，谨慎。恐惧：畏惧，害怕。

勉励诸弟时刻保持戒慎恐惧，及时反省己过，保证心体无一毫杂染，良知纯粹光明。

44. 行之明觉精察处①，即是知；知之真切笃实处②，即是行。若行而不能精察明觉，即是冥行，即是"学而不思则罔"③，所以必须说个知；知而不能真切笃实，即是妄想④，即是"思而不学则殆"，所以必须说个行。又曰：知行原是两个字说一个功夫。

【译文】

行的过程中，那些精明觉察的地方，便是知；知之中，那些真切实在的地方，就是行。如果行事时没有精明觉察，就是盲目行事，就是孔子所说的"学习而不思考就会迷惘"，所以必须说个知；知道了却不去真切实在地实践，就是胡思乱想，就是孔子说的"思考而不学习就会疑惑"，所以必须说个行。知和行本来就是用两个字说一个功夫。

【解析】

此则撷自《答友人问》，作于嘉靖五年（1526）。在这段文字中，阳明先生阐明了"知"与"行"原本只是一个功夫，它们有机地统一于我们的生活实践中，也即"知行合一"。偏废任何一方，都会导致困惑和迷惘。同样是讨论知行，阳明先生和朱子侧重的角度不一。朱子是从一般经验的知识、一般的行为上来讲；但在阳明心学中，知就是良知，行就是道德行为，强调在良知作为本性的前提下，人的行为必须时时事事体现良知。

---

① 精察：精细明察。

② 笃实：实在，坚实。

③ "学而不思则罔"及下文"思而不学则殆"：出自《论语·为政》，意思是：学习而不思考就会迷惘，思考而不学习就会疑惑。

④ 妄想：胡思乱想。

45. 警学者曰[①]："议论好胜，亦是今时学者大病。学者于道，如管窥天[②]，少有所见，即自足自是，傲然居之不疑[③]。与人言论，不待其辞之终而已先怀轻忽非笑之意[④]。不知有道者从旁视之，方为之竦息汗颜[⑤]，若无所容。而彼悍然不顾[⑥]，略无省觉，斯亦可哀也矣！"又曰："议论欠简切，又不能虚心平气，此是吾侪通患[⑦]。"

【译文】

先生告诫学者说："议论别人，争强好胜，是当今学者的一大毛病。学者对于道，如同用竹管看天，只见到一点点，便自以为是，骄傲自满，深信不疑。和人讨论问题时，不等别人说完，内心已先有了轻视讥笑的意思。却不知那些真正有道的人从旁边看他，正为他羞愧汗颜，无地自容。而他自己却蛮横得很，毫不顾虑这些，一点也不醒悟，这实在让人感到悲哀。"又说："议论不够简要切实，又不能虚心平气，这是我辈通病。"

【解析】

此则"议论好胜"一段文字，撷自正德九年（1514）阳明先生写给诸石川的《书石川卷》；"议论欠简切"一段文字，又撷自嘉靖二年（1523）所作《与黄宗贤书》。两段文字都反映出先生对学者在探讨学问时流露的傲慢之情的反对，视傲慢为当时学者的大病。可与第35则

① 警：警告，告诫。

② 如管窥天：如同用竹管看天，比喻见闻狭隘。语本《庄子·秋水》："是直用管窥天，用锥指地也，不亦小乎！"

③ 自足：自满。居之不疑：对自己所处的境遇毫不怀疑。

④ 轻忽：轻视。非笑：讥笑。

⑤ 竦息汗颜：不敢呼吸，汗发于颜面。形容羞愧。

⑥ 悍然：蛮横貌。

⑦ 吾侪（chái）：我辈，我们这类人。通患：通病。

相互参看。

46. 君子论事，当先去其有我之私。一动于有我，则此心已陷于邪僻。虽所论尽合于理，既已亡其本矣①。

【译文】

君子探讨事情，应当首先去除自己的私心。一旦动了有我的私念，那么心就陷入乖谬不正。尽管所说的都还合理，但已经丧失了根本。

【解析】

此则撷自《答徐成之》。徐成之向阳明先生询问朱熹和陆九渊学问的区别，先生写信回复。在先生看来，心之本体原是无我、大公，学术为天下公器，也自当去除有我之私；一旦动了私心，也就失了公正。也就是说，学术之道在于求之本心，而无须区别朱子、陆子；所有的门户之见、教派之分，应一律打破。

47. 君子之学，务求在己而已。毁誉荣辱之来，非独不以动其心，且资之以为切磋砥砺之地②。故君子无入而不自得③，正以其无入而非学也。若夫闻誉而喜，闻毁而戚④，则将惶惶于外，惟日之不足矣，其何以为君子⑤!

【译文】

君子治学，只是为了修养自己（的学问道德）。毁誉荣辱来临的时候，不但不为所动，而且要把它当作切磋学问、磨炼意志的机会。君

---

① 亡：丢失，丧失。
② 砥砺：磨炼，锻炼。
③ 无入而不自得：参见第17则注释④。
④ 毁：诋毁。戚：忧愁，悲伤。
⑤ 惶惶：恐惧不安貌。惟日之不足：谓终日为之而犹恐不足。出自《尚书·泰誓中》。

子无论置身于何种境地都能安然自得，正是因为他将每一种境遇都当成自己学习的契机。如果听到赞誉就窃喜，听到诋毁就悲戚，必定会惶惧不安，终日考虑这些而犹恐不足，又怎么可能成为君子呢？

【解析】

此则撷自《答友人》，写于嘉靖五年（1526）。友人在来信中提到自己受人诋毁，内心气愤难平。阳明先生针对此事加以分析，并提出自己的建议。先生认为，人面对外界的是非毁誉的干扰，不但要"不动心"，还要把它们视为考验和锻炼的机会，这样才会专注于自身学问道德的提升，无时无刻不处于安然自得的心境。其中语意与第14则接近，可相互参看。

48. 困心衡虑，以坚淬其志节①；动心忍性，以增益其不能②。自古圣贤，未有不如此而能有立于天下者也。

【译文】

困闷和焦虑，能够坚定志向，锤炼节操；不顾外界阻力，使性格坚韧，自身的能力就会得到提升。自古圣贤，之所以能立于天下，无不是经历了这样的考验和锻炼。

【解析】

此则撷自《寄薛尚谦》，写于正德十六年（1521）。在这段文字中，阳明先生强调困难和挫折实为磨炼的机遇，也是成圣成贤道路上必不可少的经历。彼时先生刚经历宸濠之变，此段文字，既是对弟子薛侃

---

① 衡：通"横"，梗塞，指不顺。淬：锻造时，把烧红的锻件浸入水中，急速冷却，以增强硬度。此引申为锻炼，锤炼。志节：志向和节操。

② "动心"句：语出《孟子·告子下》："所以动心忍性，增益其所不能。"意思是：历经困苦而磨炼身心，不顾外界阻力，坚持下去，使自身的能力得到提升。动心：使内心惊动；忍性：使性格坚韧。

（字尚谦）的勉励，也是夫子自道。其中文义，与第36则相近，可相互参看。

49. 人之是非毁誉，如水之湿，如火之热，久之必见，岂能终掩其实者①？故有其事，不可辩也②；无其事，不必辩也。无其事而辩之，是自谤也③；有其事而辩之，是益增己之恶，而甚人之怒也④。皆非所以自修而平物也⑤。

【译文】

一个人所遭遇的是非毁誉，就如同水是湿的，火是热的，时间一长，真相必现，怎么可能一直被掩盖？若确有其事，不可辩解；若本无其事，也就不必辩解。若本无其事而辩解，那是自己毁谤自己；若确有其事而辩解，那只会增加自己的恶行，增添别人的愤怒。因此辩解无助于修养德性，平息物议。

【解析】

本则撷自《答伍汝真佥宪》，写于嘉靖三年（1524）。在这篇文字中，阳明先生认为"止谤"的最佳方法就是"无辩"，也就是不加以辩解，这与他所秉持的"良知"理念是一以贯之的，也是古人经常强调的人生智慧。钱大昕《十驾斋养新录·止谤》也说："'止谤莫如自修'，王文舒之言也。'何以止谤？曰：无辩'，文中子之言也。谤之无实者，付之勿辩可矣。谤之有因者，非自修弗能止。"面对诽谤，

---

① 见：即"现"的古字，显现，显露。掩：遮没，遮蔽。实：实际，事实。

② 辩：争辩，辩论。

③ 谤：诽谤，毁谤。

④ 甚：增加，增添。

⑤ 自修：修养自己的德性。语出《礼记·大学》："如琢如磨者，自修也。"平：平息。物：人，众人。

一味地争辩往往只会适得其反。人首先是要坦然面对自己的"良知"，提升修养德性。清者自清，诽谤最终会在事实面前不攻自破。

50. 非笑诋毁，圣贤所不免。伊川有涪州之行①，孔子尚微服过宋②。今日风俗益偷③，人心日以沦溺。苟欲自立，违俗拂众，指摘非笑纷然而起，亦势所必至④。然亦多由吾党所养未深，高自标榜所致⑤。学者固不当自立门户，以招谤速毁⑥；亦不当故避非毁，同流合污。

【译文】

被讥笑诋毁，即使是圣贤也在所难免。伊川就有涪州之行，孔子尚且微服过宋。现在社会风气日益浇薄，人心日益沦丧。想要坚守自己的人格独立，就会与世俗的风气和大众的观念相违背，各种指责和讥笑就会纷纷不断，这是必然的形势。但这也可能是由于我们自身修养还不够，有过度夸张和自我吹嘘。因此，学者不要轻易自立门户，以免招来毁谤和抵制；也不应当为了避免毁谤和抵制，而故意与小人同流合污。

---

① 伊川有涪（fú）州之行：伊川指程颐，程颐为洛阳伊川人，世称伊川先生。因反对王安石变法，绍圣四年（1097），程颐被贬到涪州（今重庆涪陵一带）。

② 孔子尚微服过宋：《孟子·万章上》记载："孔子不悦于鲁卫，遭宋桓司马，将要而杀之，微服而过宋。"意思是：孔子在鲁国和卫国不得志，宋国的司马桓魋（tuí）打算在路上拦截并杀死他，他只好换掉平时的衣服，悄悄地通过宋国。微服：改变常服以避人耳目。

③ 偷：浇薄，不厚道。

④ 自立：能自持自守，不为外力所动。拂：逆，违背。指摘：亦作"指谪"，挑出错误，加以批评。势：形势，情势。

⑤ 吾党：犹我辈。养：修养，涵养。高：骄傲，高傲。

⑥ 速：召，请。

【解析】

此则撷自《书顾维贤卷》，写于正德十六年（1521）。阳明先生以孔子和程颐为例，论证被讥笑诋毁，即使是圣贤也在所难免，更何况是常人。通过这段文字，先生强调：一个人内心的志向和追求必须明确而坚定，既不自高自傲，也不随波逐流；只有达到真实无妄的至诚境界，才能从容面对来自外界的各种评论，正确地对待荣辱得失，经受住各种考验。

51. 昔之君子，盖有举世非之而不顾，千百世非之而不顾者，亦求其是而已矣①，岂以一时毁誉而动其心邪！惟其在我者有未尽，则亦安可遂以人言为尽非？伊川、晦庵之在当时②，尚不免于诋毁斥逐，况在吾辈行有所未至者乎？

【译文】

古时候的君子，有全世界都反对他而不在意、千百世都反对他也不在意的人，他所追求的只是真理，怎么会因外在一时的诋毁或赞誉而改变自己的心志呢！反过来，如果是自己的思想还有不足之处，那又为什么要说别人一定错了呢？程颐和朱熹在他们生活的时代，尚且免不了受别人的诋毁和排斥，何况我们这些行为上还有不足的人？

【解析】

此则撷自《与陆原静》。嘉靖元年（1522），御史程启充、给事毛玉上疏，要求朝廷取缔阳明先生所创立的心学，以对心学思想进行遏制。弟子陆澄时为刑部主事，六次上疏予以驳斥，为先生辩护。先生听闻之后，内心感激，但他认为：没有必要为这些事情争辩；程颐、

---

① 非：责备，反对。是：指正确的论断或肯定的结论。

② 晦庵：朱熹的号。

朱熹等在世时尚且不免受他人诋毁，何况自己？针对世人的批判，他一方面表达了对自身不足的深刻反省，体现了"严于律己，宽以待人"的气度；另一方面，也表达了追效前贤、坚持真理的决心。

52. 欲此心纯乎天理而无一毫人欲之私，此作圣之功也①。必欲此心纯乎天理而无一毫人欲之私，非防于未萌之先而克于方萌之际不能也②。防于未萌之先而克于方萌之际，此正《中庸》"戒慎恐惧"、《大学》"致知格物"之功③，舍此之外，无别功矣。

【译文】

想要此心纯粹，完全合乎天理，没有一丝一毫的私欲，这就是成为圣人的功夫。而要想此心纯粹完全合乎天理而没有丝毫私欲，只能在私欲萌生之前就多加防范，并在私欲萌生之际就加以扼制。这正是《中庸》"戒慎恐惧"的功夫，也是《大学》"格物致知"的功夫。除此之外，没有其他功夫。

【解析】

此则撷自《答陆原静书》。阳明先生十分重视良知主体的修养功夫，主张时刻警惕，以排除私欲之蔽、外物之扰，彻底克制邪念、妄念和不善之念，不留一丝一毫，从而保证道德活动从动机初始到实践完成全部过程的正确，即"此心纯乎天理而无一毫人欲之私"。在这段文字中，他尤其强调一定要在私欲萌生之前就加以防范，在私欲萌生之际就加以扼制，因为私欲一旦释放、膨胀，就难以克制。蜀汉昭烈

① 功：功夫。谓技术和技术修养、造诣。
② 萌：比喻事情刚刚显露的发展趋势或情况，开端。克：制服，克制。
③ "戒慎恐惧"：参见第43则注释①。"致知格物"：语出《礼记·大学》："致知在格物，物格而后知至。"意为通过探究事物原理，从中获得知识。

帝刘备在遗诏中告诫后主刘禅"勿以恶小而为之"一语，为后人所熟知，也正是此意。

53. 凡功夫只是要简易真切。愈真切，愈简易；愈简易，愈真切。

【译文】

凡是良知主体的修养功夫，只是要简易真切。越真切，也就越简易；越简易，也就越真切。

【解析】

此则撷自《寄安福诸同志》。嘉靖六年（1527），阳明先生受命赴广西征讨思恩、田州的叛乱，途经吉安府，为安福"惜阴会"成员写下此信，再次强调良知学问以简易真切为贵。可与第27则相互参看。

54. "照心非动"者①，以其发于本体明觉之自然，而未尝有所动也，有所动即妄矣②。"妄心亦照"者，以其本体明觉之自然者，未尝不在于其中，但有所动耳，无所动即照矣。无妄无照，非以妄为照，以照为妄也。照心为照，妄心为妄，是犹有妄有照也。有妄有照，则犹贰也，贰则息矣③。无妄无照则不贰，不贰则不息矣。

【译文】

"照心非动"，是因为它发自心体自然的明觉，未尝有所动；如果有所动，便成为妄了。"妄心亦照"，是因为本体的天然明觉，未尝不在妄心之中，只是有所动罢了；如果无所动，便是照了。所谓"无妄

---

① 照：察知，明白。

② 妄：不法，非分。

③ 贰：不专一，怀有二心。息：停止，停息。

无照"，并不是将妄看作照，将照看作妄。把照心当作照，把妄心当作妄，就还是认为有妄心和照心存在。有妄有照，就依然还是两个心，把心一分为二，良知便停息了。无妄无照，才不会把心分而为二，这样，良知也就不会停息。

【解析】

此则撷自《答陆原静书》。在回复陆澄的这封书信中，阳明先生通过对"照心""妄心"的辨析，意在指明：人只有一个心，内心澄明、无所遮蔽便是照心，内心被私欲所遮蔽便是妄心。心的本质没有发生变化，只是呈现性质有了变化。从良知自动显现上看，无所谓照心、妄心，人只是时时刻刻想着致良知即可。若刻意去分照心、妄心，那便是一心为二，便是存二心，便不诚。先生在此段文字最后提出"无妄无照"的说法，即在人之心体纯然于天理之时，不但妄心不会存在，连刻意去存照心之念也不存在了。随时随地，人之心体皆能循于一理，这也就将"照心妄心"回归到"心一而已"的理念上来。

55. 合得本体是功夫①，做得功夫是本体。

【译文】

能与本体相合的就是功夫，能够真正下功夫的就是本体。

【解析】

此则撷自邹元标《重修阳明先生祠记》，阐述的是本体与功夫的关系。先生认为：良知之道，本体与功夫合一；本体的发用流行即是功夫，功夫的精熟纯一即达本体。因此他说："戒慎恐惧是功夫，不睹不闻是本体。"又说："不睹不闻是功夫，戒慎恐惧是本体。"

---

① 本体：事物的原样或自身。功夫：谓做事所费的精力和时间。

56. 君子之所谓敬畏者，非有所恐惧忧患之谓也，乃戒慎不睹、恐惧不闻之谓耳①。君子之所谓洒落者②，非旷荡放逸、纵情肆意之谓也，乃其心体不累于欲③，无入而不自得之谓耳④。是洒落生于天理之常存，天理常存生于戒慎恐惧之无间⑤。

【译文】

君子所说的敬畏，并非指恐惧忧患，而是《中庸》所说的戒慎不睹、恐惧不闻。同样，君子所理解的洒脱，也不是指狂放不羁，放纵情欲，肆意妄为，而是指内心不被外在的物欲所妨碍，无论什么情况下都可以做到安然自得，从容恬淡。因此洒落生成于天理的常存，天理常存又生成于戒慎恐惧的精微义理之中。

【解析】

此则撷自《答舒国用》。洒落，是阳明心学功夫一直以来的境界追求。弟子舒柏（字国用）向先生请教敬畏是否会影响洒落，先生用这段文字阐述了二者之间的关系。他认为，君子所说的敬畏，并非指恐惧忧患，而是《中庸》所说的戒慎不睹、恐惧不闻。前者的意思是因担心而害怕、忧虑，是出自私欲的"畏"；后者的意思是必须对内心中的念头或动机时时谨慎、警惕，是出于道德良知的"畏"。同样，儒家所理解的真正的洒落，绝不是指放纵情欲，而是指内心不被外在的物欲所束缚或拖累，是天理之所在。由此可知，先生并不认为敬畏之心是洒落的牵累，相反，他主张以敬畏求洒落，敬畏是实现洒落的现实

① 戒慎不睹、恐惧不闻：参见第 43 则注释①。

② 洒落：潇洒，豁达。

③ 心体：心之本体。累：牵连，妨碍。

④ 无入而不自得：参见第 17 则注释④。

⑤ 无间：指精微的义理。

功夫。

57. 乐是心之本体，虽不同于七情之乐，而亦不外于七情之乐[①]。虽则圣贤别有真乐，而亦常人之所同有。但常人有之而不自知，反自求忧苦，自加迷弃。虽在忧苦迷弃之中，而此乐又未尝不存。但一念开明，反身而诚[②]，则即此而在矣。

【译文】

乐是心的本体，虽不简单等同于七情之乐，然而也不外乎七情之乐。虽然圣贤自有他们的真乐，但那也是常人所共有的。只是常人往往不知，反而自寻忧愁烦恼，自己丢弃了真乐。即使在忧愁迷弃的时候，这个真乐也未尝不存在。只要一念豁然明白，并以至诚立身行事，那么真乐就在其中。

【解析】

此则撷自《答陆原静书》。陆澄来书请教"孔颜乐处"与"七情之乐"有何区别，阳明先生指出：以孔子、颜回为代表的儒家圣人之乐是真乐；真乐不同于感性层面的七情之乐，但也不离于七情之乐；也就是说，常人的七情之乐中，其实就孕育着真乐的萌芽，只是常人不自知而已。先生在这里直接把乐说成是心的本体（即良知天理），所包含的意思是：减一分私欲，就能增一分真乐；良知越是精纯，能体味到的乐也就越真。乐与良知本就是合而为一的。他也曾说："那一点良知，是尔自家的准则……尔只不要欺他，实实落落依着他做去，善便存，恶便去，他这里何等稳当快乐。"（《传习录》）因此，致得良知

---

① 七情之乐：指《礼记·礼运》所说："喜、怒、哀、惧、爱、恶、欲，七者弗学而能。"
② 反身而诚：以至诚立身行事。语出《孟子·尽心上》："万物皆备于我矣，反身而诚，乐莫大焉。"

之时，也就是体味到真乐之时。先生的这一观点，显然与孟子的"反身而诚，乐莫大焉"一脉相承。

58. 众方嚣然，我独渊默①；中心融融②，自有真乐。是盖出乎尘垢之外而与造物者游也③。

【译文】

周围人喧嚣吵嚷，我却独自保持着静默；内心圆融恬适，自有一番真正的乐趣。它使人超脱于尘世之外，与天地造物者同游。

【解析】

此则撷自《示徐曰仁应试》。爱徒徐爱赴考之际，阳明先生不忘以"真乐"示之。在先生看来，真乐便是体道、悟道之乐，是直指本心的，是与宇宙万物融而为一的至乐、大乐。

59. 性一而已④。仁义礼智，性之性也⑤；聪明睿知，性之质也⑥；喜怒哀乐，性之情也；私欲客气⑦，性之蔽也。质有清浊，故情有过不及，而蔽有浅深也。

【译文】

人的本性只有一个。仁义礼智是人性的性质，聪明才智是人性的资质，喜怒哀乐是人性的情感，私欲、虚伪是人性的蒙蔽。资质有清浊之分，所以，情感有过分和不足，而蒙蔽也有深浅之别。

---

① 嚣然：喧哗的样子。渊默：深沉静默。

② 融融：和乐，恬适。

③ 尘垢：犹世俗。

④ 性：人性，人的本性。

⑤ 性之性：前者同上。后者指事物的性质或性能。

⑥ 质：资质；禀性。

⑦ 客气：参见第38则注释④。

【解析】

此则撷自《答陆原静书》。阳明先生承袭的是孟子的性善论，在前文中，他已指出："性无不善，故知无不良。"因此，他从"心"一元论出发，主张"性"一元论，认为人性仅有一个而已，其他种种都只是人性不同角度、不同层面的呈现，关键在于通过后天的修养剔除蒙蔽，以恢复性之本质。可与第28则相互参看。

60. 程子谓："论性不论气，不备；论气不论性，不明。"①亦是为学者各认一边，只得如此说。若见得自性明白时，气即是性，性即是气，原无性气之可分也。

【译文】

程子说："论性不论气，就不全面；论气不论性，也不明确。"这也是因为学者都各自看到其中的一面，所以他只得如此说。如果明白地看到了自己的性，那么气就是性，性就是气，本来就没有性与气的分别。

【解析】

此则撷自《答周道通书》。宋儒一般主张将"性"与"气"结合起来探讨，程颐就认为性气要二者兼论才能得性气之全，才能较全面地理解人性。但这依然是将性与气区分开来，是属于性气二元论。而阳明先生主张性一元论，性气一体。他认为性是本原，由性发出的四端

---

① "论性"句：出自《河南程氏遗书》卷六《二先生语六》。程子：指程颐。气：中国古代重要的哲学概念。孟子用以指主观精神："我善养吾浩然之气。"（《孟子·公孙丑下》）宋代及以后多认为"气"是一种在"理"之后的物质。如朱熹《答黄道夫》："天地之间，有理有气。理也者，形而上之道也，生物之本也；气也者，形而下之器也，生物之具也。是以人物之生必禀此理，然后有性；必禀此气，然后有形。"不备：不全面，不完备。不明：不明确，不清晰。

之情（即孟子所说的恻隐、羞恶、辞让、是非）则是气，因此，性气分二是不必要的，关键在于"见得自性明白"。

61. 盈虚消息①，皆命也；纤巨内外②，皆性也；隐微寂感③，皆心也。存心尽性④，顺夫命而已矣。

【译文】

事物的盈满或虚空，增长或消减，都是命；纤细或巨大，在内或在外，都是性；隐约细微，于寂静中有感必应，都是心。存养善心，发挥本性，就是顺应天命而已。

【解析】

此则撷自《徐昌国墓志》。徐祯卿（字昌国）为"吴中四才子"之一，与祝枝山、唐伯虎、文微明齐名。在阳明先生为徐祯卿所写的这篇墓志中，记述了正德五年（1510）二人一起探讨养生之道的过程。先生阐述了他对心、性、命关系的理解，认为这三者是统一的，存心尽性，就是顺应天命。先生的这一观点，应该主要承袭自《孟子·尽心上》："存其心，养其性，所以事天也。"孟子认为心、性、天三者是统一的，唯有存心养性，才能正确对待天命。孟子所说的"天"，即先生所说的"命"，皆指天命。

---

① 盈虚：盈满或虚空，谓发展变化。消息：增长或消减。

② 纤巨：犹巨细。

③ 隐微：隐约细微。寂感：语本《易经·系辞上》："易，无思也，无为也，寂然不动，感而遂通天下之故。"大意为：若能达至无思无为之境，就能寂静下来，有感必应，万事皆通。

④ 存心：存养善心。尽性：儒家谓人物之性均含天理，唯至诚之人，才能发挥人和物的本性，使各得其所。

62. 三代之学，皆所以明人伦①。今之学宫皆以"明伦"名堂，则其所以立学者，固未尝非三代之意也②。然自科举之业盛，士皆驰骛于记诵辞章③。于是师之所教，弟子之所学，遂不复知有明伦之意矣。又曰：圣贤之学，明伦而已。外此而学者，谓之异端；非此而论者，谓之邪说；假此而行者，谓之伯术④；饰此而言者，谓之浮辞⑤；背此而驰者，谓之功利之徒。

【译文】

夏、商、周三代的学问，都是为了教人明白人伦道理。现在的学宫也都还用"明伦"为正殿命名，所以它们的立学本旨都不曾违背三代的本意。然而自从科举兴盛以来，士人们都忙着记诵辞章。因此老师所教的，学生所学的，再也不知道还有明白人伦道理的本意。同样，圣贤的学问，只在于明白人伦道理。除此之外的学问，都是异端；除此之外的言论，都是邪说；假借这个而行事的，就是霸道的权术；把这当作言谈装饰的，就是浮泛多余之辞；与此背道而驰的，就是功利之徒。

【解析】

此则撷自《万松书院记》。万松书院位于杭州府城南凤凰山脚下，嘉靖四年（1525），侍御潘景哲增修书院，托阳明先生写下记文。文中，先生指出：明初以来书院教学虽然日益兴盛，但多以应举为目的，因此坠入训诂记诵、追名逐利的弊端，丧失了夏、商、周三代的明伦观。而书院教学的根本应在于古今圣贤的"明伦"，即培养学子的理想

---

① 三代：指夏、商、周。学：学校。人伦：人与人之间的关系，尊卑长幼之序。

② 非：违背，不合。

③ 驰骛（wù）：奔走，奔竞。

④ 伯术：霸者的权术，伯通"霸"。

⑤ 浮辞：浮泛多余之辞。

人格范式。这一观点强调了教育过程中提升学子道德修养的重要性，是自朱熹、陆九渊等宋儒以来，儒家学者一直呼吁的。

63. 君子之学，求尽吾心焉尔。故其事亲也，求尽吾心之孝，而非以为孝也；事君也，求尽吾心之忠，而非以为忠也。是故夙兴夜寐，非以为勤也^①；剸繁理剧，非以为能也^②；嫉邪祛蠹，非以为刚也^③；规切谏诤，非以为直也^④；临难死义，非以为节也^⑤。吾心有不尽焉，是谓自欺其心；心尽而后，吾之心始自以为快也^⑥。

【译文】

君子的学问，不过是求得尽我的心罢了。因此孝顺父母，求的是尽我心中的孝，并非为了孝顺而孝顺；奉事国君，求的是尽我心中的忠，并非为了忠诚而忠诚。所以日夜操劳，不是为了显示勤快；裁处繁剧的事务，不是为了显示才能；消除邪恶，不是为了显示刚直；直言规劝，不是为了显示正直；危难之时恪守大义，也不是为了显示气节。我的内心如果没有尽力的话，那就是自己欺骗自己的心；尽了心后，我的内心才会真正感到快乐。

【解析】

此则撷自《题梦槎奇游诗卷》。《孟子·尽心上》说："尽其心者，知其性也。知其性，则知天矣。"意思是：能够尽自己心的人，就是觉悟到了自己的本性；觉悟到了自己的本性，就是懂得了天命。阳明

---

① 夙（sù）兴夜寐：早起晚睡，形容勤奋。夙：早。兴：起来。寐：睡。

② 剸（tuán）繁理剧：裁处繁剧的事务。

③ 嫉邪：憎恨邪恶。祛蠹（dù）：除去祸害。

④ 规切：劝诫谏正。谏诤：直言指出他人的过错，并规劝其改正。直：公正，正直。

⑤ 死义：为义而死，谓恪守大义。节：气节，节操。

⑥ 快：快乐，愉悦。

先生主张"尽心"，是对孟子学说的扩充或发挥。他认为事亲、事君，只在尽己之心；尽心了，心便自然稳当快活。所谓"尽心"，其实即是遵循本心，也就是依循良知；当我们依循良知去自我选择、自我行动时，内心自然会生成愉悦感。这其实是强调了道德之化境，也阐明了良知本体与功利主义的区别。

64. 见得自己心体，即无时无处不是此道。

【译文】

真正洞察自己心之本体，就会知道无时无处都是这同一个道的发用流行而已。

【解析】

此则撷自《传习录》。阳明先生认为，人一旦明见自己心体，就能够悟道；悟道之根本途径无他，就在于体得本心本性致良知而已。其中思想，既承自孟子"学问之道无他，求其放心而已矣"（《孟子·告子上》），也与佛家禅宗思想近似。禅宗认为，人心自有佛性，只要明见自心本性，便可当下悟道、自然成佛，无须外求。达摩《悟性论》曰："直指人心，见性成佛。"黄檗《传心法要》云："达摩从西天来，唯传一法，直指一切众生本来是佛，不假修行，但如今识取自心，见自本性，更莫别求。"五祖弘忍也曾告知六祖慧能："不识本心，学法无益。若识自本心，见自本性，即名丈夫、天人师。"（《坛经》）

65. 修己治人，本无二道①。政事虽剧②，亦皆学问之地。

【译文】

修养自我与治理他人，本来就是一个道理。政事虽然繁多，却都

---

① 修己：修养自我。治人：治理他人。

② 剧：繁多，繁忙。

是学问所到的境地。

【解析】

此则撷自《答徐成之》。阳明先生指出：治理一方百姓的政事虽然繁杂纷乱，却也是提升自我修养的重要途径。他在《答路宾阳》中也说："郡务虽繁，然民人社稷，莫非实学。"语意相同。其中体现的是先生一贯的观点，即良知并非独立存在，而是寓于具体事物之中，是在万事万物中因缘和合而成。因此，对良知的体悟离不开具体事物；每一具体事物都能完整地体现良知，而不是分有良知，正如万川映月。这一思想也应是受惠于禅宗。禅宗认为"佛性"不可言喻，只能从具体事物中体认，故有"在在处处皆是道场""搬柴运水无非佛事"等观点。

66. 天下事虽万变，吾所以应之不出乎喜怒哀乐四者①。此为学之要，而为政亦在其中矣。

【译文】

天下的事虽然千变万化，我用来应对的，不外喜怒哀乐四种情感。这就是做学问的紧要处，而处理政事的道理也就蕴含在其中。

【解析】

此则撷自《与王纯甫》，所阐述的思想与上一则相近，均谓世间事务虽然繁杂，但也正是修身养性、变化气质之所。

67. "君子素其位而行"②，"思不出其位"③。凡谋其力之所不

---

① 应：应付，对付。

② "君子素其位而行"：意思是君子安于现在所处的地位，并努力做好应当做的事情。出自《礼记·中庸》。素：平素，平时。

③ "思不出其位"：考虑事情不超过自己的职权范围。思：考虑。位：职位。《易经·艮》："君子以思不出其位。"《论语·宪问》："曾子曰：'君子思不出其位。'"

及，而强其知之所不能者①，皆不得为致良知。而凡"劳其筋骨，饿其体肤，空乏其身，行拂乱其所为，动心忍性以增益其所不能"者②，皆所以致其良知也。

【译文】

"君子必须安于现在所处的地位，并努力做好应当做的事情"，"思考问题不要越过自己所处的地位"。如果谋求能力所不及的事，或是勉强做智慧不能及的事，都达不到致良知的目的。只有像孟子所说的那样，"锻炼他的筋骨，使他忍受饥饿，穷困潦倒，做事总是不能如愿，历经困苦，磨炼身心，不顾外界阻力，坚持下去，自身的能力就能得到提升"，这样就可以致良知了。

【解析】

此则撷自《答欧阳崇一》。阳明先生强调每个人都要做好与自己当下所处地位相对应的事情，当行则行，当止则止，量力而行。倘若违背本心去做一些令自己身心劳苦、不堪重任的事，一定是对自己希求过高，或是对外欲过分执着，并非致良知之道。做一切事情都要遵从良知天理，不管遇见什么样的困境，都不改变坚持正道的行为，循序渐进。

68. 凡作事不能谋始③，有轻忽苟且之弊④，且不免为体面所拘，事势所格者⑤，皆致知之心未能诚一，亦是见得良知未透彻耳。若见得良知透彻，即体面事势中，莫非良知之妙用。除却体面事势之外，

---

① 谋：谋求。强：强迫，勉强。

② "劳其"句：引自《孟子·告子下》。乱：扰乱。动心忍性：参见第48则注释②。

③ 谋始：谓开始时慎重考虑。

④ 苟且：随便马虎，敷衍了事。

⑤ 体面：体统，规矩。拘：犹拘束。事势：情势，形势。格：限制，局限。

亦别无良知矣。若为体面所拘，事势所格，即已动于私意，非复良知之本然矣。

【译文】

凡是做事不能一开始就慎重考虑，以致有轻率马虎的毛病，且被规矩所束缚，被情势所限制的人，都是因为致良知的心还不够真诚专一，对良知的体察还不够透彻。倘若对良知体察透彻，即便是在规矩和情势当中，也无不是良知的妙用。除去规矩和情势，也就没有良知可言。倘若被规矩所束缚，被情势所限制，即已动私心，也就不可能恢复良知的本来面目了。

【解析】

此则撷自《答魏师说》。嘉靖六年（1527），弟子魏良弼（字师说）来信探讨"良知"，阳明先生作书回复。这段文字所传递的思想，与第65则、第66则一致。先生一贯强调"人须在事上磨炼做功夫，乃有益"（《传习录》）。无论大事小事、政事俗事，只要依循良知，摒除私欲，真心实意做去，便是诚意致知之学。但若为这些外在的事务所束缚限制，心浮气躁，轻率马虎，就必定私心萌动，反而有碍于致良知。

69. 君子与人①，惟义所在；厚薄轻重，己无所私焉。此所以为简易之道。世人之心，杂于计较，毁誉得丧交于中②，而眩其当然之则③，是以处之愈周，计之愈悉④，而行之愈难也。

---

① 与人：和人交往。
② 得丧：犹得失，指名利的得到与失去。
③ 眩：通"炫"，夸耀。则：规则。
④ 周：周密，谨严。悉：详尽。

【译文】

君子和人交往，只是遵循道义；情浅情深，都不带私心杂念。这是交友的简单易行的道理。但世人的心里往往掺杂了太多的算计，总爱计较名誉的好坏、利益的得失，还把这些作为理所当然的规则来夸耀，所以，考虑得越周密，计划得越详尽，实际行动起来就越是困难重重。

【解析】

此则撷自《答储柴墟》。正德七年（1512），阳明先生写信给弟子储罐（号柴墟），阐述了他所理解的与人交往的原则和方法。先生认为，人和人之间的交往，最为简单明了的原则就是遵循道义，摒除私心杂念。私心杂念越是纷纭复杂，交往的道义原则就越容易被遮蔽，也越容易适得其反；千般计较，万般思虑，最终只会陷自己于难以自拔的境地。俗语常说的"聪明反被聪明误"，也有这一层意思。

70. 奇特斩绝之行①，多后世希高慕大者之所喜，圣贤不以是为贵也。

【译文】

奇特、决绝的行为，多数为后世那些羡慕高大的人所喜欢，圣贤却并不以为可贵。

【解析】

此则撷自《答刘内重》，同样体现了阳明先生对于为人处世的看法。他认为有些人之所以会喜欢奇特、决绝的行为，真实的动机其实是追名逐利；而圣贤并不赞赏这一类行为。也就是说，只要不违背于义，君子完全可以入乡随俗，不远人情。这一思想与道家的遁世绝俗迥然有异。

---

① 斩绝：决绝，不留余地。

71. 人在仕途，比之退处山林时，其功夫之难十倍。非得良友时时警发砥砺①，则其平日之所志向，鲜有不潜移默夺②，弛然日就于颓靡者③。

【译文】

人在官场，与退处山林时相比，修养的功夫要困难十倍。假如没有良友时时提醒，相互砥砺，那么他平日里的志向，很少有不被潜移默化，一天天松懈以至于颓废萎靡的。

【解析】

此则撷自《与黄宗贤》。嘉靖六年（1527），阳明先生致书黄绾，表达了对黄绾卷入巨大政治漩涡的担忧。他指出：官场由于事务的繁杂，利益的诱惑，权力的倾轧和人情的冷暖等，会对人的自我修养的提升形成极大的阻碍，所以尤其需要良友的警醒和勉励。只有致得良知，才能在纷繁复杂的仕途中坚定志向，一往无前。

72. 凡荐贤于朝，与自己用人不同。自己用人，权度在我④，故虽小人而有才者，亦可以器使⑤。若以贤才荐之于朝，则评品一定⑥，便如白黑；其间舍短录长之意⑦，若非明言，谁复知之？小人之才，岂无可用？如砒硫芒硝，皆有攻毒破壅之功⑧，但混于参

---

① 警发：警醒启发。

② 鲜：少。潜移默夺：谓不露形迹地改变或失去。夺：丧失，失去。

③ 弛：松懈，松弛。颓靡：颓丧，不振作。

④ 权度：标准，法则。

⑤ 器使：量材使用。

⑥ 评品：评论高低。

⑦ 舍短录长：不计较别人缺点，取其长处，予以录用。同"舍短取长"。

⑧ 砒：药石名。硫：硫黄，中药名，用天然硫黄矿加工而成。芒硝：即硫酸钠，中医学上称为"朴消"，用于治疗肠胃实热积滞、大便燥结、痰热壅积等症。壅：堵塞。

苓蓍术之间而进之①，养生之人万一用之不精，鲜有不误者矣。

【译文】

凡是向朝廷举荐贤能，和自己用人不同。自己用人，标准在于自己，所以即使是品性不佳的小人，但只要有才能，也可以任用。如果是向朝廷推荐贤才，那么评价一旦确定，就如同黑白一样分明；其中，不计较别人缺点而取其长处的意思，如果不明说，又有谁会知晓？小人之才，固然可用，但正像砒霜、硫黄、芒硝，虽然都有攻毒破壅的功效，而如果把它们混杂在人参、茯苓、蓍、术之中一起服用，追求养生的人万一用得不精当，就极少有不误事的。

【解析】

此则撷自《答方叔贤》。在这段文字中，阳明先生区分了用人的两种情况，一种是向朝廷推荐人才，一种是自己用人。向朝廷举荐人才，应该是先德而后才，先仁而后智；自己用人则相对灵活，可以先才后德。而小人之才固然可用，但必须极为谨慎，否则很有可能反伤自身。先生之所以能建立不世之功业，与他善于知人、识人、用人是有极大关系的。

73. 权者，天下之大利大害也。小人窃之以成其恶，君子用之以济其善②，固君子之不可一日去，小人之不可一日有者也。欲济天下之难③，而不操之以权，是犹倒持太阿而授人以柄，希不割

---

① 参：中药名。苓：茯苓，寄生在松树根上的菌类植物，中医用以入药，有利尿、镇静等作用。蓍（shī）：草名，多年生草本植物，一本多茎，可入药。术：草名，多年生草本，有白术、苍术等数种，根茎可入药。进：进食。

② 济：成功，成就。

③ 济：救助。

矣①。故君子之致权也有道②：本之至诚以立其德，植之善类以多其辅③；示之以无不容之量④，以安其情；扩之以无所竞之心⑤，以平其气；昭之以不可夺之节，以端其向⑥；神之以不可测之机，以摄其奸⑦；形之以必可赖之智，以收其望⑧。坦然为之，下以上之⑨；退然为之，后以先之。是以功盖天下而莫之嫉，善利万物而莫与争⑩。

【译文】

权力，既是天下的大利，也是大害。小人窃取它来为非作歹，君子运用它为天下谋福利；因此君子不可一日无权，小人不可一日有权。君子如果想要救助天下于危难，却又不掌控权力，就好比是倒持宝剑，将剑把交给别人，罕有自己不受伤害的。因此君子要运用适当的方法来掌控权力：要用至诚之心树立德望，扶植贤人作为自己的辅佐之士；让大家看到自己的大度胸怀，从而使他们没有担心顾虑；进而展示自己不与下属争夺功利的心态，让大家能心平气和地追随；鲜明地展示自己不可动摇的志向，以端正大家的风气导向；保持应有的

---

① 倒持太阿（ē）：倒持宝剑，将剑把交给别人。比喻轻率地授人权柄，自己反受其害。太阿：古宝剑名，相传为春秋时欧冶子、干将所铸。希：少，罕有。

② 有道：有规律，有办法。

③ 植：扶植。善类：有德之士。辅：辅佐之士。

④ 量：气量，气度。

⑤ 扩：推广，张开。竞：争竞，角逐。

⑥ 昭：显扬，显示。向：志向。

⑦ 神：神奇，神异。摄：通"慑"，威慑，使屈服。

⑧ 望：希图，企图。

⑨ 下：居人之下，谦让。

⑩ "善利"句：语出《老子》："上善若水，水善利万物而不争。"意思是说，最高境界的品性就像水一样，泽被万物而不与万物相争。

神秘和权威感，以威慑可能出现的阴谋；给人展示一种值得信赖追随的智慧形象，以收获威望。做事坦荡，甘心做一些谦恭卑下的事情，反而会被人们视作高尚；凡事退居于后，反而会被人们推到前面。这样即使功盖天下，也不会有人嫉恨，像水一样泽被万物而不与万物相争。

【解析】

此则撷自《寄杨邃庵阁老书》。在这段文字中，阳明先生指出权力是一柄双刃剑，既有大利，也有大害。君子掌握了权力，就可以为天下谋福利；小人掌握了权力，则用它来谋求私利，为祸天下。所以君子如果想要救助天下于危难，就不能放任权柄握于小人之手，而必须重视权力，了解权力的规律，懂得掌控权力的方法，将权力的有利一面运用发挥到极致。这一认识显然是非常清醒理智的，也是他的经验之谈。

74. 天下古今之人，其情一而已矣。先王制礼，皆因人情而为之节文①，是以行之万世而皆准。其或反之吾心而有所未安者，非其传记之讹阙②，则必古今风气习俗之异宜者矣。虽先王未之有，亦可以义起③。此三王之所以不相袭礼也。若徒拘泥于古，不得于心而冥行焉，是乃非礼之礼，行不著而习不察者矣。

【译文】

天下之人，不论古今，他们的情感都是一样的。先王制礼，都是依照人情而制定，所以能够通行万世而皆为准则。其中有我们在内心省察而觉得不妥的，不是因为记载的文字有错误或缺漏，就是因为古

---

① 节文：谓制定礼仪，使行之有度。

② 传记：记载的文字。讹阙：亦作"讹缺"，错误、残缺。

③ 义：适应，顺应。《中庸》："义者，宜也。"

今风俗习气已经有所不同。所以，有些礼制虽然是先王时候没有的，后人也可以顺应现实情况再制定。这就是夏禹、商汤、周文王之间并不相互承袭礼制的原因。如果只是拘泥于古人，不心领神会而盲目行事，这其实是不遵循礼的礼制，它的推行就不会广泛，遵循它也会很困难。

【解析】

此则撷自《寄邹谦之》。嘉靖五年（1526），邹守益被贬谪到广德州后，创建复古书院，并刻印《谕俗礼要》以改善当地的民俗。阳明先生写信称赞了邹守益的举措。在这段文字中，先生界定了情与礼的关系。他认为礼缘情而作，是基于人情的，是活泼的、变动的、一体共通的，因此礼的制定应避免迂阔，不必拘泥于古人，而可以依据时代的变化作灵活的变通，关键在于使人从内心深处加以领会和接受。这一观点与程颢"圣人创法，皆本诸人情"（《论十事札子》）的提法相似，而把这种观点放在与朱子学对比的脉络中，更能彰显其思想意义。朱子在注释《论语·学而》时称："礼者，天理之节文，人事之仪则也。"（《四书章句集注·论语集注》）这就将礼建立在"自然之理"的基础上，完全排除了人情。两相比较，当是阳明先生的观点更为宏通。

75. 古礼之存于世者，老师宿儒当年不能穷其说①。世之人苦其烦且难，遂皆废置而不行。故今之为人上而欲导民于礼者②，非详且备之为难③，惟简切明白而使人易行之为贵耳。

【译文】

流传于世的古代礼制，哪怕是年老辈尊的老师和修养有素的儒生，

---

① 老师：这里指年老辈尊的传授学术的人。宿儒：修养有素的儒士。

② 为人上：指君主，统治者。导：引导。

③ 备：完备。

一辈子都不能穷尽其说。世人正是苦于它的烦难，因此都废弃不推行。所以当今君主想要用礼来引导百姓，难处并不在于详尽完备，可贵的是礼制的简要切实、明白易懂，使人们容易遵循。

【解析】

此则同样撷自《寄邹谦之》。在这段文字中，阳明先生强调礼制贵在简切明白，方能更为有效地推行，更易为百姓接受遵循。这一观点，与他认为良知之学应"简易真切"的主张是一以贯之的。

76. 齐宣之时，明堂尚有未毁①，则幽厉之世②，周之明堂皆无恙也。尧舜茅茨土阶③，明堂之制未必备，而不害其为治④。幽厉之明堂，固犹文武、成康之旧⑤，而无救于其乱。何邪？岂能以不忍人之心，而行不忍人之政⑥，则虽茅茨土阶，固亦明堂也；以幽厉之心，而行幽厉之政，则虽明堂，亦暴政所自出之地也。武帝肇讲于汉⑦，而

---

① 明堂：古代帝王宣明政教的地方，凡朝会、祭祀、庆赏、选士、养老、教学等大典，都在此举行。

② 幽厉：指西周第十二任君主周幽王（前795?—前771），和西周第十任君主周厉王（前904—前828），都是周朝的暴君。

③ 茅茨：茅草盖的屋顶，亦指茅屋。土阶：土台阶。

④ 害：妨碍。治：指政治清明，社会安定，与"乱"相对。

⑤ 文武、成康：文指周文王姬昌（前1152—前1056），周朝奠基者。武指周武王姬发（?—前1043），西周王朝的开国君主。成指周成王姬诵（前1055—前1021），西周第二位君主。康指周康王姬钊，西周第三位君主。旧：指从前的典章制度，成例。

⑥ 以不忍人之心，而行不忍人之政：语本《孟子·公孙丑上》："人皆有不忍人之心。先王有不忍人之心，斯有不忍人之政矣。以不忍人之心，行不忍人之政，治天下可运之掌上。"意思是：每个人都有怜悯别人的仁爱之心、同情心。古代圣王有怜悯别人之心，所以制定了体恤百姓的政治制度。用怜悯体恤别人的心，施行怜悯体恤百姓的政治，治理天下就可以像在手掌心里面运转东西一样容易了。

⑦ 武帝：指汉武帝刘彻（前156?—前87），西汉第七位皇帝。肇（zhào）：开始，创始。汉武帝独尊儒术，与大臣们议论立明堂之事，元封二年（前109）第二次泰山封禅时又修建明堂。

武后盛作于唐①，其治乱何如耶？

【译文】

齐宣王时，明堂还有没被毁掉的，那么周幽王、周厉王时，周的明堂应该都完好无损。尧舜时用茅草盖房子，垒土做台阶，明堂制度恐怕还没有完备，但这并不妨碍他们政治清明。周幽王、周厉王的明堂，仍然是周文王、武王、成王和康王时的旧制，但并不能挽救天下大乱。为什么呢？这正说明，用怜悯体恤别人的心，来施行怜悯体恤百姓的政治，即使是茅屋土阶，也如同明堂；用周幽王、周厉王的心来实行周幽王、周厉王的暴政，即使拥有明堂，也只能是实施暴政的场所。汉武帝开始重新讨论明堂的事，武则天建造了盛大的明堂，他们国家的安定与动乱的情况又怎样呢？

【解析】

此则撷自《答顾东桥书》。阳明先生以前代帝王为例，论证国家治理的好坏，不在设施制度是否齐备华美，而在于人心是否仁义，在于人尤其是统治者能否致良知。这并不是说设施制度不重要，而是得清楚什么是本，什么是末，切不可本末倒置。仁心仁政不会因设施制度的简陋或不完善受到影响，反之亦然，倘若没有仁心，不施行仁政，再宏伟的设施制度，终究不过是昙花一现、自欺欺人的假象。

77. 天子之学曰璧雍②，诸侯之学曰泮宫③，皆象地形而为之名耳。然三代之学，其要皆所以明人伦，非以璧不璧、泮不泮为重轻

---

① 武后：即武则天（624—705），唐朝至武周时期政治家，武周开国君主。武则天明堂又称"万象神宫"，于垂拱四年（688）十二月二十七日建成，高达三百尺（今九十余米）。

② 璧雍：即辟雍，古代天子所设立的太学。《三辅黄图·辟雍》："（璧雍）如璧之圆，雍之以水，象教化流行也。"

③ 泮（pàn）宫：春秋鲁僖公筑于泮水边的宫室，后以之为诸侯的学宫。

也。孔子云："仁而不仁，如礼何？人而不仁，如乐何？"①制礼作乐，必具中和之德②，声为律而身为度者③，然后可以语此。若夫器数之末，乐工之事，祝史之守也④。故曾子曰："君子所贵乎道者三"，"笾豆之事则有司存"⑤。

【译文】

天子建的学校叫辟雍，诸侯建的学校叫泮宫，都是依据地形来命名。但是夏、商、周三代的学问，其核心都是教人明白人伦道理，至于是否类似璧环，是否建在泮水边，都无关紧要。孔子说："一个人没有仁德，他怎么能实行礼呢？一个人没有仁德，他怎么能运用乐呢？"制礼作乐，必须具有中正平和的德性，像大禹那样一言一行皆为天下标准，才可以探讨。至于礼器、礼数的细枝末节，那是乐工和祝史掌管的。所以曾子说："君子待人接物有三方面应该注重"，"至于礼仪的细节，自有主管人员"。

【解析】

此则撷自《答顾东桥书》，与上一则、第62则文义都相近。阳明

---

① "仁而"句：出自《论语·八佾》，意思是：一个人没有仁德，他怎么能实行礼呢？一个人没有仁德，他怎么能运用乐呢？

② 中和：中庸之道的主要内涵。儒家认为"致中和"，则天地万物均能各得其所，达于和谐境界。《礼记·中庸》："喜怒哀乐之未发谓之中，发而皆中节谓之和；中也者，天下之大本也；和也者，天下之达道也。致中和，天地位焉，万物育焉。"

③ "身为"句：《史记·夏本纪》记载："（禹）声为律，身为度，称以出。"指大禹的言行成为天下的标准。

④ 器数：指古礼中礼器、礼数的种种规定。末：非根本的、次要的事。祝史：祝官、史官的合称。祝官是古代掌管祭祀祝祷等事宜之官。史官是主管文书、典籍，并负责修撰前代史书和搜集记录当代史料的官员。守：管理。

⑤ 曾子：姒姓，曾氏，名参，鲁国人，孔子弟子。"君子""笾豆"句：出自《论语·泰伯》。意思是：君子待人接物有三方面应该注重。至于礼仪的细节，自有主管人员。笾（biān）豆：古代祭祀及宴会时常用的两种礼器。竹制为笾，木制为豆。借指祭仪。有司：官吏。古代设官分职，各有专司，故称。

先生认为教育的核心应是"明人伦"，也就是讲明社会伦理道德，至于学校的地形、建筑等外在形式，都并非关键所在。他进而通过引用孔子、曾子的言论，重申儒学以仁为先，礼乐为后的思想理念。这并不是说礼乐无关紧要，礼乐当然也重要，但它们必须以仁为根基；相应地，教育也应以"明人伦"、培育学子的仁德为首要目标。

78. 尧"命羲和，钦若昊天，历象日月星辰"，其重在于"敬授人时"也①。舜"在璇玑玉衡"，其重在于"以齐七政"也②。是皆汲汲然以仁民之心而行其养民之政。治历明时之本③，固在于此也。羲和历数之学，皋契未必能之也④，禹稷未必能之也⑤。"尧舜之知而不遍物"⑥，虽尧舜亦未必能之也。然至于今循羲和之法而世修之，虽曲知小慧之人⑦，星术浅陋之士，亦能推步占候而无所忒⑧。

---

① 引文出自《尚书·尧典》。羲和：羲氏和和氏的并称。传说尧曾命羲仲、羲叔，和仲、和叔两对兄弟分驻四方，以观天象，并制历法。钦：敬。若：顺从，遵循。昊天：广大无际的天。历：推算岁时。象：观测。人时：原作"民时"，唐代避唐太宗李世民讳改作"人"。敬授人时指制定历法，为民所用。

② 引文出自《尚书·舜典》。璇玑玉衡：星名，即北斗七星。齐：排比整理。七政：指日、月和金、木、水、火、土五星。

③ 治历：制定历法，研究历法。明时：阐明天时的变化。语出《易经·革》："君子以治历明时。"

④ 皋契：皋指皋陶，传说为虞舜时的司法官。契（xiè）：传说中商的祖先，为帝喾之子。舜时佐禹治水有功，任为司徒，封于商，赐姓子氏。

⑤ 禹稷：禹指大禹，夏后氏首领、夏朝开国君王。稷指后稷，周之先祖，虞舜命为农官，教民耕稼。

⑥ "尧舜"句：出自《孟子·尽心上》，意谓尧舜的智慧尚且不能够知道一切事物。遍：普遍；全面。

⑦ 曲知：认识不全面，一知半解。小慧：小聪明。

⑧ 推步：推算天象历法。古人谓日月转运于天，犹如人之行步，可推算而知。占候：指根据天象变化预测自然界的灾异和天气变化。忒：差错。

则是后世曲知小慧之人，反贤于禹稷、尧舜者邪？

【译文】

尧"命令羲氏和和氏，恭敬谨慎地遵循天道，推算日月星辰的运行理数"，是为了"制定历法，为民所用"。舜"观察北斗七星的运行情况"，是为了"排比整理日月和五星"。这些都是急切地以仁爱百姓的心来施行养育人民的仁政。制定历法、阐明天时变化的根本，正在于此。羲氏和和氏在历法算术方面的学问，皋陶和商契不一定有，夏禹和后稷也未必有。孟子说："尧舜的智慧尚且不能够知道一切事物。"即使尧舜也不一定能有羲氏和和氏的学问。可是现在，依照羲氏和和氏的方法世代修习，即使是一知半解、有点小聪明的人，星术浅陋的相士，也能够推演历法、预测变化而不出差错。这难道是后世一知半解、有点小聪明的人反而比禹稷、尧舜更贤能吗？

【解析】

此则撷自《答顾东桥书》。阳明先生认同孟子的观点，认为圣人并非无所不知、无所不能，知和能原本就不关乎圣人之所以为圣之事。圣人之所以为圣，是因为他们急切地以仁爱百姓的心来施行养育人民的仁政，即孟子所谓"以不忍人之心，行不忍人之政"（《孟子·公孙丑上》）。因此，学者学圣，就应当在圣人之所以为圣这一点上着眼，追慕他们的仁心，效仿他们的仁政，以此提升内在的德性，而不应当在才力或知能上着眼。倘若只在才力知能上言学问，一心希慕才力知能之大，势必流为功利之学，沦为一知半解耍小聪明的人。

79. 古之葬者，不封不树①。孔子之葬其亲也，自以为东西南

---

① 封：做坟，积土为坟。树：树立标志。语出《易经·系辞下》："古之葬者，厚衣之以薪，葬之中野，不封不树。"

北之人，不可以无识也，而封之，崇四尺①。其于季札之墓，则为之识曰："有吴延陵季子之墓。"②后之志者，若是焉可矣③。而内以诬其亲，外以诬于人④，是故君子耻之。

【译文】

古代的葬礼，既不积土做坟，也不树立标志。孔子安葬父母时，认为自己是居无定所之人，父母的坟墓不能没有一个可辨识的记号，于是把坟堆成四尺高，以此作为标记。他拜谒季札之墓时，也就写了"有吴延陵季子之墓"几个字作为标记。后代的人如果也这样写墓志是可以的。至于（把墓志写得华而不实）对内欺骗父母，对外欺骗他人，这是君子耻于去做的。

【解析】

此则撷自《明封刑部主事浩斋陆君墓碑志》，是阳明先生为弟子陆澄之父陆璙所作的墓志。在文中，先生针对当时湖州归安一带奢靡的葬俗发表了自己的看法。他以孔子葬亲、孔子为季札墓题识为例，指出葬俗当以简为尚，墓志的撰写尤其应实事求是，否则就是欺人骗己。他希望陆澄能就此做出表率，起到移风易俗的引领作用。

80. 古者庙门皆南向，主皆东向⑤。合祭之时，昭之迁主列于

---

① 东西南北之人：谓居无定所之人。出自《礼记·檀弓上》："孔子既得合葬于防，曰：'吾闻之，古也墓而不坟。今丘也，东西南北之人也，不可以弗识也。'于是封之，崇四尺。"崇：高。识：标志，记号。

② 季札：姬姓，名札，春秋时期著名的政治家，吴太伯十九世孙，封于延陵，称延陵季子。

③ 志：记录，这里指写墓志铭。

④ 诬：加之以不实之词，妄言。

⑤ 主：旧时为死者立的牌位。

北牖，穆之迁主列于南牖，皆统于太祖东向之尊①。是故西尚，以次而东②。今祠堂之制既异于古，而又无太祖东向之统，则西为尚之说诚有所未安。礼以时为大③，若"事死如事生"④，则宜以高祖南向，而曾、祖、祢东西分列⑤，席皆稍降而弗正对，似于人心为安。曾见浦江郑氏之祭，四代考妣皆异席⑥。高考妣南向，曾、祖、祢考皆西向，妣皆东向，各依世次，稍退半席。其于男女之别，尊卑之等，两得其宜。今吾家亦如此行。但恐民间厅事多浅隘⑦，而器物亦有所不备，则不能以通行耳。

【译文】

古代的庙门都是向南开，牌位都东向而立。合祭之时，昭辈的牌位排列在北边窗户，穆辈的牌位排列在南边窗户，都围绕着太祖东向的尊贵位置。因此以西为尊，按次序向东排列。如今祠堂的礼制既然已经和古代礼制有所不同，又没有太祖东向的统属，那么以西为尊的说法确实让人有所不安。礼具有很强的时代性，如果侍奉死去的先人如同先人生时一样，就应该把高祖的牌位设为坐北向南，然后曾祖、祖父、父亲依次在东西排列，位置都稍有下降，而不在同一高度，似乎更能使人心安。我曾经参观过浦江地区郑氏的祭礼，四代祖先都设

① 昭、穆：古代宗法制度，宗庙或宗庙中神主的排列次序，始祖居中，以下父子（祖、父）递为昭穆，左为昭，右为穆。牖（yǒu）：窗户。

② 尚：尊崇。次：顺序，次序。

③ 礼以时为大：语本《礼记·礼器》："礼，时为大。"意谓礼具有很强的时代性。

④ "事死如事生"：侍奉死去的先人，如同先人生时一样。指祭祀时要毕恭毕敬。语出《礼记·中庸》《荀子·礼论》。

⑤ 高祖：曾祖的父亲。曾：曾祖，祖父的父亲。祖：祖父。祢（nǐ）：父死，神主入庙后称祢。

⑥ 考妣（bǐ）：父母的别称。

⑦ 厅事：私人住宅的堂屋。

立在不同的位置。高祖和高祖母坐北向南，曾祖、祖父、父亲都坐东向西，曾祖母、祖母、母亲都坐西向东，各自依从世代次序，稍降半席位置。这对于区分男女之别、尊卑等级，各得其宜。现在我们家的祭礼也是这样安排。只怕民间的堂屋大多狭窄、简陋，器物也不完备，因此不能得以通行。

【解析】

此则撷自《寄邹谦之（二）》。阳明先生探讨了他对家族合祭礼制的看法，其中最核心的观点是"礼以时为大"，意谓礼有很强的时代性，需因时而变，与时俱进；时代不同，过去的礼仪也要有所调整。儒家素来强调礼与时宜。《礼记·礼器》说："礼，时为大。"程颢说："古今风气不同，故器用亦异宜。是以圣人通其变，使民不倦，各随其时而已矣。"（《河南程氏遗书》卷十一）程颐也说："礼，时为大，须当损益。"（《河南程氏遗书》卷十五）都认为圣人制定礼仪的最大原则是与时俱进，所制定的礼的内涵与形式应随着人们生产方式及生活方式的变化而变化，而不应陷于迂阔。阳明先生显然是承继了这一思想，可与第74则相互参看。

81. 后世大患，全是士夫以虚文相诳①，略不知有诚心实意。流积成风②，虽有忠信之质，亦且迷溺其间，不自知觉。是故以之为子，则非孝；以之为臣，则非忠。流毒扇祸③，生民之乱，尚未知所抵极。今欲救之，惟有返朴还淳是对症之剂。故吾侪今日用工，

---

① 士夫：士大夫，读书人。虚文：空洞的文字。诳（kuáng）：惑乱；欺骗。

② 流：流传，传播。积：长久。

③ 流毒：传播毒害。扇祸：传播祸害。

务在鞭辟近里，删削繁文始得①。然欲鞭辟近里，删削繁文，亦非草率可能，必须讲明致良知之学。

【译文】

后世的大患，都在于士大夫用空洞的文字相互欺骗，一点也不知道真心诚意。这种恶习流传已久，渐成风气，即使是忠诚耿直的人，也沉迷于其中，自己还一点没有察觉。如果秉持这种习气，做儿子的一定不孝，做臣子的一定不忠。传播恶习，煽动祸乱，使百姓作乱生事，真不知什么时候才是尽头。现在想要扭转这种风气，只有返归淳朴才是对症良药。所以，我们今天用功，务必追求深入剖析，削减烦琐复杂的文辞。然而想要深入剖析，削减烦琐复杂的文辞，并不是草率就能达到的，必须阐明致良知的学问。

【解析】

此则撷自《寄邹谦之书（三）》。对于儒学和利禄结合而造成的虚伪化的弊病，陆九渊早有所批判："今人只读书便是利。"（《陆九渊集》卷三十六）阳明先生对于这种流弊同样深恶痛绝。他批判士人把儒学虚伪化，变成自己牟取利禄的敲门砖，全无真心诚意，因此在文辞上也追求空洞繁复。他的良知学说以真切简易为特点，与之相应，在文风方面他也倡导返归淳朴，认为鞭辟近里、删削繁文的才是真文章。这也正是他自己文章的一大特色。

82. 柔远人而抚戎狄②，谓之柔与抚者，岂专恃兵甲之盛③，威

---

① 鞭辟近里：古代洛阳方言，意谓深入剖析，使靠近最里层。形容探求透彻，深入精微。繁文：烦琐复杂的文辞。

② 柔：怀柔，安抚。远人：远方的人，关系疏远的人，指外族人或外国人。戎狄：亦作"戎翟"，古民族名，西方曰戎，北方曰狄，后以泛指西北少数民族。

③ 恃：依赖，凭借。

力之强而已乎？古之人能以天地万物为一体，故能通天下之志。凡举大事，必顺其情而使之，因其势而导之，乘其机而动之，及其时而兴之；是以为之但见其易，而成之不见其难。此天下之民所以阴受其庇①，而莫知其功之所自也。

【译文】

怀柔远方的人，安抚少数民族，怀柔和安抚，哪能只靠军队数量多、兵威强盛呢？古人能将天地万物视为一体，所以能够通晓天下大志。凡是做大事，一定要依循事物本身固有的规律，根据当时所处的情形因势利导，抓住时机及时行动；这样不但做起来容易，而且要取得成功也不难。天下的百姓都暗暗受其庇护，却不知道那些功绩都从哪儿来。

【解析】

此则撷自《绥柔流贼》。阳明先生的后半生是以督抚大员的身份完成事功的，但他并不迷信武力，绝不滥杀无辜，而是力求少杀，化敌为己。他信奉孟子"不嗜杀人者能一之"（《孟子·梁惠王上》）的格言，牢记老子"民不畏死，奈何以死惧之"（《老子》第七十四章）的警告，主张因势利导，采用招抚感化与武力围剿并用的策略，以尽量减少伤亡和损害。由此也体现了先生的仁心。他曾明确表示："欲杀数千无罪之人，以求成一将之功，仁者之所不忍也。"（《年谱》三）

83. 用兵之法，伐谋为先②。处夷之道，攻心为上③。

---

① 阴：暗暗地。庇：保护，保佑。

② 伐谋：凭谋略建功，指使用策略取胜，无须动用武力。《孙子兵法》："上兵伐谋。"意为用兵的最高境界是使用谋略胜敌。

③ 攻心为上：谓从精神上或心理上瓦解对方为上策。《三国志·蜀志·马谡传》裴松之注引《襄阳记》："用兵之道，攻心为上，攻城为下。"诸葛亮《南征教》中也认为："攻心为上，攻城为下；心战为上，兵战为下。"

【译文】

用兵的方法，以谋略取胜是首要的。和夷族打交道，从心理上瓦解对方是上策。

【解析】

此则同样撷自《绥柔流贼》。阳明先生用兵，主张"伐谋"和"攻心"，因为征战最主要的目的，并不是歼灭敌人，而是以最小的代价平息事态，使敌人心服口服。先生征浰头，就采用攻心感化的策略，使酋长黄金巢、卢珂等率众来投。在平定思田的军事行动中，又使得卢苏、王受等凶首自缚请命，进而引发连锁反应，"诸夷感慕，旬日之间，自缚来归者一万七千"，以致"不折一矢，不戮一卒，而全活数万生灵"（《年谱》三），体现了征战的最高境界。

84. 古者四民异业而同道①，其尽心焉，一也。士以修治，农以具养，工以利器，商以通货②。各就其资之所近③，力之所及者而业焉，以求尽其心。其归要在于有益于生人之道④，则一而已。自王道熄而学术乖，人失其心，交骛于利以相驱轶⑤，于是始有歆士而卑农，荣宦游而贱工贾⑥。夷考其实，射时罔利有甚焉⑦，特异其名耳。

① 四民：旧称士、农、工、商为四民。《尚书·周官》："司空掌邦土，居四民，时地利。"蔡沈集传："冬官，卿，主国邦土，以居士、农、工、商四民。"业：职业。
② 修治：谓处理事务。利器：精良的工具。通货：交换商货。
③ 资：禀赋，才质。
④ 归要：犹要旨。生人：犹人民，民众。
⑤ 王道：儒家提出的一种以仁义治天下的政治主张，与霸道相对。乖：背离，反常。骛：疾速行进，驰骋。驱轶：驱逐侵轶。
⑥ 歆：贪图，羡慕。卑：轻视，贱视。荣：称誉，赞扬。贱：轻视。工贾：手工业和商业。
⑦ 夷考：考察。射时：逐取时机，谋求机会。罔利：犹渔利。甚：超过。

【译文】

古代士、农、工、商虽然职业不同，都遵循共同的道，就是尽心。士人处理事务，农民耕种生产，工匠制造精良的工具，商人使货物流通。每个人都是根据自己的资质，选择自己力所能及的工作，以求尽己之心。其根本的要旨是一致的，就是要有益于民众的生存与生活。自从王道没落之后，学术日益乖离，人们都迷失了本心，交相追求功利，互相倾轧，于是才出现羡慕士人而轻视农夫，以做官为荣而以从事工商业为耻这些现象。探究这种现象的实质，比逐取时机谋求利益还严重，只是说法不同而已。

【解析】

此则撷自《节庵方公墓表》。由于社会和经济的发展，明代中后期，传统的士、农、工、商四民排序已经受到冲击。阳明先生以致良知为基础，从探讨"业"与"道"的关系入手，就此提出自己的见解。他认为，在"道"的面前，士、农、工、商处于平等的地位，都是"求尽其心"，并无等级贵贱之分。这样其实就是将"道"的获得从士的专职下移到全体人民手中。这一认知，正与他良知人人具有的说法相应。

85. 谓举业与圣人之学相戾者①，非也。程子云："心苟不忘，则虽应接俗事，莫非实学，无非道也。"②而况于举业乎？谓举业与圣人之学不相戾者，亦非也。程子云："心苟忘之，则虽终身由

---

① 举业：为应科举考试而准备的学业，明清时专指八股文。戾：违逆。

② 引文并非出自程子，而是张子《经学理窟》，原文为："心苟不忘，则虽接人事即是实行，莫非道也。"朱熹和吕祖谦合编的《近思录》也将其记载在张载的名下。应接：应酬接待。实学：切实有用的学问。

之，只是俗事。"①而况于举业乎？忘与不忘之间不能以发②，要在深思默识所指谓不忘者果何事耶③，知此则知学矣。

【译文】

说举业与圣人的学问相违逆，这是错误的。程子说："心如果不忘，那么虽然应接世俗之事，也无不是切实有用的学问，无不是道。"更何况举业呢？说举业与圣人的学问不相违逆，也不对。程子说："心如果忘记了，那么虽然终身从事，也只是俗世之事。"又更何况举业呢？忘与不忘之间，只有极细微的差距，关键在于深刻思考、暗暗牢记所说的不忘到底是指什么事，知道这个，也就知道学问了。

【解析】

此则撷自《寄闻人邦英、邦正》。闻人邦英、闻人邦正是阳明先生的表弟。在这段文字中，先生通过对志向和举业之间关系的分析，认为只要内心成圣的志向足够明确和坚定，学习举业就未尝不可，并不会妨碍对圣贤之道的追求。因为"道"本来就体现在具体的事事物物之中，做任何事情，只要不忘初心、牢记志向，就可以随事尽道。反之，如果没有追求圣贤之道的坚定志向，即使不去学习举业、追求功名，也不可能真正有所成就。先生自己年轻时也正是这样处理举业和成圣志向之间关系的。

86. 君子之政，不必专于法，要在宜于人；君子之教，不必泥于古④，要在入于善。

---

① 引文同样出自张载《经学理窟》。

② 发：量词，尺的万分之一，泛指极小之量。

③ 深思：深刻地思考。默识：暗中记住，语出《论语·述而》："默而识之。"

④ 泥（nì）：拘执，不变通。

【译文】

君子施政，不一定要专于刑法，关键在于适合百姓；君子教化，也不一定要拘泥于古人，关键在于符合善道。

【解析】

此则撷自《重修月潭寺建公馆记》。阳明先生认为人皆有良知，人皆可以为尧舜，因此在施政方面也主张以礼义教化为主，反对刑名法术。而教化的要义在于浇培人内心的善根，即良知；刑名则是无可奈何、迫不得已的外求的东西。他在《申行十家牌法》一文中也写道，如果施政者"不知教化为先，徒恃刑驱势迫"，那么就好比火上浇油，对治理不会产生任何好处。

87. 君子之学以诚意为主①，格物致知者②，诚意之功也。犹饥者以求饱为事，饮食者求饱之事也。

【译文】

君子求学以诚意为主，格物致知的人，下的就是诚意的功夫。好比饥饿的人以求饱为目标，吃饭的人做的就是求饱之事。

【解析】

此则撷自《答王天宇》，作于正德九年（1514）。阳明先生特别看重诚意，这是他对《大学》的诠释与朱子的基本区别。在这段文字中，他认为诚意是"主"，也就是头脑或中心；格物则是功夫所在，是服务于这一头脑或中心的手段和措施。这与他在正德八年（1513）写给黄宗贤的书信中所说的"仆近时与朋友论学，惟说立诚二字"一致，也

① 诚意：使心志真诚。语出《礼记·大学》："欲正其心者，先诚其意。"

② 格物致知：谓探究事物原理而获得知识，是中国古代认识论的重要命题之一。语出《礼记·大学》："欲诚其意者，先致其知，致知在格物。"

与他后来在《大学古本序》中所说的"大学之要，诚意而已矣；诚意之功，格物而已矣"一致。

88. 格致诚正之说①，是就学者本心日用事为间②，体究践履③，实地用功，多少次第④，多少积累，正与空虚顿悟之说相反。

【译文】

格物致知、正心诚意的思想，是针对学者本心和日常处事的关系而立，体察考究，实践履行，实实在在地用功夫，其间许多关联，许多积累，正与佛教虚空顿悟的思想相反。

【解析】

此则撷自《答顾东桥书》。顾东桥在来信中担忧阳明先生"立说太高，用功太捷，未免堕禅宗顿悟之机"，先生对此加以解释和反驳。先生指出：他的心学思想虽然也重视内心，但和佛家追求空虚顿悟完全不同。它是建立在格物致知、正心诚意的基础之上的，看重的是如何处理内心与实践的关系，要求在日常的事事物物中实地用功，强调的是知行合一。二者有着本质的区别，不可混为一谈。

89. 如人必有欲食之心，然后知食。欲食之心即是意，即是行之始矣。食味之美恶，必待入口而后知，岂有不待入口而已先知食味之美恶者邪？必有欲行之心，然后知路。欲行之心即是意，即是行之始矣。路岐之险夷，必待身亲履历而后知，岂有不待身亲履历

---

① 格致："格物致知"的略语。诚正："正心诚意"的略语。是儒家提倡的一种内心道德修养，谓使心术正，意念诚。

② 间：指事物两者的关系。

③ 体究：体察考究。践履：实行，实践。

④ 多少：犹多、许多。次第：条理，头绪。

而已先知路岐之险夷者耶^①？若如世儒之论知行，是乃所谓不见是物而先有是事者矣。

【译文】

人一定是有想吃的心，然后才能去吃。想吃的心就是意念，也就是行动的开始。食物味道的好坏，必等入口才知道，哪有还没入口就已经知道食物味道的好坏的呢？必定是先有想要行走的心，然后才认识路途。想要行走的心就是意念，也就是行动的开始。路途的艰险与平坦，只有亲自经历以后才知道，哪有还没亲自经历就预先知道路途的艰险与平坦的呢？如果是像世间儒者那样探讨知与行，那就是所谓没有看到这个东西就先有这个事情了。

【解析】

此则撷自《答顾东桥书》。知与行，即认知与实践之关系，是儒家学说中的重要哲学范畴。阳明先生之前的儒者大多主张"知先行后"的观点。程颐曾举例说："譬如人欲往京师，必知是出那门，行那路，然后可往。如不知，虽有欲往之心，其将何之？"（《河南程氏遗书》卷十八）朱熹也曾形象地以眼睛和脚的关系来比喻"知"与"行"的关系："知与行常相须，如目无足不行，足无目不见。"还指出："知之愈明，则行之愈笃；行之愈笃，则知之愈益明。"这都明确表达了知行并举，认知与实践皆予重视的观点。但是，在他们看来，"知"和"行"终究是"二"，而不是"一"。而阳明先生直接强调"知行合一"。在这段文字中，他以人们生活中最熟悉的食味和行路为例，指出必得有亲身的实践，然后方能获得真知。

---

① 路岐：歧路，岔道。岐，同"歧"。险夷：崎岖与平坦。履历：亲自经历过。

90. 意欲温清，意欲奉养者①，所谓意也，而未可谓之诚意。必实行其温清奉养之意，务求自慊而无自欺②，然后谓之诚意。知如何而为温清之节，知如何而为奉养之宜者③，所谓知也，而未可谓之致知。必致其知如何为温清之节者之知，而实以之温清，致其知如何为奉养之宜者之知，而实以之奉养，然后谓之致知。温清之事，奉养之事，所谓物也，而未可谓之格物。必其于温清之事也，一如其良知之所知当如何为温清之节者而为之，无一毫之不尽；于奉养之事也，一如其良知之所知当如何为奉养之宜者而为之，无一毫之不尽，然后谓之格物。温清之物格，然后温清之良知始致；奉养之物格，然后奉养之良知始致。故曰"物格而后知至"④。致其知温清之良知，而后温清之意始诚；致其知奉养之良知，而后奉养之意始诚。故曰"知至而后意诚"。

【译文】

想要父母冬暖夏凉，想要侍奉父母，这就是所说的意，但还不能叫诚意。必须切实做到使父母冬暖夏凉，悉心侍奉，并且只求自快，没有自欺，这才叫诚意。知道如何使父母冬暖夏凉，知道如何适宜地侍奉父母，这就是所说的知，但还不能叫致知。必须能把有关冬暖夏凉的知识加以实行，切实做到使父母冬暖夏凉，把有关侍奉适宜的知

---

① 温清（qìng）："冬温夏清"之省称，出自《礼记·曲礼》："凡为人子之礼，冬温而夏清，昏定而晨省。"谓侍奉父母，冬天使之温暖，夏天使之凉爽。奉养：侍奉，赡养。

② 自慊（qiè）：自足，自快。

③ 节：适，适度。宜：适当，适宜。

④ "物格而后知至"：通过探究事物原理，从中获得知识。下文"知至而后意诚"：获得知识后，意念才能真诚。均出自《礼记·大学》："致知在格物。物格而后知至，知至而后意诚，意诚而后心正，心正而后身修。"

识加以实行，切实做到侍奉适宜，这才能叫致知。冬暖夏凉、侍奉适宜这些事，就是所说的物，但还不能叫作格物。对于使父母冬暖夏凉的事，必须按照心中良知所知道的去具体实行，没有丝毫不尽心；对于侍奉父母的事，也必须按良知所知道的去具体实行，没有丝毫不尽心，这才能叫作格物。冬暖夏凉这个物探究了，然后使父母冬暖夏凉的良知才推极了；侍奉父母这个物探究了，然后知道侍奉父母的良知才推极了。所以《大学》说："通过探究事物原理，从中获得知识。"推极那个知道冬温夏凉的良知，而后冬温夏凉的意才能诚；推极那个知道侍奉父母的良知，然后侍奉的意才能诚。所以《大学》说："获得知识后，意念才能真诚。"

【解析】

此则撷自《答顾东桥书》。在这段文字中，阳明先生以奉养父母为例，通过区分"意"和"诚意"，"知"和"致知"，"物"和"格物"三组概念，深入浅出地阐释了格物、致知、诚意三者之间的关系，强调知行合一，知行并进。先生将诚意作为修养的核心，是因为诚意确实是人最难做到的。以孝顺父母为例，很多人都知道如何让父母吃饱安眠，父母生病了如何进行照顾，这些事做起来不难，难的是没有埋怨焦躁，完全发自内心的真诚，而并不是为了获得孝顺的虚名，或害怕世人指责自己不孝。

91. 夫物理不外于吾心①，外吾心而求物理，无物理矣；遗物理而求吾心②，吾心又何物耶？心之体③，性也，性即理也。故有孝

---

① 物理：事物的道理。

② 遗：遗失，丢失。

③ 体：本体。

亲之心即有孝之理，无孝亲之心即无孝之理矣；有忠君之心即有忠之理，无忠君之心即无忠之理矣。理岂外于吾心耶？晦庵谓："人之所以为学者，心与理而已。心虽主乎一身，而实管乎天下之理；理虽散在万事，而实不外乎一人之心。"[1]是其一分一合之间，未免已启学者心理为二之弊[2]。此后世所以有专求本心、遂遗物理之患也。

【译文】

事物的道理不存在于我们本心之外，向心外探求事物的道理，也就没有事物的道理了；抛弃事物的道理去探求本心，那么本心又是什么呢？心的本体，就是人性，人性就是天理。所以有孝敬父母的心才会有孝敬的天理，没有孝敬父母的心也就没有孝敬的天理；有效忠君王的心就会有忠诚的天理，没有效忠君王的心也就没有忠诚的天理。天理难道存在于人心之外吗？朱熹说："人所探究的学问，只在人心与天理而已。人心虽然表面上只掌控一具身体，而实际上统管着天下万物之理；天理虽然分散在万事万物，而实际上存在于人心之中。"他这样一分一合之间，难免已开启学者把人心和天理看作两个东西的弊端。这就是后世为什么会有专注于探求本心却遗忘了事物道理的毛病。

【解析】

此则撷自《答顾东桥书》，集中探讨了心与理的关系。阳明学说的核心之一是"心即理"，认为心与理合而为一，不可分离。理是心之理，在心之中，不可从外物中求得，只能在心中寻求；心包含万理，与理不离。先生认为，朱子的学说是将心与理割裂开来，由此导致种

---

① 引文出自朱熹《大学或问》。

② 启：始，开始。

92. 朱子所谓格物云者，在即物而穷其理①。即物穷理是就事事物物上求其所谓定理者也，是以吾心而求理于事事物物之中，析心与理而为二矣。夫求理于事事物物者，如求孝之理于其亲之谓也。求孝之理于其亲，则孝之理其果在于吾之心邪，抑果在于亲之身邪②？如果在亲之身，则亲没之后③，吾心遂无孝之理欤？见孺子之入井，必有恻隐之理，是恻隐之理果在于孺子之身欤，抑在吾心之良知欤？其或不可以从之于井欤？其或可以手而援之欤④？是皆所谓理也。是果在于孺子之身欤，抑果出于吾心之良知欤？以是例之⑤，万事万物之理莫不皆然，是可以知析心与理为二之非矣。夫析心与理为二，此告子义外之说，孟子之所深辟也⑥。

【译文】

朱熹所说的格物，就是即物穷理。即物穷理是从万事万物中探求事物固有的道理，因此就是用我们的心到万事万物中去探求天理，这样就把本心和天理一分为二了。在万事万物中探求天理，就如同在父母那里探求孝敬的道理。在父母那里探求孝敬的道理，那么孝敬的道理是在我们自己心里呢，还是在父母身上呢？如果在父母身上，那么

---

① 即物而穷其理：意为通过考察事物来探求事物的道理。语出朱熹《大学章句》："所谓致知在格物者，言欲致吾之知，在即物而穷其理也。"

② 抑：连词，还是，表示选择。

③ 没：通"殁"，死。

④ 援：帮助，救助。

⑤ 例：类比。

⑥ 告子义外之说：语出《孟子·告子上》："告子曰：'仁，内也，非外也；义，外也，非内也。'"孟子的评论见《孟子·公孙丑上》："我故曰：'告子未尝知义，以其外之也。'"辟（bì）：除去，消除。

父母去世以后，我们心里难道就再没有孝敬的道理了吗？看到小孩掉到井里，必然会在心中产生恻隐同情。这个恻隐同情的道理，到底是在小孩身上呢，还是在我们本心的良知上呢？或许不能跟着小孩子跳入井中？或许可以伸手去救援？这都是所说的天理。这天理到底是在孩子身上呢，还是出于我们心中的良知呢？以此类比，万事万物的道理都是如此，把本心和天理一分为二是错误的。把本心和天理一分为二，这正是告子以义为外的观点，也正是孟子极力反对的。

【解析】

此则同样撷自《答顾东桥书》，与上一则语意关联。阳明先生进一步以归谬法的逻辑和大量的例证，论证朱子的"即物穷理"是不正确的。他认为朱子格物致知说在理论上的主要错误，是把心与理分而为二，以为理存在于万事万物之中；但其实理就在人心中，而不在外物上；人必须从自己的心中去存养天理，而不能一味向外寻求。

93. 所谓致知格物者，致吾心之良知于事事物物也。吾心之良知即所谓天理也，致吾心良知之天理于事事物物，则事事物物皆得其理矣。致吾心之良知者，致知也；事事物物皆得其理者，格物也。是合心与理而为一者也。

【译文】

所谓致知、格物，就是将我们心中的良知推极到万事万物上。我们心中的良知就是所谓的天理，把我们心中的良知天理推极到万事万物上，那么万事万物都能得到天理了。推极我们心中的良知，就是致知；万事万物都得到天理，就是格物。这就把心和理合而为一了。

【解析】

此则同样撷自《答顾东桥书》。在这段文字中，阳明先生紧紧围绕

"良知"概念来阐发"心即理"的命题。他不同意朱子外心而求理于事物之中，而认为吾心之良知即是天理，心与物、心与理都统一于良知，良知即是心、即是理，良知的贯彻、推行就是天地万物的准则。他把"良知"和"天理"联系起来，不仅仅是继承陆九渊的心学学说，更主要的是把良知提到了哲学本体论的高度。

94. 心者，身之主也。而心之虚灵明觉①，即所谓本然之良知也。其虚灵明觉之良知应感而动者，谓之意。有知而后有意，无知则无意矣。知非意之体乎？意之所用必有其物，物即事也。如意用于事亲，即事亲为一物；意用于治民，即治民为一物；意用于读书，即读书为一物；意用于听讼，即听讼为一物②。凡意之所在，无有无物者。有是意即有是物，无是意即无是物，物非意之用乎？

【译文】

心，是身体的主宰。而心本具的灵明觉悟之性，就是人心所固有的良知。那个灵明觉悟的良知应物而感有所动，就是意念。有良知才有意念，没有良知就没有意念。知难道不是意念的本体吗？意念所用一定有物，物就是事。如果意念运用在侍奉父母上，那么侍奉父母就是一物；意念运用在治理百姓上，那么治理百姓就是一物；意念运用在读书上，那么读书就是一物；意念运用在听理诉讼上，那么听理诉讼就是一物。凡是意念所到处，就有物的存在。有了这个意念，就有相应的物；没有这个意念，就没有相应的物，物难道不是意念的运用吗？

【解析】

此则同样撷自《答顾东桥书》。阳明先生对"良知"进行了高度的

① 虚灵明觉：谓人本具的灵明觉悟之性。

② 听讼：听理诉讼，审案。

抽象和概括，认为人心本具的灵明觉悟之性就是良知，其实就是把排除了私欲和外物干扰的"本心"视为"良知"，"良知"是"心"的形而上的本体，是心的本然状态。他把"良知"扩充为一种贯串于万事万物的普遍原则，认为有良知才有意念。而在意念与物质的关系问题上，他又肯定了意念的第一性，即认为先有意念后有物质。

95. 随时就事上致其良知，便是"格物"；着实去致良知①，便是"诚意"；着实致其良知而无一毫意必固我②，便是"正心"。着实致良知，则自无忘之病；无一毫意必固我，则自无助之病③。故说"格致诚正"，则不必更说"忘助"。

【译文】

随时准备在事物上致良知，就是"格物"；实实在在地去致良知，就是"诚意"；实实在在地致良知而又没有丝毫的意必固我，就是"正心"。实实在在地致良知，就不会有忘记的毛病；没有丝毫的意必固我，也就不会有助长的毛病。所以，说格物、致知、诚意、正心，也就没有必要再说"忘助"了。

【解析】

此则撷自《答聂文蔚》。在这段文字中，阳明先生强调了致良知应当落实到实际事物上，应当实实在在，无一毫的意必固我。他把格物、诚意、正心、勿忘勿助的功夫，完全贯串在致良知上，体现他的学术思想是直接的、一贯的特点，是从心髓入微处用力，而不是枝枝叶叶

---

① 着实：实实在在。

② 意必固我：语出《论语·子罕》"子绝四：毋意，毋必，毋固，毋我。"意思是：孔子一点也没有这四种毛病：不悬空揣测，不绝对肯定，不拘泥固执，不唯我独是。

③ 忘、助：出自《孟子·公孙丑上》："必有事焉而勿正，心勿忘，勿助长也。"指去做一件事情不要有特定的目的，心不要忘记，也不要助长。

外头寻得。

96. 修齐治平，总是格物①。

【译文】

修身、齐家、治国、平天下，都是探究事物原理。

【解析】

此则撷自《答甘泉》。正德十六年（1521），阳明先生在给好友湛甘泉的回信中，表示甘泉的想法和自己大同小异，但也指出他的论调略显冗繁。先生认为先儒所提倡的修身、齐家、治国、平天下，都是探究事物原理；倘若"节节分疏"，就说话太多，甚至比原文更为深奥晦涩，读者也就越发迷茫，难求真意；"莫若明白浅易其词，略指路径，使人自思得之，更觉意味深长也"。这体现了先生反对学术支离破碎，讲求血脉通畅、一以贯之的观点。

97. 率性而行，则性谓之道②；修道而学，则道谓之教。谓修道之为教，可也；谓修道之为学，亦可也。自其道之示人无隐者而言，则道谓之教；自其功夫之修习无违者而言，则道谓之学。

【译文】

按照人的本性行事，那么性就是道；研习大道努力学习，这道就可以称为教。说修道是教也可以，说修道是学也可以。从讲习大道，使人明白无误这一点来说，修道就是教；从功夫的研习没有丝毫违背

---

① 修齐治平：修身、齐家、治国、平天下的省称。语本《礼记·大学》："古之欲明明德于天下者，先治其国；欲治其国者，先齐其家；欲齐其家者，先修其身。"修身：陶冶身心，涵养德性。齐家：治家。治国：治理国家政务。平天下：平定天下，使百姓能够丰衣足食、安居乐业。

② "率性"句：语本《礼记·中庸》："天命之谓性，率性之谓道。"率性：循其本性，尽情任性。

这一点来说，修道就是学习。

【解析】

此则撷自《答季明德》。季本字明德，号彭山，阳明弟子。先生认为"君子有修道之功"（《修道说》），在这段写给弟子的文字中，他指出修道可视为教，也可视为学，就看从哪个角度辨析，体现了鲜明的辩证思想。

98. 未发之中①，非专指静时言；就发之时，此心不为喜怒哀乐牵引汩挠②。明觉寂然不动，即所谓动亦定者也。若有牵引汩挠，即是动于气、动于欲矣。既有动，则其所发必不和。故未发之中即是发而中节之和，中节之和即是未发之中。无动无静，体用一源者也。

【译文】

人的情绪未表露出来之时的中和，并非专就静时而说的；情绪表露出来的时候，心也不会被喜怒哀乐等情感牵引扰乱。灵明觉悟之性寂静不动，这就是前人所说的"动亦定"。倘若有牵引扰乱，就是动气、动欲了。一旦有动，所表露的情绪就不可能中和。所以情绪未表露出来之时的"中"就是情绪表露出来后合于法度的"和"，合于法度的"和"也就是情绪未表露出来之时的"中"。动和静并无区分，是属于本体和功用同出一源的关系。

【解析】

此则出处不明，未见于《王阳明全集》及其他文献。阳明先生认为"良知即未发之中"，即良知是人的情绪未表露出来之时的中和。而

---

① 未发之中：参见第 28 则注释②。

② 汩（gǔ）挠：扰乱。

动静本为"体用一源",并不是分而为二的。可与第 28 则、第 180 则相互参看。

99. 舜察迩言询刍荛^①，非以迩言当察、刍荛当询而后然也，乃良知发见流行，光明圆莹，更无罣碍遮隔^②。此所以谓之大知^③。才有执着意必，其知便小矣。

【译文】

舜喜欢考察常人之语，时常向割草打柴的人请教，并不是因为常人之语应当去考察，割草打柴的人应当去请教，然后才这样做，而是因为良知的显现运用光明圆融，没有任何障碍和遮蔽阻隔。这就是所谓的有大智慧的人。一旦有执着和意断，他的智慧就小了。

【解析】

此则撷自《答聂文蔚》。阳明先生指出，舜"察迩言，询刍荛"，并不是他故作姿态亲近百姓，也不是他事先臆测别人是否值得请教，而是他内心的良知自然运转的结果，他自然而然知道什么话值得思索，什么人值得询问，这是内在修养所能达到的至高境界。因此，一个人想要具有舜那样的大智慧，最关键的就是致自己的良知，使自己内心真诚，摒除执着、意断等毛病；内心至诚之时，自然光明圆融，自然具有大智慧，即《中庸》所谓"诚则明"。

100. 舜之好问好察，惟以用中而致其精一于道心耳^④。道心

---

① 舜察迩言：语本《中庸》："舜其大知也与！舜好问而察迩言，隐恶而扬善。"迩言：浅近之言，常人之语。询刍荛（ráo）：语本《诗经·大雅·板》："先民有言，询于刍荛。"刍荛：割草打柴，引申为割草打柴的人。

② 罣（guà）碍：羁绊，牵掣，障碍。罣同"挂"。遮隔：遮蔽阻隔。

③ 大知：有大智慧的人。知，同"智"。

④ 道心：悟道之心。

者，良知之谓也。君子之学，何尝离去事为而废论说^①；但其从事于事为、论说者，要皆知行合一之功，正所以致其本心之良知，而非若世之徒事口耳谈说以为知者^②，分知行为两事，而果有节目、先后之可言也。

【译文】

舜的好问好考察，就是用中和使他的悟道之心达到精粹纯一的境界。悟道之心，也就是良知。君子为学，何曾离开过实践，废弃过议论；只是所从事的实践与议论，其核心都是认识和实践合一的功夫，也就是要推极其本心的良知，而不像世人那样只把口说耳听的东西作为知识，把认知和实践看成两回事，那样才会有条目和顺序的区分。

【解析】

此则撷自《答顾东桥书》。阳明先生以舜好问好察为例，论证君子之学的最高追求是致良知，而致良知的过程与实践、议论都密不可分，即"知行合一"是贯串其中的核心理念与基本原则。那些只重议论而废弃实践、只会夸夸其谈的人，其实是将知和行割裂为二了。

101.《中庸》谓"知耻近乎勇"^③，只是耻其不能致得自己良知耳。今人多以言语不能屈服得人为耻，意气不能陵轧得人为耻^④，愤怒嗜欲不能直意任情得为耻^⑤，殊不知此数病者，皆是蔽塞自己良知之事^⑥，正君子之所宜深耻者。今乃反以不能为可耻，正

① 事为：作为，行为。废：废弃。论说：议论。
② 徒：副词，但，仅，只。事：从事。
③ "知耻近乎勇"：知道羞耻就接近勇敢了。
④ 陵轧（yà）：凌驾，倾轧。
⑤ 直意：顺心，如意。任情：任意，恣意。
⑥ 蔽塞：遮蔽壅塞。

是耻非其所当耻，而不知耻其所当耻也。

【译文】

《中庸》说"知道羞耻，就接近勇敢了"，只是以不能推极自己的良知为耻。今人多以言谈不能使人屈服为耻，意气不能凌驾于人为耻，愤怒贪欲不能顺心任意为耻，却不知这几种毛病都是自己良知被遮蔽壅塞的表现，正是君子应该深以为耻的。今人反而以不能（蒙蔽自己良知）为耻，正是耻其所不应当耻，而不知耻其所应当耻。

【解析】

此则撷自《与黄宗贤》。嘉靖六年（1527）正月，阳明先生写信给黄绾，劝诫他要注意致良知的修习方法。在这段文字中，先生着重指出：儒家素来所看重的羞耻之心，其核心内涵是以不能致良知为耻，世人却以不能盛气凌人、恣情纵性为耻，由此导致良知的蒙蔽。而这种习气在当时的官场显然尤其严重，更应警惕。

102. 诚者，无妄之谓①。诚身之诚②，则欲其无妄之谓。诚之之功，则明善是也。故博学、审问、慎思、明辨、笃行③，皆所以明善而为诚之之功也。故诚身有道，明善者，诚身之道也；不明乎善，则是不诚乎身矣。非明善之外别有所谓诚身之功也。诚身之始，身犹未诚也，故谓之明善；明善之极，则身诚矣。若谓自有明善之功，又有诚身之功，是离而二之也，难乎免于毫厘千里之

---

① 诚者，无妄之谓：《礼记·中庸》："诚者，天之道也。"朱熹《中庸章句》："诚者，真实无妄之谓，天理之本然也。"意思是："诚"就是真实不伪诈，是天理本来的状态。

② 诚身：谓以至诚立身行事。下文"明善"：明白什么是善。语出《礼记·中庸》："诚身有道，不明乎善，不诚乎身矣。"

③ 博学、审问、慎思、明辨、笃行：参见第1则注释⑥。

缪矣①。

【译文】

诚，就是真实不伪诈。诚身的诚，就是想要立身真实不伪诈。诚的功夫，就是明善。所以广泛学习、深入探问、谨慎思考、仔细分辨、切实履行，都是为明善而下的诚的功夫。因此，诚身是有办法的，明善就是诚身的办法；不明善，就不可能诚身。并不是说除了明善之外，还有别的诚身的功夫。诚身之始，立身还未能做到至诚，所以称为明善；明善的功夫达到极致，立身自然至诚。如果说人自有明善的功夫，又有诚身的功夫，是把一分离为二了，这就难免会造成失之毫厘、谬以千里的错误。

【解析】

此则撷自《与王纯甫》，深入阐释了"诚身"与"明善"的关系。阳明先生认为，诚身既是起点，又是终极归宿；而明善就是回归的功夫。诚身的目的是明善，也就是使人心归于善。正如他在《大学问》中指出的："何谓修身？为善而去恶之谓也。"他在《大学古本序》中也说："诚意之极，止至善而已矣。"溯其渊源，《中庸》第八章引孔子语："回之为人也，择乎中庸，得一善，则拳拳服膺而弗失之矣。"亦为此义。二程也说："能守善，斯可谓诚也已。"（《二程粹言》卷上）"不诚无以为善，不诚无以为君子。"（《河南程氏遗书》卷二十五）而明善至极，也就能实现立身的至诚。因此先生认为，明善的功夫与诚身的功夫，其实是统而为一、不可分离的。

103. 问、思、辩、行皆所以为学，未有学而不行者也。如

---

① 毫厘千里之缪：即"失之毫厘，谬以千里"。谓稍有差错，就会造成很大的错误。

言学孝，则必服劳奉养，躬行孝道①，而后谓之学。岂徒悬空口耳讲说②，而遂可以谓之学孝乎？学射，则必张弓挟矢，引满中的③。学书，则必伸纸执笔，操觚染翰④。尽天下之学，无有不行而可以言学者。则学之始，固已即是行矣。笃者，敦实笃厚之意⑤。已行矣，而敦厚不息其功之谓尔。盖学之不能以无疑，则有问。问即学也，即行也。又不能无疑，则有思。思即学即行也。又不能无疑，则有辩。辩即学即行也。辩既明矣，思既慎矣，问既审矣，学既能矣，又从而不息其功焉⑥，斯之谓笃行。非谓学问思辩之后而始措之于行也。是故以求能其事而言，谓之学；以求解其惑而言，谓之问；以求通其理而言，谓之思；以求精其察而言，谓之辩；以求履其实而言，谓之行。盖析其功而言则有五，合其事而言则一而已。此心理合一之体，知行并进之功，所以异于后世之说者也。

【译文】

问、思、辨、行，都是学，没有只学习却不实践的。比如学习孝敬，就必须服侍奉养父母，亲自实践孝道，然后才叫作学习。哪有悬口空言，就可以叫作学习孝敬呢？学习射箭，就必须拉弓持箭，满弦中靶。学习书法，就必须铺纸握笔，亲自书写。天下所有的学习，没有不实践就可以叫作学习的。所以学习的开始，本来就已经是实践。笃，就是切切实实的意思。是指已经实践了，但还要切实地不断地下

① 服劳：服事效劳。躬：亲自，亲身。
② 悬空：凭空，空洞。
③ 张弓挟矢：拉弓持箭。引满：拉弓至满。中的：指箭射中靶心。
④ 操觚（gū）染翰：意为提笔书写。觚：古人书写时用的木简。翰：笔。
⑤ 敦实笃厚：敦厚，忠实。这里指切实。
⑥ 明辩、慎思、审问：参见第1则注释⑥。

功夫。学习过程中不可能没有疑惑，因此就需要提问。提问就是学习，就是实践。也因为不可能没有疑惑，因此就有思考。思考也就是学习，就是实践。也因为不可能没有疑惑，因此就有辨析，辨析也就是学习，就是实践。辨析明白了，思考谨慎了，提问详细深入了，学习也就有收获了，然后还坚持不断地用功，这才叫笃行。并不是说在学、问、思、辨之后，再着手去行。所以，从希望做成某件事的角度来说，叫作学；从希望解除困惑的角度来说，叫作问；从希望通晓事理的角度来说，叫作思；从精细考察的角度来说，叫作辨；从希望经历实践的角度来说，叫作行。从辨析功用的角度来讲有五个方面，但综合起来其实只有一个。这是心理合一的本体，知行并举的功夫，也是不同于后世学说的所在。

【解析】

此则撷自《答顾东桥书》。《中庸》提出"博学、审问、慎思、明辨、笃行"，一般认为，前四个范畴属于知，第五个范畴属于行。阳明先生对此详加辨析，认为这五个方面其实只是人们从功能的角度加以细分的结果，事实上它们都是知与行的合一；世间没有无行之学，人的现实活动都是知行合一的，知与行相互包含，无法截然分开。

104. 子思所谓"至诚如神"，"可以前知"①。谓"如神"，谓"可以前知"，犹二而言之，盖推思诚者之功效也。若就至诚而言，则至诚之妙用即谓之"神"，不必言"如神"；至诚则无知而无不知，不必言"可以前知"矣。

---

① "至诚如神""可以前知"：语出《中庸》："至诚之道，可以前知……故至诚如神。"意思是：达到至诚的境界，人就自然可以预知事物未来的发展趋势，如同神一样。

【译文】

子思说人达到至诚的境界就如同神一样，自然可以预知事物未来的发展趋势。但是，子思说"如神"，说"可以前知"，仍然是说成了两件事，因为这是从推究思考诚切者的功效上来说的。如果就至诚来说，那么，至诚的妙用就叫作神，就不必再说"如神"了；至诚就能无知而又无所不知，也就不必再说"可以前知"了。

【解析】

此则撷自《答欧阳崇一》。阳明先生认为，只要坚信良知，行事遵循德行，无愧于天理良心，就能达到"至诚"的境界。那时一心都是良知天理，万事皆明，自然就无所不知，也就不会受到蒙蔽、欺骗，也就无须猜度、臆测他人。这也正是先生自己从"百死千难"中所领悟的良知的力量。

105. 多闻多见，乃孔子因子张之务外好高①，徒欲以多闻多见为学，而不能求诸其心，以阙疑殆②，此其言行所以不免于尤悔③，而所谓见闻者，适以资其务外好高而已④。盖所以救子张多闻多见之病⑤，而非以是教之为学也。

---

① 子张：即颛孙师，子张是他的字，春秋战国时期陈国人，孔子弟子。务外：谓研究学问只致力于表面，不求深入。好高：爱强，好胜。

② 阙：缺乏，稀少。此处意为放置在一旁。疑殆：疑惑不解。

③ 尤悔：指过失与悔恨。以上论述，均本自《论语·为政》："子张学干禄。子曰：'多闻阙疑，慎言其余，则寡尤；多见阙殆，慎行其余，则寡悔。言寡尤，行寡悔，禄在其中矣。'"意思是：子张向孔子学求官职得俸禄的方法。孔子说："多听，有怀疑的地方，加以保留；其余足以自信的部分，谨慎地说出，就能减少错误。多看，有怀疑的地方，加以保留；其余足以自信的部分，谨慎地实行，就能减少懊悔。言语的错误少，行动的懊悔少，官职俸禄就在这里面了。"

④ 资：资助，供给。

⑤ 救：同"纠"，纠正之意。

【译文】

孔子之所以强调多听多看，是因为子张研究学问不求深入，好高骛远，以为只要多看多听就是学问，而不能反身内求，把有疑问的地方先放置一旁，所以他的言行就难免有过失与悔恨，而他的所见所闻不过是滋长了他好高骛远的心性。因此，孔子的话是为了纠正子张以多听多看为学问的毛病，而并不是把多听多看当作教学的目标。

【解析】

此则撷自《答顾东桥书》。常人由于易把良知和知识混同一体，所以将知行分而为二，但其实良知与知识是有区别的。从体用上分，良知属于本体，而知识是本体发用之物；从先天与后天上分，良知是先天存在的，而知识是后天习得的。在上面这段文字中，阳明先生强调，由多闻多见所获得的知识并非孔子教育弟子的目标，真正的学问在于反求内心，致得良知；若不以良知为根本，由多闻多见所获得的知识只会令人更加好高骛远，而不会对人的心性修养有真正助益。

106. "多闻，择其善者而从之，多见而识之"①，则是专求诸见闻之末，而已落在第二义矣，故曰"知之次也"。夫以见闻之知为次，则所谓知之上者果安所指乎？是可以窥圣门致知用力之地矣。

【译文】

"多听，选择其中好的加以接受；多看，全记在心里"，是只探求见闻上的细枝末节，这已经落到第二等去了，所以孔子认为"这样的知，是次一等的"。把所见所闻的知识作为次一等的学问，那么，所谓

---

① "多闻"句及下文"知之次也"：出自《论语·述而》，意思是：多听，选择其中好的加以接受；多看，全记在心里。这样的知，是次一等的。

上等学问又是什么呢？从这里可以窥见圣人致知用功的所在。

【解析】

此则同样撷自《答顾东桥书》，与上一则语意关联。阳明先生通过阐释孔子关于多闻多见的论述，进一步强调由见闻所获得的知识是次一等的，圣人用功夫追求的首要学问只在致良知。

107. 君子学以为己，未尝虞人之欺己也，恒不自欺其良知而已①；未尝虞人之不信己也，恒自信其良知而已；未尝求先觉人之诈与不信也，恒务自觉其良知而已。是故不欺则良知无所伪而诚，"诚则明矣"；自信则良知无所惑而明，"明则诚矣"②。明诚相生，是故良知常觉常照。常觉常照，则如明镜之悬，而物之来者自不能遁其妍媸矣③。何者？不欺而诚则无所容其欺，苟有欺焉，而觉矣；自信而诚则无所容其不信，苟不信焉，而觉矣。是谓"易以知险""简以知阻"④，子思所谓"至诚如神""可以前知"者也⑤。

【译文】

君子学习是为了提高自身修养，不曾担心别人会欺骗自己，只是从不欺骗自己的良知而已；不曾担心别人不信任自己，只是一直相信自己的良知而已；不曾追求预先觉察别人的欺诈与不信任，只是一直致力于觉察自己的良知而已。因此，君子不自欺，良知没有虚假，全

---

① 虞：忧虑，忧患。

② "诚则明矣""明则诚矣"：语出《礼记·中庸》，意思是真诚就会明白事理，能够明白事理也就能够做到真诚。

③ 遁：隐匿。

④ "易以知险""简以知阻"：语出《易经·系辞下》，意思是简易最能知险阻。

⑤ "至诚如神""可以前知"：参见第104则注释①。

然真诚，"真诚就能明理"；君子自信，良知没有疑惑，明白事理，"明理就能做到真诚"。明理和真诚彼此促进，所以良知能不断觉悟，不断照耀。能不断觉悟、不断照耀的良知，就像是高悬的明镜，任何来到镜前的事物都不能隐匿它的美或丑。为什么呢？因为良知没有自欺，真诚无伪，也就无处容纳欺诈，如果有欺诈就能察觉；良知自信而又真诚，也就无处容纳不信任，如果有不信任就能察觉。这就是《易》所说的"简易最能知险阻"，也就是子思所说的"人达到至诚的境界就如同神一样"，"自然可以预知事物未来的发展趋势"。

【解析】

此则撷自《答欧阳崇一》，与第104则语意关联。欧阳崇一向阳明先生请教诈与被诈、诚与欺的问题，先生故此回复。先生认为，只要坚信良知的力量，时刻反观自身、反躬自省，做到自信、不自欺，明理和真诚便会相互为用，彼此促进，良知也就能越发精纯，光明圆融，就不会受到任何蒙蔽和欺骗，自然能逾越任何险阻，自然能无所不知。概言之，人若不自欺，也就无人可欺；人若自信，也就自然能获得他人的信任。而做到不自欺和自信的关键，就在于能否专心一志地致良知。

108. 君子之学，终身只是集义一事[①]。"义者，宜也"[②]，心得其宜之谓义。能致良知则心得其宜矣，故集义亦只是致良知。君子之酬酢万变，当行则行，当止则止，当生则生，当死则死，斟酌调

---

① 集义：出自《孟子·公孙丑上》："其为气也……是集义所生者，非义袭而取之也。"朱熹集注："集义，犹言积善，盖欲事事皆合于义也。"认为集义就是积善，谓行事合乎道义。

② "义者，宜也"：语出《礼记·中庸》。孔颖达疏："宜谓遇事得宜。"是指事事做得适宜。

停，无非是致其良知，以求自慊而已。

【译文】

君子求学，终身只是集义这一件事。义，就是宜，心感受到适宜的叫作义。能够致良知，那么心就感受到适宜，所以集义也就是致良知。君子的日常事务千变万化，该做就做，该止就止，当生则生，当死则死，各种思量安排，都是致良知，都只求自足而已。

【解析】

此则撷自《答欧阳崇一》。朱熹对"集义"的解释，和孔颖达对"义者，宜也"的"宜"的解释，都是就"事"而言。而阳明先生认为"心得其宜之谓义"，则是就"心"立论，强调君子将生死等所有事物都安排处理得适宜，其最终目的是为求得内心的自足，也就是致良知。能够致良知的人，他的内心必定是宁静、愉悦、舒适的，也就是自足的。所以，集义的过程其实就是致良知的过程。

109. 时时用"必有事"功夫，或有时间断，此便是忘，即须"勿忘"。或有时欲速求效，此便是助，即须"勿助"①。其功夫全在"必有事"上用，"勿忘""勿助"只就其间提撕警觉而已②。若功夫原不间断，即不须更说"勿忘"；原不欲速求效，即不须更说"勿助"。若不于"必有事"上用功，而乃悬空守着一个"勿忘""勿助"，此正如烧锅煮饭，锅内未曾渍水下米③，而乃专去添柴放火，不知毕竟煮出甚物来。吾恐火候未及调停，而锅已先破裂矣。

---

① "必有事""勿忘""勿助"：出自《孟子·公孙丑上》。参见第 95 则注释③。间断：中断。

② 提撕：教导，提醒。

③ 渍（zì）：淘。

【译文】

如果时刻都在做"必有事"的功夫，偶尔出现中断，这就是忘，那就必须"勿忘"。有时想求速效，这就是助，那就应该"勿助"。这当中的功夫全在"必有事"上用，"勿忘""勿助"只在其中起提醒警告的作用。如果功夫本没有中断，就不用再说"勿忘"；本不想求速效，就不用再说"勿助"。如果不在"必有事"上下功夫，凭空守着一个"勿忘""勿助"，这好比烧锅做饭，锅里还没有淘米放水，就一个劲儿地加柴增火，真不知道最后煮出什么东西来。我只怕火候还没有调停好，锅已经先破裂了。

【解析】

此则撷自《答聂文蔚书（二）》，写于嘉靖七年（1528）十月，距离阳明先生去世约一个月，可视为先生之绝笔。"必有事""勿忘""勿助"，是孟子存心养性思想的重要体现，先生就此阐述了自己的看法。他以烧锅煮饭为喻，指出功夫应主要用在"必有事"上，而"勿忘""勿助"只是对它的一种完善。如果功夫全用在"勿忘""勿助"上而没有目标，无视儒学的治世思想，最终会陷入禅的空寂之中，也就不可能取得成就。由此可见，先生反对把"必有事"和"勿忘""勿助"截然分开，而主张致良知一定要落到"事"的实处。

110. 世之学者，业辞章，习训诂，工技艺，探赜而索隐①，弊精极力②，勤苦终身。非无所谓深造之者③，然亦辞章而已耳，训诂

---

① 探赜（zé）：探索奥秘。索隐：探求隐微的奥秘。
② 弊：竭尽。
③ 深造：谓不断前进，以达到精深的境地。

而已耳，技艺而已耳，非所以深造于道也，则亦外物而已耳①，宁有所谓自得逢原者哉②！古之君子，戒慎不睹，恐惧不闻③，致其良知而不敢须臾或离者，斯所以深造乎是矣。是以大本立而达道行，天地以位，万物以育，于左右逢原乎何有？

【译文】

世上的学者，整日研究辞章，学习训诂，苦练技艺，探求各种奥秘，竭尽全力，劳苦终身。并不是没有所谓学问精深之人，但不过是精深于辞章、训诂、技艺而已，都不是精深于道，探求的都是心外之物罢了，又怎么能达到孟子所说的自得逢原呢？古代的君子，对于内心的念头和动机都慎重对待，致其良知，不敢片刻分心，由此达到精深的境地。只有这样，才能建立根本，施行大道，天地各归其位，万物生长发育，最终达到孟子所说的左右逢原。

【解析】

此则撷自《自得斋说》。嘉靖三年（1524），弟子黄省会（字勉之）以"自得"名斋，阳明先生特撰此文。自得是指一个人面对客观的自然界，或是反思主体的自身，自己有独到的心得体会。这是人类精神生活常见的现象。孟子曾对自得作论述，但语焉不详，为后世留下诠释的空间。阳明先生钟情于自得精神，从多方面作了阐释发挥。在这段文字中，他强调孟子所说的自得指的是精深于道，也就是致良知，而绝非精深于辞章、技艺、训诂等心外之物。倘若不把握这一核心，

① 外物：身外之物。

② 自得：自己有心得体会。逢原：即"逢源"，比喻做事得心应手，应付自如。均出自《孟子·离娄下》："君子深造之以道，欲其自得之也。自得之，则居之安；居之安，则资之深；资之深，则取之左右逢其原。故君子欲其自得之也。"

③ 戒慎不睹，恐惧不闻：参见第43则注释①。

在那些心外之物上耗费毕生的精力，必然会大大妨碍对道的探究、对良知的追求。阳明先生的自得精神，对王艮、李贽、张岱、傅山、黄宗羲等学者都有重要的影响。

111. "博学而详说之"者，"将以反说约也"①。若无反约之云，则博学详说者果何事也？

【译文】

广博地学习，详细地阐述，是要返归简约之道。如果没有返归简约之道，那么，所谓的博学详说又能是什么呢？

【解析】

此则撷自《答顾东桥书》。顾东桥在来信中截取"四书"中的话语作为人要博学多闻、而非求其本心的例证，阳明先生一一解释。在这段文字中，阳明先生通过引用孟子的话，论证广博地学习，详细地阐述的最终目的都是为了返归简约，而简约终究要归于道心、良知。也就是说，在先生看来，博学多闻、详细论述等都是学问的次一等功夫，真正的功夫从来都是探寻本心，致其良知。

112. 孟子说夜气②，亦只是为失其良心之人指出良心萌动处，使之从此培养。今已知得良知明白，常用致知之功，即已不须更说夜气，却是得兔后不知守兔，而仍去守株，兔将复失之矣。

【译文】

孟子说"夜气"，也只是为那些失去良知的人指明良知萌动的地方，使他们能够存养培育良知。现在已经清楚认识了良知，经常下致

---

① 语本《孟子·离娄下》："博学而详说之，将以反说约也。"意思是：广博地学习，详细地阐述，是要返归简约之道。反：通"返"，返回到。

② 夜气：儒家谓晚上静思所产生的良知善念，出自《孟子·告子上》。

知的功夫，那也就不需要再说"夜气"，不然就像得兔后不知守兔，而仍然去守树桩，那样兔也会重新跑掉。

【解析】

此则撷自《答陆原静书》。阳明先生认为，孟子之所以强调"夜气"，是因为人日常处于各种纷繁嘈杂之中，导致本心易被私欲蒙蔽，难以体认良知；只有在夜晚静思之时，才能体悟到内心的纯净和宁静。但倘若已能致得良知，那内心便无时不纯净，也就是"夜气"时时存在，更何须刻意去求？因此，致良知是一切修心养性的根本，倘若不从根本上下功夫，却去追求各种发挥性的说法，那就是舍本逐末。为了阐明这一道理，先生还利用守株待兔的寓言再次作了形象化的譬喻，将"良知"比作兔，将"夜气"比作株；既已得兔，自然也就无须再死守株。

113. "尧舜之道，孝弟而已"者①，是就人之良知发见真诚恻怛、不容蔽昧处提省人②，使人于动静语默之间事君、处友、仁民、爱物③。以至天下之事，千变万化，皆是致此一念真诚恻怛之良知以应之，即自然无不是道，更无遗缺渗漏。故曰："尧舜之道，孝弟而已矣。"

【译文】

孟子所说的"尧舜之道，孝弟而已"，是就人的良知最真切笃实、不容遮蔽的地方来提醒人，让人在行为言谈间都能做到侍奉君主，结

---

① "尧舜之道，孝弟而已"：出自《孟子·告子下》，意思是：尧舜教化天下的道理，最根本的就是在孝悌。

② 蔽昧：遮蔽昏暗。提省：提醒。

③ 语默：亦作"语嘿"，谓说话或沉默。处友：交友。仁民：将仁爱和仁义施之于人。爱物：爱护万物。语出《孟子·尽心上》："亲亲而仁民，仁民而爱物。"

交朋友，关心百姓，爱护万物。天下的事情虽然千变万化，但如果都能用最真切笃实、不容遮蔽的良知去应对，就自然无处不是大道，更不会有什么遗漏缺失。因此，孟子才说："尧舜之道，孝弟而已矣。"

【解析】

此则撷自《答聂文蔚（二）》。阳明先生认为良知只有一个，既体现在忠君爱民等大事上，也体现在行为言谈等小事上。孝顺父母、敬爱兄长是与每个人的日常生活关联最密切的品行，也是良知最真诚、最显明的表现。孝悌虽然不等于良知，但切切实实去做，就可以帮助人们在日常生活的行为言谈间理解良知和致良知。而一旦致良知，应对万事万物自然无漏缺之憾。

114. 明道云："只穷理，便尽性至命。"①故必仁极仁而后谓之能穷仁之理，义极义而后谓之能穷义之理。仁极仁则尽仁之性矣，义极义则尽义之性矣。学至于穷理至矣，而尚未措之于行，天下宁有是耶？

【译文】

程颢说："只要穷尽天理，就能充分发挥本性，各得其所，各安天命。"因此，必须把仁实践到极致，然后才能称穷尽了仁的理；把义实践到极致，然后才能说穷尽了义的理。把仁实践到极致，就能彻底发挥仁的天性；把义实践到极致，就是充分发挥义的天性。学习已经能把理穷尽到极致，然而还没有付诸实践，天下有这样的情况吗？

【解析】

此则撷自《答顾东桥书》。这段文字鲜明地阐释了阳明先生"知行

① "只穷理，便尽性至命"：出自《河南程氏遗书》卷二上。意思是：只要穷尽天理，就能充分发挥本性，各得其所，各安天命。语本《易经·说卦》："穷理、尽性，以至于命。"

合一"的主张。先生认为，知便是行，行便是知，世人非要将其分割开来讲，其实是犯了认识上的错误。想要成就一件事，必须知行并重。知而不去实践，便不算知；把知付诸实践，且实践到极致，才是真知，才是穷理。因此，先生历来反对空谈，认为空谈不足以成事，笃行才有成功的希望。

115. 上蔡"何思何虑"之问，与伊川所答，亦只是上蔡、伊川之意①，与孔子《系辞》原旨稍有不同②。《系》言"何思何虑"，是言所思所虑只是一个天理，更无别思别虑耳，非谓无思无虑也。故曰："同归而殊途，一致而百虑，天下何思何虑。"云"殊途"，云"百虑"，则岂谓无思无虑邪？心之本体即是天理，天理只是一个，更有何可思虑得？天理原自寂然不动，原自感而遂通。学者用功，只是要复他本来体用而已，不是以私意去安排思索出来。故明道云："君子之学，莫若廓然而大公，物来而顺应。"③若以私意去安排思索，便是用智自私矣。"何思何虑"正是功夫。在圣人分上，则是自然；在学者分上，则是勉然。伊川却是作效验看了，所以有"发得太早"之说。既而云"却好用功"，则已自觉其前言之有未尽矣。

---

① 上蔡：指谢良佐，字显道，蔡州上蔡（今属河南）人，世称上蔡先生，先后从程颢、程颐受业，为程门四大弟子之一。《二程外书》卷十二载《上蔡语录》："二十年前往见伊川。伊川曰：'近日事如何？'对曰：'天下何思何虑。'伊川曰：'是则是有此理，贤却发得太早在。'"

② 《易经·系辞下》："子曰：'天下何思何虑？天下同归而殊途，一致而百虑，天下何思何虑！'"意思是：天下人有何思虑？天下不同途径达到同一目的地，不同的思想归于一致，天下人没有别的思虑！

③ 引文出自程颢《定性书》，参见第 28 则注释③。

【译文】

上蔡先生"何思何虑"之问，与伊川先生所答，也仅仅是他们的看法，与孔子《系辞》的原意稍有不同。《系辞》所说"何思何虑"，是说所思所虑只是一个天理，此外再无别的思虑，并不是说没有思虑。所以说："天下不同途径达到同一目的地，不同的思想归于一致。天下人有何思虑？"讲到了不同途径、不同思想，又怎么能说是无思无虑呢？心的本体就是天理，天理只有一个，除此之外还有什么可思虑的？天理原本就寂然不动，原本就是感应而贯通的。学者用功，只是要恢复它本来的体用罢了，不是以私意去安排思索出来。所以明道先生说："君子之学，就在于廓清私欲情感，心胸开阔空静，顺应事物的变化。"若以私意去安排思索，便是自私弄智。"何思何虑"正是修身养性的功夫。对圣人而言，自然就能做到；对学者而言，则要勉强努力才能做到。伊川先生却把它看作功夫的效验，所以才有"发得太早"之说。接着他又说"却好用功"，说明他自己已经觉察到前面的话意思并不完整。

【解析】

此则撷自《答周道通书（二）》。对于孔子所说的"何思何虑"这四个字，上蔡和伊川都是按照无思无虑来理解的。但阳明先生指出，学者用功，是要恢复心之光明本体，因此"何思何虑"不该理解为无思无虑，而应该解释为"所思所虑只是一个天理"。先生之所以有此辨析，主要是担心倘若将"何思何虑"解释为"无思无虑"，学者很可能会坠入佛门心法的寂灭虚无之中。

116. "学于古训乃有获"①，非谓其通于文辞，讲说口耳，义

---

① "学于古训乃有获"：语出《尚书·说命下》，意思是：向古代遗训学习，就会有收获。

袭而取诸其外也①。乃如古训，而学其所学，"默而成之，不言而信"②，而有得于心之谓也。"逊志务时敏"者③，非谓其饰情卑礼，汲汲于事功声誉之间。如地之下而无所不承，如海之虚而无所不纳；一于天德，戒惧于不睹不闻，如太和之运而不息也④。

【译文】

《尚书》说："向古代遗训学习，就会有收获。"这并不是说精通文辞，能言善道，袭取道义的某些外在表现。必须像古代遗训一样，学习应该学的东西，"躬行不言，默而成事，不用说什么就能得到别人的信任"，就是心有所获。"谦虚好学，时刻策励自己"的人，并不是指矫情谦恭，一味追求声誉、功利。而应该像大地那样，处于下却无所不载，像大海那样，似虚渺却无所不纳；就如天的德性，在看不到、听不到的时候也畏惧警醒，好像天地间冲和之气的运行，永不停息。

【解析】

此则撷自《与唐虞佐侍御》。正德十六年（1521）六月，唐龙（字虞佐）调任陕西提学副使，途中写长信与阳明先生探讨"行知"之说，对先生的"致良知"学说作了补充。先生在广信收信后，十分感动，援笔写此回信。在这段文字中，先生运用一连串大气磅礴的比喻，重申学习的收获不来自外界，而来自心的内在审视，即良知的运行。

---

① 义袭而取：袭取道义的某些外在表现，而不是融会贯通，从根本处领会其内涵。出自《孟子·公孙丑上》："其为气也……是集义所生者，非义袭而取之也。"
② "默而成之，不言而信"：语出《易经·系辞上》。意思是：君子躬行不言，默而成事，不用说什么就能得到别人的信任。
③ "逊志务时敏"：语出《尚书·说命下》。意思是谦虚好学，时刻策励自己。
④ 天德：天的德性。"戒惧于不睹不闻"：参见第 43 则注释①。太和：天地间冲和之气。

117. 道一而已。论其大本大原①，则"六经""四书"无不可推之而同者。譬之草木，其同者生意也；其花实之疏密，枝叶之高下，亦欲尽比而同之，吾恐化工不如是之雕刻也②。

【译文】

道就只有一个。要论它的根本，那么"六经""四书"无不可推衍而相同。就像草木，它们的生机是相同的；但花朵、果实的疏密，枝叶的高下，也想要尽量相同的话，我恐怕自然的造化者也不会这样去雕刻。

【解析】

此则撷自《答方叔贤》。方叔贤将自己对于《大学》和《尚书·洪范》的一些认识寄给阳明先生，先生回复此信，表达了对各学说异同的看法。他运用比喻论证，以草木为譬，重申孟子提出的"道一而已"（《孟子·滕文公上》）观点，认为道是根本所在，是草木生机的来源，而花朵、果实、枝叶各有不同，各具风姿，本就是大自然的原貌，若外力一味求同，反失了自然的真意。由此引出后文"君子论学，固惟是之从，非以必同为贵"（意谓君子论学，是要遵从正确的理论，而不是注重追求相同一致）的观点。

118. 君子之论，苟有以异于古，姑毋以为决然③。宜且循其说而究之④，极其说而果有不达⑤，然后从而断之，则辩之明，析之当⑥。

---

① 大原：根源，根本。

② 化工：指自然的造化者。

③ 决然：一定，必然。

④ 循：沿着，顺着。究：研究，探求。

⑤ 极：穷尽，竭尽。

⑥ 当：适宜，恰当。

在我者，有以得其情矣①。

【译文】

君子的议论，倘若有与古人不同之处，暂且不要认为一定是错的。应该循着他的学说进行探究，穷尽这一学说而发现果真有不到之处，然后加以判断，这样就把学问辨析得明了恰当。对自己来说，也领略了学术的精神。

【解析】

此则撷自《答汪石潭内翰》。正德六年（1511），阳明先生给汪俊（字升之，号石潭）回信，阐述了自己的学术观点。在这段文字中，他重在强调不能一味泥古，不能唯古是崇，对他人的学问一定要在深入探究的基础上，加以客观公正的判断，这样才是明辨学术的正确态度。

119. 诵习书史，亦学问之事，不可废者。而忘本逐末，明道尚有"玩物丧志"之戒②。若立言垂训，尤非学者所宜汲汲矣③。

【译文】

诵读学习经书、史书，也是学问之事，不可荒废。但如果舍本逐末，明道先生早就有"玩物丧志"的训诫。至于著书立说、垂示教训之类，更不是学者应该急切追求的。

【解析】

此则撷自《与黄勉之》。阳明先生引程颢"玩物丧志"之语，来论

---

① 情：思想，精神。

② 玩物丧志：迷恋于玩赏喜好的事物，以致消磨了志气。朱熹《近思录》卷三记载："明道先生以记诵博识为玩物丧志。"

③ 立言：指著书立说。垂训：垂示教训。

述诵经读史虽然重要，但如果因此倾注所有的精力于知识的积累，而偏离了"求道""成圣"的初心，那就是舍本逐末。在程颢、阳明等学者看来，包括治学在内的任何事情，若不以"求道""成圣"为第一义，都可以被讥诃为玩物丧志。这也是儒家对"纯知识"的最严厉批评。

120. 凡看经书，要取其有益于学而已。则千经万典，颠倒纵横，皆为我之所用。一涉拘执比拟，则反为所缚①。虽或特见妙诣②，开发之益一时不无，而意必之见流注潜伏③，盖有反为良知之障蔽而不自觉者矣。

【译文】

但凡看经书，关键在于择取其中有益于学问之处。那样千经万典，颠倒纵横，都能为我所用。一旦拘泥仿效，则反被它束缚。虽然也会有独特的见解，偶尔也有启发人的好处，但是意断之见贯注潜伏，反而会成为良知的障碍遮蔽，而自己却还不知觉。

【解析】

此则撷自《答季明德》。阳明先生认为，读书的目的是"有益于学"，也就是要用心体会，把书中的知识同自己的良知相对照，以期有助于把良知运用到对事事物物的应对和处理之中。要避免简单化的拘泥仿效，避免被一些表面化、形式化的东西所束缚，避免将书中字句当成不容置疑的教条，否则就会阻碍良知的发用流行。因此，读书要在心会，培养自己心体；书为我所用，而我不能为书所拘。阳明先生对书的看法，与孟子的"尽信书不如无书"（《孟子·尽心下》）异曲同工，一

① 拘执：拘泥，固执。缚：拘束，束缚。

② 特见：独特的见解。妙诣：高深玄妙的见解。

③ 流注：流入，贯注。

脉相通，体现他对前人学术既尊重又不盲从，既继承又批判的态度。而"千经万典，颠倒纵横，皆为我之所用"的表述，也尽显大气与灵活。

121. 诗文之习，儒者虽亦不废，孔子所谓"有德者必有言"也①。若着意安排组织，未有不起于胜心者②。先辈号为有志斯道，而亦复如是，亦只是习心未除耳③。

【译文】

创作诗文的风习，儒者虽然并不废弃，正如孔子所说的有德的人必定有好的言论。但如果刻意去安排组织，就没有不生好胜之心的。先辈号召要有志于圣道，却依旧如此，终究是因为习心未除。

【解析】

此则撷自《与杨仕鸣》。在这段文字中，先生强调的是：儒者虽然也可写诗作文，但一定要从对辞章技艺的苛求中解脱出来。因为从心学立场来看，一旦竭力于诗文的句法格律，刻意安排组织，求新求奇，必定会被诗文之法所羁绊，迷失本心自性。

122. 得鱼而忘筌④，醪尽而糟粕弃⑤。若鱼醪未得，而曰是筌与糟粕也，鱼与醪不可得矣。"五经"，圣人之学具焉⑥。然自其已闻者而言之，其于道也，亦筌与糟粕耳。惜夫世之儒者求鱼于筌，而谓糟粕之为醪也。

---

① "有德者必有言"：出自《论语·宪问》，意思是：有德的人必定有好的言论。

② 胜心：好胜之心，要强、喜欢胜过别人的心理。

③ 习心：指通过耳闻目见所得的意念，与良知良能有别。

④ 得鱼而忘筌（quán）：比喻已达目的，即忘其凭借。出自《庄子·外物》："筌者所以在鱼，得鱼而忘筌。"筌：捕鱼器，竹制，有逆向钩刺。

⑤ 醪（láo）：酒的总称。糟粕：酒滓。

⑥ 具：完备；齐全。

【译文】

捕到鱼后，就忘掉了捕鱼器；酿出酒后，就丢弃了酒滓。在鱼和酒还没有得到的时候，就说这是捕鱼器和酒滓，鱼和酒也就难以得到。"五经"之中，具备了圣人之学。然而对于已经闻道的人而言，"五经"对于道，也就像捕鱼器和酒滓一样。可惜的是世间的儒者都是从捕鱼器中求鱼，又把酒滓看作酒。

【解析】

此则撷自《五经臆说序》。正德三年（1508），阳明先生为《五经臆说》作序，集中阐述了他对经典的看法。在这段文字中，他以得鱼忘筌、醪尽槽弃为引，强调经典虽然具备圣人之学，但在学习的过程中，也只是工具性的价值而已。在先生看来，经典的历史性价值在于启发良知，而不可当作定理；若一味奉经典为圭臬，视其为千古不变的固定模式，这已是失去了自我和本心。这种观念在很大程度上打破了对"经"的迷信，为李贽等王门后学反对"以孔子之是非为是非"的"离经叛道"开了先河。

123. 凡刻古人文字，要在发明此学①，惟简明切实之为贵；若支辞蔓说②，徒乱人耳目者，不传可也。

【译文】

凡是刊刻古人文字，重在阐发圣人之学，只以简明切实为贵；倘若是芜蔓虚饰之辞，那只会乱人耳目，还是不要传下去的好。

【解析】

此则撷自《与黄勉之（乙酉）》。阳明心学推崇简易真切，与之相

① 发明：阐述，阐发。
② 支辞蔓说：芜蔓虚饰之辞。

应，在文辞方面，先生也主张简明切实，反对虚文相诳、雕镂文字以欺世盗名。他认为，用简明切实的语言阐明圣人之学的文字，比起那些支辞蔓说、乱人耳目的雕饰之文，更具传世价值。

124. 自喜于一节者，不足与进于全德之地①；求免于乡人者，不可以语于圣贤之途②。

【译文】

沾沾自喜于一点小气节的人，他的道德不足以到完美无缺的境地；刻意特立独行以显示自己不普通的人，不足以跟他谈论圣贤之道。

【解析】

此则撷自《赠王尧卿序》。正德六年（1511），王尧卿为谏官三月，便以病为名，辞职归家。他人都夸奖尧卿及他这种选择，但阳明先生不以为然。他认为尧卿沾沾自喜于一点小小的气节，刻意显示自己与普通人不同，其修养不足以达到圣贤的境地。

125. 圣贤处末世，待人应物，有时而委曲③，其道未尝不直也。若己为君子，而使人为小人，亦非仁人忠恕恻怛之心矣④。

【译文】

圣贤处于末世之中，待人接物，有时不免曲从，但其为人之道未必不是正直的。如果自己要成为君子，而陷他人于小人之地，这也不

---

① 全德：道德上完美无缺。

② 求免于乡人：语本《孟子·离娄下》："舜为法于天下，可传于后世，我由未免为乡人，是则可忧也。"意思是：舜是天下的楷模，名声传于后世，而我却不过是一个普通人而已，这才是值得忧虑的事。乡人：乡下人，亦指普通人。

③ 委曲：迁就，曲从。

④ 忠恕：儒家道德规范。忠，谓尽心为人；恕，谓推己及人。语本《论语·里仁》："夫子之道，忠恕而已矣。"

是圣贤仁士的忠恕同情之心。

【解析】

此则撷自《寄希渊书》。弟子蔡宗衮（字希渊）生性耿直孤介，不为当道所喜，常思弃职离去。正德七年（1512），阳明先生在京师，希渊欲辞官归乡，先生写信给他，认为他的决定过于仓促，并告知他处世的圣贤之道。先生主张君子处乱世，只要内心端直，有时也可委曲行事。他劝希渊不要因为自身的耿介，图一时痛快就不顾及其他，激怒别人，将别人陷于小人之地。这与苏轼《刘恺丁鸿孰贤论》中"若己为君子，而使人为小人，是亦去小人无几耳"之论颇为近似，可相互参看。

126. 眼前路径须放开阔，才好容人来往；若太拘窄，恐自己亦无展足之地矣①。圣人之行，初不远于人情。"鲁人猎较，孔子亦猎较"②；"乡人傩，朝服而立于阼阶"③；难言之互乡，亦与进其童子，在当时固不能无惑之者矣④。子见南子，子路且有不悦⑤。夫子

---

① 拘窄：狭窄。展足：展开脚步。

② "鲁人"句：语出《孟子·万章下》，表示孔子和众随俗。猎较：争夺猎物。

③ "乡人"句：语出《论语·乡党》，意思是：乡人举办傩祭时，孔子穿着礼服站在台阶上。傩（nuó）：古代一种迎神以驱逐疫鬼的风俗。阼（zuò）阶：东边的台阶，主人站在那里迎送宾客。

④ "难言"句：语本《论语·述而》："互乡难与言，童子见，门人惑。子曰：'与其进也，不与其退也，唯何甚？'"意思是：互乡这地方的人难以同他们交谈，孔子却接见了互乡的一个童子，弟子们都觉得疑惑。孔子说："我是赞成他求上进，不赞成他退步，何必做得太过呢？"

⑤ 子见南子，子路且有不悦：《论语·雍也》："子见南子，子路不说。孔子矢之曰：'予所否者，天厌之！天厌之！'"意思是：孔子去和南子相见，子路不高兴。孔子发誓说："我假若不对的话，天厌弃我罢！天厌弃我罢！"南子：卫灵公夫人，把持着当时卫国的朝政，而且名声不好。子路：孔子的弟子仲由，字子路，鲁国人。

121

到此如何更与子路说得是非？只可矢之而已①。若要说见南子，是得多少气力？若且依子路认个不是，则子路终身不识圣人之心，此学终将不明矣。此等苦心处，惟颜子便能识得②，故曰"于吾言无所不悦"③，此正是大脑头处④。

【译文】

眼前的道路，一定要放得开阔，才好容许别人来往，如果太过狭窄，恐怕连自己都没有展开脚步的机会。圣人的行为，起初并不远离人情。鲁地之人争夺猎物，孔子也争夺猎物；乡人举办傩祭时，孔子也穿着礼服站在台阶上；互乡这地方的人难以同他们交谈，孔子却接见了互乡的一个童子，在当时必然有人感到困惑。孔子去见南子，子路尚且不高兴。孔子在这时候又怎么跟子路说得清是非？只能起誓罢了。如果要说清楚去见南子这件事，是得费多少力气？如果依从子路认个不是，那么子路就终身不识得圣人的心意，圣学也终将不能昌明。这种苦心，只有颜子才能领会，所以孔子才说："（颜回）对我的话没有不喜欢的。"这也正是学问的要旨所在。

【解析】

此则撷自《答刘内重书（乙酉）》。弟子刘内重性格刚强笃实，在阳明先生心中堪称任道之器，但其为学功夫，仍有许多可商榷之处。因此，先生强忍腹疾，给刘内重写了一封责善之信。在这段文字中，先生列举了孔子与鲁人猎较、参与乡人傩祭、接见互乡童子的三个事例，以论证圣人

---

① 矢：通"誓"，发誓。

② 颜子：即颜回，孔子弟子，鲁国人。

③ "于吾言无所不悦"：语出《论语·先进》，意思是：（颜回）对我的话没有不喜欢的。

④ 脑头：犹"头脑"，指要旨。

处世心胸开阔，不远人情。并以孔子见南子之事为例，论述圣人在特定的情境下也懂得变通，以此委婉地规劝弟子在为人处世方面也应灵活通达。

127. 舜之不告而娶①，非舜之前已有不告而娶者为之准则，故舜得以考之何典，问诸何人，而为此也；武之不葬而兴师②，非武之前已有不葬而兴师者为之准则，故武得以考之何典，问诸何人，而为此也。抑亦求诸其心，一念之良知，权轻重之宜，不得已而为此耳。使舜之心而非诚于为无后，武之心而非诚于为救民，则其不告而娶与不葬而兴师，乃不孝不忠之大者。而后之人不务致其良知，以精察义理于此心感应酬酢之间，顾欲悬空讨论此等变常之事③，执之以为制事之本④，以求临事之无失，其亦远矣！

【译文】

舜没有禀告父母就娶妻，并不是在舜之前已经有这样的先例可作为标准，因而舜参考了什么典籍，请教了什么人，才这样做的；周武王未安葬文王就兴兵伐纣，并不是在武王之前已经有这样的先例可作为标准，因而武王参考了什么典籍，请教了什么人，才这样做的。或许是他们反求于心，依据一念良知，权衡轻重利弊，不得已才这样做的。如果舜不是真的担心没有后代，武王不是真心救民于水火，那么

① 舜之不告而娶：语出《孟子·离娄上》："不孝有三，无后为大。舜不告而娶，为无后也。君子以为犹告也。"意思是：不孝有三种表现，没有后代是最重大的。舜娶妻时没有禀告父母，就是因为还没有后代。但是君子却认为他实际上如同禀告了一样。
② 武之不葬而兴师：指周武王未葬其父周文王，就兴兵讨伐商纣王。语出《史记·伯夷列传》："西伯卒，武王载木主，号为文王，东伐纣。伯夷、叔齐叩马而谏曰：'父死不葬，爰及干戈，可谓孝乎？以臣弑君，可谓仁乎？'"
③ 变常：改变常道。
④ 制事：谓处理政治、军事等重大事件。

舜不禀告父母就娶妻，武王不安葬父亲就兴兵伐纣，都是极大的不忠不孝。而后人不努力致良知，不在处理事情时精确体察内心的义理，反而去空洞地探讨这类改变常道的事，把它作为处理重大事件的根据，以求处事时没有过失，这也偏离得太远了。

【解析】

此则撷自《答顾东桥书》。阳明先生以舜不告而娶、武王不葬而兴师为例，论证天下是非善恶的标准并不是完全绝对的。因所处时代不同、个人境遇差异等原因，很多时候，临时临事的判断不能考诸何典、问诸何人，而只能凭主观的一念良知以权衡轻重。舜与武王所行之事看似与礼不符，却是依据当时的实际情况，遵循心中的一念良知，真心诚意以忠孝为本、权衡利弊后所作的决定，因此是符合善的，是正确的。也就是说，处理事务当以致良知为根本，在良知的指引下，可以权变，即灵活应付随时变化的情况。但如果不紧紧抓住致良知这一根本，而空谈非常之事，那就会偏离正道越来越远。

128. 颜子三十二而卒，说者谓颜子好学，精力瘁焉[①]。夫颜虽既竭吾才，然终日如愚，不改其乐也[②]。此与世之谋声利，苦心焦劳，患得患失，逐逐终其身，耗劳其神气，奚啻百倍[③]！而皆老死

---

① 瘁：劳累。

② 既竭吾才：语出《论语·子罕》，意思是用尽了自己的才力。终日如愚：语本《论语·为政》："子曰：'吾与回言终日，不违，如愚。'"意思是：孔子说："我向颜回讲授，一整天下来他从不提出异议和疑问，像是蠢笨的样子。"不改其乐：语出《论语·雍也》："一箪食，一瓢饮，在陋巷，人不堪其忧，回也不改其乐。"意思是：一竹筐饭，一瓢水，住在小巷子里，别人都受不了那穷苦的忧愁，颜回却不改变他自有的快乐。

③ 声利：犹名利。苦心：费尽心思。焦劳：焦虑烦劳。逐逐：奔忙貌，匆忙貌。奚啻：何止，岂但。

黄馘①。此何以辩哉？

【译文】

颜子三十二岁就去世了，有人说是因为颜子太好学，精力耗尽过于劳累所致。颜子虽然耗尽了自己的才力，可他整天大智若愚，处于穷苦的境况仍然不改变他自有的快乐。这同世上为谋求名利而苦心焦思，患得患失，匆忙一生而耗尽精神力气的人相比，何止强百倍！但那些人都活到老才死。这又有什么可辩说的呢？

【解析】

此则撷自《徐昌国墓志》。"吴中四才子"之一的徐祯卿年三十三而卒，阳明先生深为痛惜，特撰墓志。先生常说："心之本体即良知。"又说："心之本体即是乐。"在先生看来，只有致得良知，才能体悟到乐；乐源自良知，发自内心。他指出：颜回虽然处境困窘，且因求道耗尽精力而早逝，却体悟到了真乐；而世人多蝇营狗苟，追名逐利，虽然得以老死，却从未体悟到发自内心的快乐，那么长命又有何意义可言？以此赞叹徐昌国的一生虽然短暂，却因"有志于道"，已不枉此生。

129. 孟子说忘助，亦就告子得病处立方②。告子强制其心，是助的病，缘他以义为外，不知就自心上集义③。若时时刻刻就自心上集义，则良知之体洞然明白，自然是是非非纤毫莫遁，又焉有

---

① 黄馘（guó）：黄瘦的脸，借指年老。
② 忘助：出自《孟子·公孙丑上》，参见第95则注释③。立方：开药方。
③ 以义为外：语本《孟子·公孙丑上》："我故曰，告子未尝知义，以其外之也。"意思是：所以我说，告子不懂得什么是义，因为他把义看成心外的东西。集义：参见第108则注释①。

"不得于言""不得于心"之弊乎①？

【译文】

孟子探讨忘助，是针对告子的弊病开的药方。告子主张强制人心，这就是助的弊病。因为他认为义是外在的，不知道在自己心上集义。如果每时每刻都在自己心中集义，那么良知本体就会豁然明朗，自然能够辨别是非，明察秋毫，又怎么会有"不得于言""不得于心"的弊病呢？

【评析】

此则撷自《答聂文蔚（二）》。阳明先生指出：告子学术的最大弊病，在于强制人心，以义为外；而孟子却能从心上"集义"，终使良知本体通明。据《传习录》记述，薛侃也曾向先生请教孟子和告子的"不动心"有什么区别。先生回答说："告子是硬把捉着此心，要他不动。孟子却是集义到自然不动。"又说："心之本体原自不动。心之本体即是性，性即是理。性元不动，理元不动。集义是复其心之本体。"其义相通，可相互参看。

130. 圣人之言明白简实②，而学者每求之于艰深隐奥③，是以为论愈详而其意益晦④。

【译文】

圣人的言论清楚明白，简要切实，可是学者往往从深奥隐晦的角度去探求，以致论述越来越周详，圣学本意却越来越隐晦。

---

① "不得于言""不得于心"：《孟子·公孙丑上》记述告子语："不得于言，勿求于心；不得于心，勿求于气。"

② 简实：简要切实。

③ 艰深：深奥难懂。隐奥：隐晦深奥。

④ 晦：隐晦。

【解析】

此则撷自《论元年春王正月》。阳明先生的良知之学提倡简易真切，相应地，他认为圣人的言论同样具有明白简易的特点。他曾对学生萧惠说："其后居夷三载，见得圣人之学若是其简易广大。"（《传习录》上）他在后文中也写道："圣人亦人耳，岂独其言之有远于人情乎哉？而儒者以为是圣人之言，而必求之于不可窥测之地，则已过矣。"在先生看来，圣人之学简易明白，是切近身心、不远人情的，是易知、易行的；而后世学者却大多偏离了这个方向，迈向繁复的知识学问，追求广博、艰深、隐晦，走向了孔子简易之教的反面。这样做，不但不能阐明圣学本意，反使其隐晦难懂，达不到教诲世人的本初目的。

131. 孔孟之训昭如日月①，凡支离决裂、似是而非者，皆异说也②。有志于圣人之学者，外孔孟之训而他求③，是舍日月之明而希光于萤爝之微也④，不亦缪乎！

【译文】

孔子、孟子的教诲，如同日月一样光明，凡是烦琐破碎、似是而非的学问，都是异端邪说。有志于圣人之学的学者，倘若抛弃孔子、孟子的教诲而向其他学说寻求，就是舍弃了日月的光明而谋求萤火、烛火那样的微光，这难道不是错误的吗？

【解析】

此则撷自《壁帖》。正德十六年（1521），阳明先生因父丧而丁忧

① 训：教诲，教导。昭：光明，明亮。
② 决裂：碎裂，破碎。异说：异端邪说。
③ 外：抛弃，废弃。
④ 希：谋求。萤爝（jué）：谓微弱的光。萤：萤火。爝：烛光。

在家，且因病必须将养，谢绝宾客，揭帖于壁。在这段文字中，先生以日月之明、萤火之微为喻，揭明圣学与异端邪说的区别，并指出欲求圣人之学，当先求诸"孔孟之训"。他在龙场悟道后不久所作的《别湛甘泉序》中曾自述："某幼不问学，陷溺于邪僻者二十年。"他自己在青年时期也曾长期陷溺于各种异端邪说，深知其危害，因此坚决加以批判，表达了对异端邪说绝不宽容姑息的态度。

132. 洙泗之传，至孟子而息①。千五百余年，濂溪、明道始复追寻其绪②。自后辩析日详，然亦日就支离决裂，旋复湮晦③。吾尝深求其故④，大抵皆世儒之多言有以乱之也。

【译文】

孔子儒家的学说传到孟子而停息。一千五百余年后，濂溪、明道二先生才重新追寻其来龙去脉。从此以后辨析得越来越详细，然而同时也越来越烦琐破碎，很快又重新埋没。我曾经深入地探究其中原因，大约都是因为世上儒生论述太多，而把它弄混乱了。

【解析】

此则撷自《朱子晚年定论序》。在这段文字中，阳明先生阐述了自己对儒学道统的认识。当时学界普遍以"孔—孟—程—朱"为儒学正脉，而先生独拈出"孔—孟—周程"的谱系，实为新论。自宋以降，儒者众多，他唯独推崇周濂溪、程明道二位先生，将他们视为

---

① 洙泗：洙水和泗水，春秋时属鲁国地。孔子曾在洙泗之间聚徒讲学，后因以"洙泗"代称孔子及儒家。
② 濂溪：即周敦颐（1017—1073），字茂叔，道州营道楼田保（今湖南省道县）人，世称濂溪先生，北宋著名理学家。绪：开端，头绪。
③ 湮（yān）晦：埋没，消失。
④ 故：缘故，原因。

孔孟道统的继承人，而不提朱子，意向鲜明。而对于周程之后的儒学，先生认为最大的弊端就是烦琐支离，失却了圣学明白切实的真传。

133. 先儒之学得有浅深，则其为言，亦不能无同异。学者惟当反之于心，不必苟求其同①，亦不必故求其异②，要在于是而已③。

【译文】

先儒的学问有浅有深，所以他们的言论就不可能没有同异。学者应当在内心反复思考判断，不必一定要与先儒一样，也不必特意要别出心裁，关键是求正确的理解。

【解析】

此则撷自《书石川卷》。正德九年（1514），阳明先生写信给弟子诸石川，指出：对于前代儒者的学术，不能不假思索地全盘认同，也不能为标新立异而故意寻求不同，而应当时时通过自己内心的切实体认进行取舍拣择，进而把握其中合理的观点和内容，以利于自身素质和能力的提升。这段文字体现的是阳明先生解经的基本精神，也贯串在他对《论语》等经典的诠释当中。

134. 勿以无过为圣贤之高，而以改过为圣贤之学④。勿以其有所未至者为圣贤之讳⑤，而以其常怀不满者为圣贤之心。

---

① 苟求：任意求得，无原则地求取。
② 故：副词，特意，特地。
③ 要：总之，总归。
④ 高：高尚的品德。学：学问。
⑤ 讳：需避忌隐讳的事物。

【译文】

不要把没有过失作为圣贤高尚的品德，而要把改正过失作为圣贤的学问。不要把在学识上有未达到的作为圣贤的忌讳，而要把常常对自己的学问怀有不满作为圣贤的心志。

【解析】

此则撷自《答徐成之》。在这段文字中，阳明先生强调即使是圣人，在品性学识上也并非完美无缺。他们也会犯过错，但贵在能及时改过；他们也会有学识不到之处，但贵在能时时警醒砥砺自己，不断提升自己。这些是圣人之所以为圣之所在，也是世人向圣人仿效、学习的主要方向。

135. 象山陆氏之学①，纯粹和平若不逮于周程②，而简易直截真有以接孟氏之传③。其议论开辟④，时有异者，乃其气质意见之殊。而要其学之必求诸心，则一而已⑤。故吾尝断以陆氏之学⑥，孟氏之学也。而世之议者，以其尝与晦翁之有同异，而遂诋以为禅⑦。夫禅之说，弃人伦，遗物理，而要其归极⑧，不可以为天下国家。苟陆氏之学而果若是也，乃所以为禅也。今禅之说与陆氏之说，其书具存，学者苟取而观之，其是非同异，当有不待于辩说

① 象山陆氏：陆九渊（1139—1193），号象山，南宋著名哲学家。

② 和平：温和，和顺。不逮：比不上，不及。周程：周敦颐和程颢。

③ 直截：简单明白。孟氏：孟子。

④ 开辟：开创，创立。

⑤ 一：相同，一样。

⑥ 断：判断。

⑦ 晦翁：朱熹晚称晦翁。诋：毁谤，诬蔑。禅：指佛教禅宗。

⑧ 归极：宗旨。

者。而顾一倡群和①，剿说雷同②，如矮人之观场③，莫知悲笑之所自。岂非贵耳贱目④，不得于言而弗求诸心者之过欤！夫是非同异，每起于人持胜心、便旧习而是己见⑤。故胜心、旧习之为患，贤者不免焉。

【译文】

陆象山先生的学问，虽然在纯粹温和方面不如周敦颐、程颢两位先生，但是在简易明白方面真是得了孟子的真传。他的议论具有开创性，经常有不同的见解，这是因为他的气质见识与众不同。而总括他的学问，是必定反求内心，这是一致的。所以我曾经判断陆氏学问继承的是孟子的学说。而世上议论的人，只因为他常与朱子的观点有出入，就诋毁他的学说是禅学。禅学抛弃人伦、舍却事物之理，而总括其宗旨，不可用来服务于天下国家。如果陆氏学说果真如此，那就真是禅学了。而现在禅学与陆学的书籍都在，学者如果拿来察看，其中是非异同，不需要辩论就能明白。世人却如同矮子看戏，一呼百应，抄袭附和，而不知人家为什么哭笑，这岂不是相信传闻，却不相信亲眼看到的事实，听到什么话，却不用自己的心去探求验证的人的过错吗？是非异同，常常是因为人有好胜之心，因循旧习惯自以为是而起。所以好胜心、旧习惯所导致的毛病，连贤者也难以避免。

---

① 一倡群和：一人提出主张，众人附和，以相呼应。

② 剿（chāo）说：抄袭别人的言论为己说。剿：抄取，袭取。雷同：随声附和。语本《礼记·曲礼上》："毋剿说，毋雷同。"

③ 矮人观场：同"矮子看戏"，喻己无所见而随声附和。

④ 贵耳贱目：相信传闻，却不相信亲眼看到的事实。

⑤ 便：习惯，适应。是：认为正确，肯定。己见：个人的见解。

【解析】

此则撷自《象山文集序》。阳明先生明确接受了陆九渊提出的"心即理"这一命题，二者的学术思想虽然不完全相同，却一脉相通，非常接近，因此后世学者合称为陆王心学。在这段文字中，先生称赞陆子之学简易直截，承自孟子，为儒学正统。世人却只因为陆学不同于朱子之学，就不加辨析地诋毁为禅学。故先生为陆子辩诬，肯定其"必求诸心"、立大本求大原的心学路线。他自己也正是因为不满于朱熹"格物"之说的支离，而欲求心理合一之旨。

136. 心犹水也，污入之而流浊；犹鉴也，垢积之而光昧①。世儒既叛孔孟之说，昧于《大学》格致之训②，而徒务博乎其外③，以求益乎其内，皆入污以求清，积垢以求明者也。

【译文】

心就像水，若有污物流入，水流就会污浊；心就像镜子，若有污垢积累，镜子就会昏暗。世上儒者背叛孔孟学说，不了解《大学》中格物致知的训诫，而只致力于追求外在知识的广博，以希求对内心有助益，这都是引入污物去追求清澈，积聚污垢去追求光明的做法。

【解析】

此则撷自《别黄宗贤归天台序》。阳明先生认同"心即理"，认为人心之本体原本如水如镜，由于后天的污染才变得污浊，只要复得本体明净，就能展现心中的天理，成圣作圣。因此，他坚决反对向外求知，反对从心外之物来推究天理。陆九渊曾把学问的途径分为"从里

① 鉴：镜子。垢：污秽、肮脏的东西。昧：昏暗。

② 昧：不了解。

③ 务：从事，致力。博：指知识渊博丰富。

面出来""从外面入去"两种，坚决反对"外入之学"，认为"从里面出来"才是唯一正确的途径。阳明先生的见解，显然同陆九渊一脉相承。陆九渊还认为，人若"精神在外"，一味向外寻求，而不向内体认，就会劳而无功。阳明先生则进一步把外在知识视为"入污""积垢"，反对得更坚决。

137. 子美、太白有造道之资①，而不能入于贤圣者，辞章绮丽之尚有以羁縻之也②。

【译文】

杜甫、李白都有提升品德修养的资质，却不能归于圣贤一类，是追求辞章华丽的爱好牵制了他们。

【解析】

此则撷自《答方思道金宪》。阳明先生以杜甫、李白为例，指出对辞章的过分爱好和追求会牵制人的精神，扰乱人的心神，不利于自我品德修养的提升。也正因此，他一贯反对"虚文"，主张诗文创作应在"精于道"的前提下进行（《送宗伯乔白岩序》），推崇的也是"鞭辟近里，删削繁文"的文风（《寄邹谦之》）。可与第121则相互参看。

138. 张、黄、诸葛、韩、范诸公③，皆天质之美，自多暗合道

---

① 子美：杜甫（712—770），字子美。太白：李白（701—762），字太白。皆为唐代伟大诗人，合称"李杜"。造道：指提高品德修养。

② 绮丽：华美艳丽。尚：爱好。

③ 张：张良（？—前189），字子房，"汉初三杰"之一，辅佐刘邦得天下。黄：黄宪（109—156），字叔度，东汉著名贤士。诸葛：诸葛亮（181—234），字孔明，三国时期蜀汉丞相。韩：韩愈（768—824），字退之，唐代中期著名文学家、哲学家。范：范仲淹（989—1052），字希文，北宋初年政治家、文学家。

妙①。虽未可尽谓之知学，尽谓之闻道②，然亦自有其学违道不远者也。使其闻学知道，即伊、傅、周、召矣③。

【译文】

张良、黄宪、诸葛亮及其韩愈、范仲淹等人，都天资美好，自然与天地之道的精髓有很多天然相合的地方。虽然不能说他们完全通晓圣学，完全领会圣道，但他们的学问也有与天地之道相近的地方。假如他们能够领会学问、通晓天地之道，那么就成了伊尹、傅说、周公、召公了。

【解析】

此则撷自《答陆原静书》。阳明先生认为，仁义礼智是性的本质，在这上面下功夫，才是求圣之道。聪明睿智是性的资质，天资美好的人，心中障蔽少，与天道多有天然相合之处，下起功夫来自然更为简易。遗憾的是，历史上虽然从来都不缺乏聪明睿智之人，却少有人能不被外物外事所干扰，一心致良知。他们虽然能在不同的领域各领风骚，却终究不能成圣。

139. 神仙之学与圣人异，然其造端托始④，亦惟欲引人于道。《悟真篇》后序所谓"黄老悲其贪着"⑤，乃以神仙之术渐次导之者⑥，

---

① 道妙：道的精髓。

② 闻道：领会道理。《论语·里仁》："朝闻道，夕死可矣。"

③ 伊：伊尹，商初重臣，辅佐商汤灭夏。傅：傅说（yuè），商王武丁时贤相，传说原为傅岩地方从事建筑的奴隶。周：周公，姬姓，名旦，周文王第四子，辅佐武王伐纣，并辅成王。召：召公，姬姓，名奭，与周公旦共同辅佐武王、成王。

④ 造端：开始，开端。托始：开头，创始。

⑤ 《悟真篇》：北宋张伯端所撰道教典籍。黄老：黄帝和老子的并称。后世道家奉为始祖。贪着：贪恋，贪嗜。

⑥ 渐次：犹逐渐，次第。

其微旨亦自可识①。自尧舜、禹汤、文武，至于周公、孔子，其仁民爱物之心，盖无所不至。苟有可以长生不死者，亦何惜以示人？如老子、彭篯之徒②，乃其禀赋有若此者，非可以学而至。后世如白玉蟾、丘长春之属③，皆是彼学中所称述以为祖师者，其得寿皆不过五六十，则所谓长生之说，当必有所指矣。

【译文】

　　道家的神仙之说与圣人的学问不同，但是他们的开端和创始，也只是想把人引导向道。《悟真篇》后序中所说的黄帝、老子悲悯世人的贪嗜，于是用神仙之术逐渐引导开化，其中精深微妙的意旨也是清晰可辨的。自从尧、舜、禹、商汤、周文王、周武王到周公、孔子，他们仁爱人民、爱护万物的心，无所不至。假使有可以长生不死的办法，又怎么会吝惜不告诉他人呢。像老子、彭祖这些人，是他们的禀质、天赋就是这样，不是通过学习能达到的。后世像白玉蟾、丘长春等人，则是他们的学说中称作祖师的人，寿命也都不过五六十岁，因此所谓的长生不老的说法，必定是另有所指。

【解析】

　　此则撷自《与陆原静（辛巳）》。正德十六年（1521）六月，阳明先生与陆澄在信中探讨养生。陆澄原本气弱多病，因此向往神仙养生之说。先生也曾倾心于此，他的学说以儒家思想为主，又深受佛道思

---

① 微旨：精深微妙的意旨。
② 彭篯（jiān）：即彭祖。篯姓，又封于彭，故称。相传他历经唐虞夏商等代，活了八百多岁。
③ 白玉蟾：原名葛长庚（1134—1229），南宋时著名道士。丘长春：丘处机（1148—1227），道号长春子，宋金时期道教全真道掌教。

想影响。先生主张养生、养德为一事，认为道家讲养生、讲神仙之术也是为了引人向道。他又以老子、彭篯、白玉蟾、丘长春为例，论证道教的长生是另有所指，而不是指肉体的长生，世人倘若醉心于不死之术，只能是自欺欺人，害人误己。

140. 夫良知，一也，以其妙用而言谓之神，以其流行而言谓之气，以其凝聚而言谓之精。

【译文】

良知只有一个，就它的妙用而言叫作神，就它的运行而言叫作气，就它的凝聚而言叫作精。

【解析】

此则撷自《答陆原静书》。陆澄在信中与先生探讨元神、元气、元精，三者都是道教名词，合称三元。而先生告诫陆澄，道家所讲的"神、气、精"与良知是一回事；修神、修气、修精，都不外乎让人充实自己的良知良能，发挥自己的本性。在先生看来，良知就是宇宙本原，是无形象、超时空的绝对本体，它化生了天地万物，精、气、神都不过是良知的三种不同表现形式而已。

141. "精一"之精以理言①，"精神"之精以气言。理者气之条理②，气者理之运用。无条理，则不能运用；无运用，则亦无以见其所谓条理者矣。精则精，精则明，精则一，精则神，精则诚；一则精，一则明，一则神，一则诚，原非有二事也。但后世儒者之说，与养生之说，各滞于一偏③，是以不相为用耳。

---

① 精一：参见第12则注释⑨。

② 条理：脉络，层次。

③ 一偏：一个部分，片面。

【译文】

"精一"的精，是从理上说的；"精神"的精，是从气上说的。理是气的条理，气是理的运用。没有条理，就不能运用；没有运用，也就无法看见所谓的条理。精粹就能精神，就能光明，就能纯一，就能神妙，也就能至诚；纯一就能精神，就能光明，就能神妙，也就能至诚。精粹与纯一本来就不是两件事。但是后世儒生的学说，与养生的学说，都各自拘泥于片面之见，不能互相取长补短。

【解析】

此则撷自《答陆原静书》。在这段文字中，阳明先生通过辨析理与气的关系，说明追求道德修养的精粹纯一与人的生命运动密切相关。儒家强调修身正心、修身养性，人之身心本就难以分离。修养之道的核心，都在于一个"精"字：就心而论是"精一"，就身而论则是"精神"。若能消除私心杂念，去除一切对良知的蒙蔽，便是追求"精一"的功夫，也就自然能求得"精神"。因此，养身必得养心，养心也便是养身。这也就是《中庸》所说的"大德者必得其寿"的道理。

142. 问："冲举有诸？"①先生曰："尽鸢之性者②，可以冲于天；尽鱼之性者，可以泳于川；尽人之性者，可以知化育矣③。"

【译文】

（徐昌国）问："到底有没有飞升成仙呢？"先生说："尽鸢鸟之本性，就可以冲向天空；尽鱼之本性，就可以在江河里游泳；尽人之本性，就可以懂得化生长育。"

---

① 冲举：旧谓飞升成仙。

② 尽性：参见第61则注释④。鸢（yuān）：鸟名，鸷鸟，属猛禽类，俗称鹞鹰、老鹰。

③ 化育：化生长育。

【解析】

此则撷自《徐昌国墓志》。阳明先生主张"本体原无内外"（《传习录下》），因此，所谓有无、盈虚、内外等，并无真正分隔，皆心物所照。不论鸢鸟或鱼，万物只要能够各尽其性，就能达到个体与普遍的统一，实现成己成物的理想境界。但对于人而言，这一理想境界不应是飞升成仙，而是尽到参赞化育的济世责任，实现自己最大的生命价值。一旦达到这样的生命境界，其实也就能不计得失，不惧生死，超越有限，获得生生不已的永恒存在。

143. 气弱多病之人，但遗弃声名①，清心寡欲，一意圣贤之学②，戒谨不睹，恐惧不闻③，则神住、气住、精住④。而所谓长生久视之说⑤，亦在其中矣。学者不宜轻信异道，徒乱聪明，靡废岁月⑥。久而不返，将遂为病狂丧心之人不难矣⑦。

【译文】

（原静）是气弱多病之人，却能抛弃名声，清心寡欲，专心致志追求圣贤学问，对于内心的念头和动机都慎重对待，所以神、气、精都能停留。而所谓长生的学问，也就在其中。学者不要轻易相信儒学以外的其他思想理论，徒然扰乱智慧才智，浪费时光。长此以往，很容易就成为丧失理智、昏乱失常的人。

---

① 遗弃：抛弃，丢弃。声名：名声。
② 一意：专心致志。
③ 戒谨不睹，恐惧不闻：即"戒慎不睹，恐惧不闻"。参见第43则注释①。
④ 住：停留，留驻。
⑤ 长生久视：长久地活着。语出《老子》："深根固柢，长生久视之道。"
⑥ 异道：指儒学以外的其他思想理论。聪明：指智慧才智。靡废：浪费。
⑦ 病狂丧心：犹丧心病狂，丧失理智，昏乱失常。

【解析】

　　此则撷自《与陆原静（辛巳）》。在这段文字中，阳明先生同样论述了养身与养心的关系。他指出陆原静虽然气弱多病，但因为能消除私心杂念，一意追求圣学，所以能使神、气、精长久地留驻体内。这是儒家所追求的长生之道，在先生看来，也是唯一正确的长生之道。

　　144. "无所住而生其心"[①]，佛氏曾有是言，未为非也。明镜之应物，妍者妍，媸者媸，一照而皆真，即是"生其心"处；妍者妍，媸者媸，一过而不留，即是"无所住"处。

【译文】

　　"无所执着，生清净自然之心"，佛家曾有这样的话，并没有错。用明镜照物，美者自美，丑者自丑，一照就能现出真实面貌，这就是"生其心"；美者自美，丑者自丑，照过之后镜子上什么也不留下，这就是"无所住"。

【解析】

　　此则撷自《答陆原静书》。阳明先生引用佛教经典《金刚经》中的名句"无所住而生其心"（相传禅宗六祖慧能诵至此句而开悟），并将良知比喻为明镜，论述良知之体如明镜一般光亮，随物见形，而物过不留，明镜上不会有任何的留染，以此劝谕世人对世间万事万物不可执着，方能免受各种私心杂欲的侵扰蒙蔽，使此心清净明亮，无杂思，无功利，纯然天理。此中真意，与《庄子·应帝王》"至人之用心若镜，不将不迎，应而不藏，故能胜物而不伤"（参见第 20 则注释①），也颇有相通之处。

---

① "无所住而生其心"：出自《金刚经》："应如是生清净心，不应住色生心，不应住声香味触法生心，应无所住而生其心。"意为不执着，让心境处于自然的状态。

145. "不思善、不思恶时，认本来面目"①，此佛氏为未识本来面目者设此方便。本来面目即吾圣门所谓良知。今既认得良知明白，即已不消如此说矣。随物而格是致知之功②，即佛氏之"常惺惺"③，亦是常存他本来面目耳。体段功夫大略相似④，但佛氏有个自私自利之心，所以便有不同耳。

【译文】

"在不思善不思恶的时候认识人的本来面目"，这是佛教为不识本来面目的人设立的方便法门。本来面目也就是我们儒学所说的良知。现在既然已经能清楚地体认良知，也就不用这样说了。在具体事物上去格除物欲，这是致知的功夫，也就是佛教所说的"时常保持清醒"，也就是常常保存涵养本来面目。佛家、儒家修养的功夫大体相似。只是佛家有自私自利的心念，所以就和儒学有所不同了。

【解析】

此则撷自《答陆原静书》。在这段文字中，阳明先生指出，佛家所说的"本来面目"就是儒学所说的"良知"，佛家所说的"常惺惺"就是儒学所说的"致知"，两种学说在探讨修养功夫方面是大体相似的，而根本的不同在于儒学在修身基础上进而追求齐家、治国、平天下，佛家却只注重个人的修行，因此是自私自利的。这是从良知说的角度批判了佛家的利己主义，也是宋以来的儒学家批判佛家的一个重要方面。

---

① "不思善"句：出自《六祖坛经·行由品》，原文作："不思善，不思恶，正与么时，那个是明上座本来面目。"意思是：你在不思善不思恶、万缘放下一念不生的状态下，这时候呈现出来的是你的本来面目。

② 随物而格：在具体事物上去格除物欲。

③ 常惺惺：佛教用语，意为常清醒。

④ 体段功夫：即修养的功夫。

146. 某蚤岁业举，溺志辞章之习①。既乃稍知从事正学②，而苦于众说之纷挠疲苶，茫无可入③。因求诸老释，欣然有会于心，以为圣人之学在此矣。然于孔子之教间相出入④，而措之日用，往往阙漏无归⑤。依违往返⑥，且信且疑。其后谪官龙场，居夷处困，动心忍性之余⑦，恍若有悟。体验探求，再更寒暑，证诸"六经""四子"⑧，沛然若决江河而放之海也。然后叹圣人之道坦如大路，而世之儒者妄开窦径⑨，踏荆棘，堕坑堑，究其为说，反出二氏之下。宜乎世之高明之士厌此而趋彼也！此岂二氏之罪哉？

【译文】

我早年为科举应试而学习，沉溺于学习辞章。后来稍微知道探求儒学，却又苦于众家学说纷乱疲困，使人茫然不知从何门径可入。因而又向道家、佛家追寻，欣欣然有所领会于心，还以为圣人之学就在这里了。但是拿它们和孔子的学说相比较，又发现经常有出入，运用于日常生活，也往往有缺失遗漏，没有着落。所以迟疑反复，半信半疑。后来贬官龙场，居住在边远贫困之地，动心忍性，恍然有悟。又经过不断地体验和探求，经过两遍寒暑，与"六经""四书"相对证，

---

① 蚤岁：早年，指年少之时。蚤，通"早"。业举：为科举应试而学习。溺志：使心志沉湎其中。

② 正学：谓合乎正道的学说。西汉武帝排斥百家，独尊儒术，始以儒学为正学。

③ 纷挠：纷扰，纷乱。疲苶（nié）：不振作，无生气。茫：迷蒙，模糊不清。

④ 间：间或，有时候。出入：谓或出或入，有相似处，亦有相异处。

⑤ 措：施行，运用。阙漏：缺失遗漏。

⑥ 依违：迟疑。往返：反复辩难。

⑦ 居夷：本指居住在东方九夷之地，后泛指居住在少数民族地区。处困：生活在困境或困苦之中。动心忍性：参见第48则注释②。

⑧ "四子"：即四子书、四书，指《论语》《大学》《中庸》《孟子》四部儒家经典。

⑨ 窦径：洞穴和小路，比喻旁门邪道。

才体会到圣学如同决堤的江河向大海奔腾一样盛大充沛。然后感叹圣人之道，如大路一样平坦，而世上的儒生却妄开旁门邪道，踩荆棘，堕壕沟，探究他们的学说，会发现连道佛两家也不如。这就难怪世上许多高明之士，厌恶他们而趋向道佛学说了。这难道是道佛两家的罪过吗？

【解析】

此则撷自《朱子晚年定论序》。阳明先生自述青年时期，因儒学的纷繁而转向佛老，之后对佛老学说又经历了由欣然会心而醒悟舍弃的过程。他广泛吸取了各种思想文化资源，通过切身体验，在信与疑之间往返徘徊，不断由疑而悟，又因悟而疑，直到龙场悟道，才彻底扫除内心一切疑惑，决定性地踏上儒家圣学之路。但在这段文字中，他着重批判的是后世儒学支离纷乱，遮蔽了圣学盛大充沛的原貌，令很多学者茫然失措，望而却步，转而趋向佛老学说。这是他青年时期求于佛老的原因所在，也是他一再强调圣学应"简易真切"的原因所在。

147. "养生以清心寡欲为要"，此语有病。只"养生"二字便是自私自利、将迎意必之根[①]。有此病根潜伏于中，不免"灭于东而生于西"[②]、"引犬上堂而又逐之"也[③]。

【译文】

养生最重要的是清心寡欲，这话是有问题的。这"养生"二字就

---

① 将迎意必：参见第 20 则注释①。
② "灭于"句：意为此消彼长。语出程颢《定性书》。
③ "引犬"句：意为把狗引进屋里又驱赶出去。语本《二程集·遗书》："至如养犬者，不欲其升堂，则时其升堂而扑之，若既扑其升堂，又复食之于堂，则使孰从？"

142

是自私自利、刻意追求的根源。有这样一个病根潜伏在心中，就难怪有"（私欲）此消彼长""把狗引进屋里又驱赶出去"的毛病了。

【解析】

此则撷自《答陆原静书》。《孟子·尽心下》云："养心莫善于寡欲。"意思是修养心性，最好的方法莫过于减少私欲。而陆澄在来信中说："养生以清心寡欲为要。"二者都主张"寡欲"，但一为"养心"，一为"养生"，一字之差，其实已有根本之别。养心是存养本心，是为圣的功夫；而养生则是刻意追求长生，有一丝刻意就是私。因此，在阳明先生看来，"养生"二字便为自私自利、将迎意必之根，不是去人欲，而是生人欲。既生人欲，那么念起念灭，就此消彼长，防不胜防，克不胜克。

148. 自程朱诸大儒没而师友之道遂亡。"六经"分裂于训诂，支离芜蔓于辞章业举之习，圣学几于息矣[①]。有志之士思起而兴之，然卒徘徊嗟咨，逡巡而不振[②]；因弛然自废者，亦志之弗立，弗讲于师友之道也[③]。夫一人为之，二人从而翼之，已而翼之者益众焉，虽有难为之事，其弗成者鲜矣[④]；一人为之，二人从而危之，已而危之者益众焉，虽有易成之功，其克济者亦鲜矣[⑤]。故凡有志之士，必求助于师友；无师友之助者，志之弗立弗求者也。

【译文】

自程颢、朱熹等儒学大家去世之后，师友之道也就随之消亡。

---

① 芜蔓：冗杂散乱。息：灭绝，消失。

② 卒：终于，最后。嗟咨：慨叹。逡巡：徘徊不进，滞留。

③ 弛然：松懈貌。废：旷废，懈怠。

④ 从：跟从，跟随。翼：辅佐，帮助。

⑤ 危：危害。克济：能成就。

"六经"因为训诂的烦琐而分裂，因为辞章科举的学习而破碎冗杂，圣学几乎就此灭绝。有志之士想要奋起振兴它，但终究徘徊慨叹，难以振奋；之所以会松懈废弛，也是因为志向不确立，不讲求师友之道。如果一个人行事，两个人跟随帮助，随即跟从辅助的人更多了，虽有难行之事，不成功的情况也就很少；如果一个人行事，两个人跟着危害破坏，随即危害破坏的人更多了，这样即使本来很容易成功，最终能够有成就的也极少。所以，大凡有志之士，一定要寻求师友的帮助；没有师友相助的人，也就是志向不确立、不追求的人。

【解析】

此则撷自《别三子序》。正德二年（1507），阳明先生返回家乡余姚。同年，徐爱、蔡希渊和朱守忠被举于乡，三人辞别先生前往京师。离别之际，先生作序赠予三人。在这段文字中，先生阐述了立志和师友之道的重要性。他指出程朱之后，儒者陷于辞章、举业之陋习，圣学几息。在这种恶劣的环境下，想要起而振之，尤为困难重重，因此也更加需要有师友在侧，时时警醒砥砺，以坚定志向，不懈追求。以此激励三子相互帮扶，共振圣学。

149. 曾子病革而易箦①，子路临绝而结缨②，横渠撤虎皮而使

---

① 曾子病革而易箦（zé）：典出《礼记·檀弓上》："曾子寝疾，病，乐正子春坐于床下，曾元、曾申坐于足，童子隅坐而执烛。童子曰：'华而睆，大夫之箦与？'……曾子曰：'然。斯季孙之赐也，我未之能易也。元，起易箦！'"按古时礼制，箦只用于大夫，曾参未曾为大夫，不当用，所以临终时要曾元为之更换。病革：病势危急。箦：用竹片芦苇编成的床垫子。

② 子路临绝而结缨：《左传·哀公十五年》记载，卫国内乱，子路与叛乱者搏斗，系冠的带子被砍断。"子路曰：'君子死，冠不免。'结缨而死。"结：系上。缨：系冠的带子。

其子弟从讲于二程①，惟天下之大勇无我者能之。今天下波颓风靡②，为日已久，何异于病革临绝之时，然又人是己见，莫肯相下求正。故居今之世，非有豪杰独立之士的见性分之不容已③，毅然以圣贤之道自任者，莫知从而求师也。

【译文】

　　曾子病重要求更换床垫，子路临死而结冠带，张载撤虎皮而令其弟子从师于二程，只有天下有大勇气，并且内心无我的人才能这么做。现在天下风习败坏，为时已久，这无异于病革、临死之时，但又人人自以为是，不肯虚心求教于他人。所以，在当今社会，如果不是那些确实认识到天性不容停止、毅然以弘扬圣道为己任的豪杰独立之士，也就不知道该向谁拜师了。

【解析】

　　此则撷自《答储柴墟》。正德七年（1512），阳明先生写信给储瓘探讨学问。他以曾子、子路、张载为例，来说明真正的求师之道。曾子病革易箦，子路临绝结缨，张载撤虎皮使子弟从讲于二程，都是古代先辈为追求学问，不断自我反省，立志成为天下大勇之人的经典事迹。先生借此阐述了学者若以圣贤之道为己任，首先要从虚心相下、求师问道这样看似微小、实则重要的事情做起的道理。

---

① 横渠撤虎皮而使其子弟从讲于二程：《宋史·张载传》记载，张载"尝坐虎皮讲《易》京师，听从者甚众。一夕，二程至，与论《易》，次日语人曰：'比见二程，深明《易》道，吾所弗及，汝辈可师之。'撤坐辍讲。与二程语道学之要，涣然自信曰：'吾道自足，何事旁求。'于是尽弃异学，淳如也"。横渠：张载（1020—1077），字子厚，世称横渠先生，北宋著名理学家。
② 波颓风靡：风习败坏。
③ 的见：准定看到，确实看见。已：停止。《程氏遗书》卷十五："则有君臣、父子、夫妇、长幼、朋友之常，是皆必有当然之则而自不容已，所谓理也！"

150. 今之习艺者有师，业举者有师，至于性分之未明，则不肯以从师。夫技艺之不习，不过无养生之术；举业之不习，不过失进身之阶耳①；己之性分有所蔽悖②，是不得为人矣。人顾明彼而暗此也，何哉？

【译文】

当今学习技艺的人有老师，学习科举应试的人也有老师，至于心性未明的人，却反而不肯拜师求学。不学习技艺，不过是缺少衣食；不研习科举，也不过是失去了入仕做官的机会；一个人如果连自己的心性还昏聩惑乱，那都不能成为真正的人。人们只知追求衣食、做官，而不顾明心见性，这是为什么呢？

【解析】

此则同样撷自《答储柴墟》，但文字差异较大。阳明先生慨叹世人皆知拜师学技艺、习科举，以此求取生计，追逐功名，但对于最根本的心性之学反而漠然无视。这显然是舍本逐末，却又是各时代共通的弊病。

151. 孔子大圣，尚赖三益之资，致三损之戒③；吾侪从事于学，顾随俗同污④，不思辅仁之友⑤，欲求致道，恐无是理矣。

【译文】

孔子是大圣人，尚且还依赖良友的帮助，告诫世人要防备恶友；

---

① 进身：提高社会地位，入仕做官。

② 蔽：昏聩，不明是非。悖：昏乱，惑乱。

③ 三益之资、三损之戒：语本《论语·季氏》："孔子曰：益者三友，损者三友。"赖：得益，受益。三益、三损：借指良友、恶友。戒：防备，警戒，鉴戒。

④ 随俗：从俗，从众。同污：犹言同流合污，谓随俗浮沉。语本《孟子·尽心下》："同乎流俗，合乎污世。"

⑤ 辅仁：谓培养仁德。语出《论语·颜渊》："曾子曰：'君子以文会友，以友辅仁。'"

我辈从事于学问，却与世俗同流合污，不思求有仁德的朋友，还想就此得道，恐怕天下没有这样的道理。

【解析】

此则撷自《书顾维贤卷》。在这段文字中，先生以孔子为例，强调贤人君子必须重视交友之道，应思良友，戒恶友，否则便会不知不觉地陷溺于流俗之中而不能自拔，也就不可能求得圣道。前人所述"近朱者赤，近墨者黑"（傅玄《太子少傅箴》），亦是此理。

152. 大抵朋友之交，以相下为益①。或议论未合，要在从容涵育②，相感以诚；不得动气求胜，长傲遂非；务在"默而成之，不言而信"③。其或矜己之长④，攻人之短，粗心浮气⑤，矫以沽名，讦以为直⑥，挟胜心而行愤嫉，以圮族败群为志⑦，则虽日讲时习，于此亦无益矣。

【译文】

通常而言，朋友之间交往贵在相互谦让。即使讨论时意见不一，也应该从容涵养，互相以诚动人；而不应该动了性气只求胜过对方，滋长傲气，掩饰错误；务必躬行不言，默而成事，不说什么就能得到别人的信任。有的人可能会夸耀自己的长处，攻击别人的短处，粗心浮躁，以违背常情来沽名钓誉，把揭发他人的短处当作正直，挟好胜

① 相下：相互谦让。

② 涵育：涵养化育。

③ "默而成之，不言而信"：参见第116则第114页注释②。

④ 矜：夸耀。

⑤ 浮气：谓浮躁轻率。

⑥ 矫：拂逆，违背。谓故违常情以立异。讦（jié）：揭发、攻击他人的隐私、过错或短处。语本《论语·阳货》："恶讦以为直者。"

⑦ 圮（pǐ）族：毁害族类。败群：危害集体。

之心，行愤怨嫉恨之事，以毁害族类、危害集体为志向，那样即使每日每时都在讲习学问，也没有什么好处。

【解析】

此则撷自《书中天阁勉诸生》。中天阁位于浙江余姚龙泉山南坡，明正德年间由钱德洪开辟为讲堂，阳明先生曾多次到此讲学。《书中天阁勉诸生》是先生所订立的学规，作于嘉靖四年（1525）。在上面这段文字中，先生提醒诸生在学习交往的过程中，务必谦虚平和、宽容友好，以自己的实际行动和人格魅力赢得别人的信任尊重，务必戒除好胜、逞能、不懂装懂等弊病，唯有如此，才能相互促进学问，砥砺品行。

153. 后世学术之不明，非为后人聪明识见不及古人，大抵多由胜心为患，不能取善相下。明知其说之已是矣，而又务为一说以高之，是以其说愈多而惑人愈甚。凡今学术之不明，使后学无所适从，徒以致人之多言者，皆吾党自相求胜之罪也。

【译文】

后世学术不昌明，并不是后人的聪明见识不如古人，多半是好胜心导致的祸患，因此不能汲人长处、相互谦让。明明知道某种学说是对的，却还要重新创立一门学说以高过它，因此学说越来越多，人也越来越迷惑。大凡当今学术不昌明，使后学无所适从，使别人多费口舌，都是我们相互之间想要胜过对方的罪过。

【解析】

此则撷自《寄邹谦之（五）》。阳明先生收到好友湛若水的《尊经阁记》，文义与他曾经寄给湛若水的《稽山书院尊经阁记》类似，且其中有批评先生观点的言论。先生认为湛若水急于立言，未能细细体察他的观点，因此提倡在学术探讨过程中一定要谦虚，放下求胜之心，不立门户之见，以避免学术更趋烦琐支离。

154. 尝喜晦翁涵育熏陶之说①，以为今时朋友相与必有此意②，而后彼此交益。近来一二同志与人讲学，乃有规砭太刻③，遂相愤戾而去者④，大抵皆不免于"以善服人"之病耳⑤。

【译文】

我曾经很佩服朱子涵育熏陶的说法，以为现在朋友们相互交往也必有此意，而后可以互相促进。近来有一二同志和人讲习学问，言语砥砺过于苛刻，因此有愤然离去的，大概都不免于想用善使别人屈服的毛病。

【解析】

此则撷自《答南元善（二）》。阳明先生指出，友朋相处之道，在于朱子所说的涵育熏陶，也就是通过营造良好的学习环境，自然地影响人的性情，陶冶人的情操；若言语砥砺过于苛刻，虽然出发点是好的、善的，听的人却难免生起愤戾之心，这样只会适得其反。在这里，先生强调的其实就是孟子所说"以善服人"和"以善养人"的区别。同样是行善，同样是砥砺友朋，如果实施者的目的是压倒对方，使人屈服，那其实就夹带了私心，别人也不会信服。而如果他的目的完全

---

① 晦翁涵育熏陶之说：朱熹《孟子集注》："养，谓涵育熏陶，俟其自化也。"意思是在良好的环境熏陶下，自然地影响性情和陶冶情操。

② 相与：相处，相交往。

③ 规砭：以正言相砥砺。刻：苛刻。

④ 愤戾：犹忿戾，谓蛮横无理，动辄发怒。

⑤ "以善服人"：语出《孟子·离娄下》："以善服人者，未有能服人者也。以善养人，然后能服天下。"意思是：用善想使别人屈服，这是做不到的。只有用善去培养熏陶别人，才能使天下人归服。

是出于仁义，是为了涵育、帮助别人，没有丝毫私心，那么他就会注重方式，尊重别人的内心感受，别人也才会心服口服。

155. 人品不齐，圣贤亦因材成就①。孔门之教，言人人殊②，后世儒者始有归一之论③，然而成德达材者鲜④，又何居乎⑤？

【译文】

人的品性参差不齐，圣贤也是因材施教使有成就。孔门的教义，各人都可以有自己的看法，后世儒者才有统一的说法，然而成德成才的人少，这又是什么原因呢？

【解析】

此则撷自《寄希渊（二）》。因材施教，是宋儒对孔子教学方法的概括。程颐说："孔子教人，各因其材。"（《河南程氏遗书》卷十九）朱熹也写道："圣贤施教，各因其材。小以小成，大以大成，无弃人也。"（《四书集注》）阳明先生同样赞成孔子的这一教学理念，认为应根据受教育者的不同情况，采用相应的内容和方法施行教育。与之相应，他也鼓励学生有自己独立的见解，认为后世教育就是因为无视学生的个性特征和独立性，强求统一，套用一种模式，反而导致学生难以有真正的成就。

---

① 成就：使成才，使成器。

② 言人人殊：各人说的都不一样。形容对同一事物的看法各不相同。

③ 归一：统一，一致。

④ 成德：成就品德。达材：使之通达、成才。语出《孟子·尽心上》："君子之所以教者五：有如时雨化之者，有成德者，有达财者，有答问者，有私淑艾者。"焦循正义："财即才也。"

⑤ 何居：何故。

156. 学绝道丧，俗之陷溺^①，如人在大海波涛中，且须援之登岸，然后可授之衣而与之食；若以衣食投之波涛中，是适重其溺^②，彼将不以为德而反以为尤矣^③。故凡居今之时，且须随机导引，因事启沃^④，宽心平气以熏陶之，俟其感发兴起^⑤，而后开之以其说，是故为力易而收效溥^⑥。不然，将有扞格不胜之患^⑦，而且为君子爱人之累^⑧。

【译文】

学问灭绝，道德沦丧，风俗败坏令人沉溺其中无法自拔，如同人落在大海波涛之中，需要先帮他登上海岸，然后可以授与衣食；如果把衣食投入大海波涛之中，只会加重他溺水的情况，他就不会把这视为德行，反而认为是过失。所以凡是处于今日的境况下，需要随顺时机加以引导，依据事实竭诚忠告，心平气和地熏陶民众，等到他们有所感奋，然后用学说来开导他们，那样用力少而收效大。否则，他们难免会极力抵触、难以承受，我们可能也会有君子爱人以德（却劳而无功）的牵累。

【解析】

此则撷自《寄李道夫》。在这段文字中，阳明先生以如何救援陷溺于大海波涛中的人为喻，强调要拯救世人于败坏的世俗风气，也一定

① 陷溺：比喻深深陷入错误的泥淖而无法自拔。

② 适：正好，恰巧。重：增，加重。

③ 尤：过失。

④ 启沃：竭诚忠告。

⑤ 感发：感奋激发。兴起：因感动而奋起。

⑥ 溥：广大。

⑦ 扞格（hàn gé）：相互抵触。不胜：无法承担，承受不了。

⑧ 君子爱人：语出《礼记·檀弓上》："君子之爱人也以德，细人之爱人也以姑息。"

要讲究方法，注重效果，懂得循序渐进；若只重仁德之心而不讲方法，盲目行事，不仅他人不能受益，自己也受累。先生重申"熏陶"一词，是主张教育他人一定要潜移默化，并俟其有所感悟之时随机导引。

157. 立法而考之，技也，各诣其巧矣①，而同足于用；因人而施之，教也，各成其材矣，而同归于善。仲尼之答仁孝也②，孟子之论货色也③，可以观教矣。

【译文】

树立规范并加以考核，是技艺，它们各自追求精巧，都是为了最好地应用；因人而施，是教学的方法，能使学生们各自成才，并共同养成良好的品性。孔子对于仁孝问题的不同回答，孟子关于货色问题的言论，从中可以看到教育的道理。

【解析】

此则撷自《别王纯甫序》。阳明先生认为，因材施教，是教学手段；学生们能各自成才，并且养成良好的品性，则是教学目的。孔子、孟子都是因材施教的典范，也是后世教育者仿效的榜样。

158. 伊尹曰④："天之生斯民也⑤，使先知觉后知⑥，使先觉觉后觉。予，天民之先觉也⑦，非予觉之，而谁也？"是故大知觉于小

---

① 立法：树立规范；规定法则。诣：学业、技艺等所达到的程度。

② 仲尼之答仁孝：孔子的很多学生向孔子请教"仁""孝"，孔子的回答往往因人而异，体现了孔子因材施教的特点。事见《论语·颜渊》《论语·为政》等。

③ 孟子之论货色：《孟子·梁惠王下》记载齐宣王跟孟子说："寡人有疾，寡人好货"，"寡人有疾，寡人好色"。孟子均依据齐宣王的个人情况予以解答，并趁机推行仁政。

④ 伊尹的这段话引自《孟子·万章上》。

⑤ 斯民：指老百姓。

⑥ 觉：启发。

⑦ 天民：人民。

知，小知觉于无知；大觉觉于小觉，小觉觉于无觉。夫已大知大觉矣，而后觉于天下，不亦善乎？然而未能也。遂自以小知小觉而不敢以觉于人，则终亦莫之觉矣。仁者固如是乎？"夫仁者，己欲立而立人，己欲达而达人。"①故己有分寸之知，即欲同此分寸之知于人；己有分寸之觉，即欲同此分寸之觉于人②。人之小知小觉者益众，则其相与为知觉也益易以明③，如是而后大知大觉可期也。譬之冻馁之人④，知耕桑之可以足衣食，而又偶闻艺禾树桑之法⑤，将试为之，而遂以告其凡冻馁者，使之共为之也，亦何嫌于己之未尝树艺，而遂不以告之乎？

【译文】

伊尹说："上天养育了百姓，让先知启发后知，让先觉启发后觉。我就是百姓的先觉者，我不担负起启发引导的责任，那谁来担负呢？"因此大知启发小知，小知启发无知；大觉启发小觉，小觉启发无觉。那些已经大知大觉的人，应当启发天下民众，这不是很好吗？然而却不能这样。于是那些自认是小知小觉的人也就不敢去启发他人，那么终究也就没有人能启发他们了。仁者应该是这样的吗？"仁，就是自己要站得住，同时也使别人站得住；自己要事事行得通，同时也使别人事事行得通。"因此，自己懂得了一丝一毫，就应当把这一丝一毫教给别人。人们当中小知小觉者越多，那么他们相互启发也就更容易

---

① "夫仁"句：出自《论语·雍也》，意思是：仁，就是自己要站得住，同时也使别人站得住；自己要事事行得通，同时也使别人事事行得通。

② 分寸：一分一寸。比喻微小。

③ 相与：共同，一道。

④ 冻馁：饥寒交迫。

⑤ 艺：种植。树：种植，栽种。

明白道理，这样，大知大觉就可期待了。这就好像是饥寒交迫的人，知道耕田植桑足可丰衣足食，而又偶尔听闻种禾植桑的方法，将要试着干，就马上告诉其他饥寒交迫的人，想让他们一起来做这件事，又怎么会嫌自己还没有种植过，就不告诉别人呢？

【解析】

此则撷自《答储柴墟》。在这段文字中，阳明先生通过引用伊尹和孔子的话语，并以饥寒交迫者急欲他人共同耕田植桑以求得丰衣足食为喻，劝勉有志之士一定要薪火相传，勇于承担起启发引导民众的重任，强调真正有仁爱之心的人不会独善其身，必定也会指引他人修养心性，共同体悟大道。所谓悟道愈深，传道愈切，字里行间，流露的是先生传道授道的使命感和迫切感。

159. 圣贤之学，坦如大路，但知所从入，苟循循而进，各随分量①，皆有所至。后学厌常喜异，往往时入断蹊曲径②，用力愈劳，去道愈远。向在滁阳论学③，亦惩末俗卑污④，未免专就高明一路开导引接⑤。盖矫枉救伤⑥，以拯时弊，不得不然。若终迷陋习者，已无所责。其间亦多兴起感发之士，一时趋向，皆有可喜。近来又复渐流空虚，为脱落新奇之论⑦，使人闻之，甚为足忧。虽其人品高

---

① 苟：假如，只要。分量：犹力量。

② 断蹊曲径：前头被截断而又弯曲的路径，比喻不正当的途径。

③ 滁阳：即滁州，位于安徽东部。明正德八年至九年（1513—1514），阳明先生在滁州任太仆寺少卿，曾在琅琊山广收弟子，开堂讲学。

④ 惩：制止。末俗：谓末世的习俗，低下的习俗。卑污：卑鄙龌龊。

⑤ 高明：崇高明睿，聪明智慧。引接：引导，接引。

⑥ 矫枉：矫正弯曲，比喻纠正偏邪。救伤：治伤。

⑦ 脱落：轻慢，疏阔。

下，若与终迷陋习者亦微有间^①，然究其归极^②，相去能几何哉！

【译文】

圣贤的学问，像大路一样平坦，只要知道他学问的出发点，如果循序渐进，量力而行，都会有所成就。但后世做学问，厌恶寻常，喜欢标新立异，往往进到不正当的途径中，用力越勤，离道越远。以前在滁阳与人论学，为了制止这些低下卑微的学风，不免只就聪明智慧的一类人作了指导接引。这是为了纠正偏邪，拯救时弊，不得不这样。如果是那些完全沉迷在陋习中的人，已无法要求他们。其中也有不少感奋思悟的人，一时学风所趋，很是让人高兴。但近来又渐渐流于空虚，只求疏阔新奇的言论，使人听了很替他们担忧。尽管就他们的人品高下而言，与那些一直沉迷于陋习的人有细微区别，但仔细推究他们最终的归向，差距又有多大呢？

【解析】

此则撷自《书孟源卷》。阳明先生一贯强调圣学应简易真切，学者只要立志坚定，循序渐进，必能有所成。但同时他也深切感受到流俗和陋习对个人的影响之大，学者很难超拔其上，往往沦为俗士而不自觉，因此多次论述、警醒。在这段文字中，先生着重表达了对学者追求空疏学风的忧虑之情，指出这种只尚空谈、不重切实体验的学风虽然与标新立异的陋习有所区别，但这区别其实是非常细微的，最终的归向都是偏离圣道越来越远。

160. 趋向同而论学或异，不害其为同也^③；论学同而趋向或

---

① 间：差别，距离。
② 归极：最终的归向。
③ 趋向：志向，志趣。

异，不害其为异也。

【译文】

志向相同而论学有差异，不妨碍它们的相同；论学相同而志向有差异，不妨碍它们的差异。

【解析】

此则撷自《与王纯甫书（四）》。阳明先生认为，对于学者而言，志向、意趣是根本，对于具体问题的认知则是末节。根本相同而末节有所分歧，是学者的个性特征和独立性的显现，是可以理解和接受的。在后文中，先生进而反思了自己的教育方式，显示了宽厚的胸怀和反躬自省的精神。

161. 君子之道，夫妇之愚，可以与知能行①。后之论学者，忽近求远，舍易图难，遂使老师宿儒皆不敢轻议，非独其庸下者自分以为不可为②。虽高明特达，皆以此学为长物，视之为虚谈赘说，亦许时矣③。当此之时，苟有一念相寻于此者，真所谓空谷足音④，见似人者喜矣，况其章逢而来者⑤，宁不欣欣然以接之耶？然要其间，亦岂无滥竽假道之弊⑥？但在我不可以此意逆之，亦将于此以求其真者耳。正如淘金于沙，非不知沙之汰而去者且十九，然亦未

---

① 夫妇：匹夫匹妇，指平民男女。知能：谓智慧才能，知通"智"。

② 庸下：平庸低下。自分：自料，自以为。

③ 高明：崇高明睿的人。特达：极其通达的人。长物：多余的东西。赘（zhuì）说：多余无用的言论。

④ 空谷足音：比喻极难得的音信或言论。典出《庄子·徐无鬼》："夫逃虚空者……闻人足音，跫然而喜矣。"

⑤ 章逢："章甫逢掖"的省称，指儒者或儒家学说。语本《礼记·儒行》："丘少居鲁，衣逢掖之衣；长居宋，冠章甫之冠。"

⑥ 滥竽：即"滥竽充数"，比喻没有真才实学的人。假道：犹言借助。

能即舍沙而别以淘金为也。

【译文】

　　君子的学说（简易直接），哪怕是愚夫愚妇，也可以与聪慧有才能的人一起遵行。后来的论学者舍近求远，舍易求难，使得老师宿儒都不敢轻易议论，并非只是那些平庸低下的人自认不可为。即使是明睿通达的人，也把这种学问看作多余的东西，认为是无用虚妄的言论，这种情况也已经持续一段时间了。这时候，倘若有萌生念头想要寻找这种学说的人，那就像我们在空旷的山谷中听到脚步声，看见长相似人的就高兴了，更何况来的还是一位儒者，怎么可能不高兴地迎接？只是其中恐怕也难免没有滥竽充数、假借道学的弊病？但对我而言不能用这样的想法去揣度，而只希望从中寻找到真切有志于此学的人。正如沙里淘金，并非我不知道淘汰的沙会占到十分之九，但是我还是不能舍沙而用别的方法淘金。

【解析】

　　此则撷自《复唐虞佐》，阳明先生阐述了求道、传道的急切与艰辛。在先生看来，圣学简易直接，人人可求，但后世学者却人为地把它弄得烦琐支离，以致令人望而生畏，有诸多误解。在这样的世风中，但凡是有志于圣学的，先生都觉得如同空谷足音一般令人欢喜无限，看到希望。虽然这希望如同沙里淘金，十有八九会落空，但是，只要有那十分之一二的希望，先生都不会放弃。字里行间所流露的求道、传道的真诚急切，以及弘道的使命感，实令人感佩。

　　162. 学绝道丧之余，苟有兴起向慕于是者①，皆可以为同志，

---

① 向慕：向往仰慕。

不必铢称寸度而求其尽合可也①。若在我之所以为造端立命者②，则不容有毫发之或爽矣③。

【译文】

圣学断绝、道统沦丧的情况下，如果有奋起向往圣学道统的人，都可以视为同道，不必精细推究以求完全志同道合。但如果是我们所认为的最早奉天命的人，那就不能有一丝一毫的差错。

【解析】

此则撷自《寄邹谦之（四）》，语意与上一则近似。阳明先生认为当下正处于儒家道统沦丧殆尽的末世，在这样的世风下，只要有人能有志于圣学，就已经难能可贵，大可引为同道，不必作过高要求。而最早奉天命之人之所以不能有差错，是因为他们担负着引导后人的重责；倘若他们差之毫厘，后人很有可能就会谬以千里。

163. 古人之学，切实为己，不徒事于讲说。书札往来④，终不若面语之能尽，且易使人溺情于文辞⑤，崇浮气而长胜心，求其说之无病，而不知心病之已多矣。此近世之通患，贤知者不免焉，不可以不察也。

【译文】

古人求学，是切实为了自己进步，不仅仅是要向他人讲说。书信往来，终归比不上当面讨论能尽意，而且容易使人沉溺于文辞之中，

---

① 铢（zhū）称寸度：极精细地衡量、推究。铢：古代衡制中的重量单位，为一两的二十四分之一。

② 立命：修身养性以奉天命。

③ 爽：差失，不合。

④ 书札：书信。

⑤ 溺情：思想感情沉湎于某个方面。

崇尚浮躁之气而滋长好胜之心，一心追求言语没有毛病，却不知道为此已生出很多心病。这是近来世人的通病，哪怕是贤达知礼的人也不能避免，不能不加以省察。

【解析】

此则撷自《答方叔贤书》。自孔子始，儒学一直是言传身教之学。程颢非常赞成以口传道，认为："以书传道，与口相传，然不相干。相见而言，因事发明，则并意思一时传了。书虽言多，其实不尽。"（《河南程氏遗书》卷二上）阳明先生承袭了这一理念，在传道授业过程中同样主张"面语"，也就是面对面地探讨、交流。他认为这种形式更利于学术的领会和传播，而书信往来会导致言不尽意、沉溺文辞等弊端。他在《刻文录叙说》中也写道："讲学须得与人人面授，然后得其所疑，时其浅深而语之。才涉纸笔，便十不能尽一二。"语意近似，可相互参看。

164. 论议之际，必须谦虚简明为佳，若自处过任而词意重复①，却恐无益有损。

【译文】

在议论之时，必须要谦虚、简明才好，如果超出自己能力所及，且词意经常重复，恐怕没有好处而只有坏处。

【解析】

此则撷自《与黄宗贤（癸未）》。阳明先生听闻黄绾引导同道中人孜孜不倦，甚感欣慰。但同时也善意地提醒：学者们在一起议论学问时，一定要态度谦虚，言辞简明。先生之所以强调这两点，是因为只有态度谦虚，论者才能平心静气地听取彼此的观点，相互切磋砥砺；

---

① 自处：犹自居，自持。过任：超过力所能及的负担。

若盛气凌人，对方必定易生忿心，甚至拂袖而去，也就谈不上探讨学问，共求进步。而论学之时，言辞简明、言简意赅同样是重要的，若词意重复，一则耗费时间，二则也无益于心性的修养。

165. 近来学者与人论学，不肯虚心易气①，商量是当，只是求伸其说②，不知此已失却为学之本，虽论何益？又或在此徒听说话，不去切实体验，以求自得，只逢人便讲。及讲时，又多参以意见，影响比拟，轻议儒先③。得失若此者④，正是立志未真，功夫未精，不自觉其粗心浮气之发，使听者虚谦向学之意，反为蔽塞，所谓轻自大而反失之者也⑤。

【译文】

近来学者与人论学，都不肯虚心冷静，耐心商量，只求陈述自己的观点，却不知这样已经失去了做学问的根本，即使讨论，又有何益处？也有人只是在此听别人论学，自己不去切实体验，就逢人便讲。讲的时候，又多掺杂自己的意见，模仿比拟，轻率地议论先儒。之所以会有这样的过失，正是因为立志不够真切，功夫也还不够精深，不自觉间就粗心浮躁，反而蒙蔽堵塞了听者的谦虚求学之意，这也就是前人所说的轻浮自大导致过失。

【解析】

此则撷自朱得之辑《稽山承语》。稽山书院位于浙江绍兴府山风雨

① 易气：态度冷静。
② 伸：申述，陈述。
③ 影响：仿效，模仿。儒先：先儒。
④ 得失：偏指失，过失。
⑤ 轻自大而反失之：语本程颐《明道先生行状》："病世之学者舍近而趋远，处下而窥高，所以轻自大而卒无得也。"轻自大：轻浮自负。

亭处。宋宝元二年至康定元年（1039—1040），范仲淹知越州，创建稽山书院。乾道六年（1170），朱熹司提举浙东常平茶盐事，于此讲学敷政。明嘉靖三年（1524），知府南大吉及山阴县令吴瀛拓书院，增建"明德堂""尊经阁"，阳明先生于此阐述"致良知"之学。朱得之为先生晚年的入门弟子，其所辑《稽山承语》中先生语录多不见于今本《传习录》。在这段文字中，先生再次强调学者论学态度务必谦虚，不可轻浮自大；同时也不可只尚空谈，而应重视切身体验，唯有如此，方能"自得"，即自己有心得体会，实现知行合一。

166. 用功习熟，然后居山之说①，昔人尝有此，然亦须得其源。吾辈通患，正如池面浮萍，随开随蔽。未论江海，但在活水，浮萍即不能蔽，何者？活水有源，池水无源。有源者由己，无源者从物。故凡不息者有源，作辍者皆无源故耳②。

【译文】

用功学习，熟悉学问，然后退居山林的说法，前人曾经有，然而也要找到它的源头。我们这些人的通病，就像池面的浮萍，时而散开，时而遮蔽。且不说江流和大海，只要是在活水中，浮萍就不能遮蔽，为什么呢？因为活水有源头，池水没有源头。有源头的水能够自主，没有源头的水就只能够随顺外物。所以但凡是生生不息的事物都有源头，时作时停的都是因为没有源头的缘故。

【解析】

此则撷自《与黄宗贤书（六）》。朱子《观书有感》诗云："半亩方塘一鉴开，天光云影共徘徊。问渠那得清如许？为有源头活水来。"

① 习熟：犹熟悉，熟知。
② 作辍：时作时停，形容无常。语出扬雄《法言·孝至》："有人则作，无人则辍之谓伪。"

借助池塘水清因有活水注入的现象，劝谕学者在读书过程中要不断接受新知识，才能保持思想的活跃与进步。阳明先生的这段文字与之语意相近，且更进一步指出：有源头之活水，才不会被浮萍遮蔽；正如人在求学过程中也要追本溯源，生生不息，才不会被外在的各种言论、各种事物遮蔽了本心的清明。

167. 凡后生美质，须令晦养厚积①。天道不翕聚②，则不能发散。花之千叶者无实，为其华美太发露耳③。

【译文】

凡是弟子中有资质良好的，须令他们韬光养晦、厚积薄发。天道不汇聚，就不能发散。花如果枝叶繁茂，往往没有果实，就是因为它的华美太过显露。

【解析】

此则撷自《寄诸用明（辛未）》，诸用明为阳明先生妻弟。先生主张青年学子不应急于求功名，而要先立圣贤之志，厚积圣贤之德，然后入仕为官，方能践行圣人之道。他以花为喻，说明天道不集聚则不能发散，人道亦然。若华而不实，急于求成，必定会忽略内涵的积累和自我修养的提升。因此，青年学子切不可慕虚荣，求空名，一定要夯实基础，充实内涵，然后踏踏实实做事。

168. 近时同志，亦已无不知有"致良知"之说，然能于此实用力者绝少，皆缘见得"良知"未真，又将"致"字看太易了，是以

---

① 后生：弟子，学生。美质：资质良好。晦养：犹养晦，谓隐藏才能，不使外露。厚积：多多积累。

② 翕聚：汇聚。

③ 发露：显示，流露。

多未有得力处。虽比往时支离之说稍有头绪，然亦只是五十步百步之间耳①。就中亦有肯精心体究者，不觉又转入旧时窠臼中②，反为文义所牵滞，功夫不得怜悧③。此君子之道所以鲜也。此事必须得师友时时讲切④，自然意思日新。

【译文】

近来志同道合的人，没有不知道有"致良知"学说的，但能在这方面切实下功夫的却极少，都是因为体认"良知"还不够真切，又将"致"字看得太简单，所以没有多少实际效果。虽然相比以前的琐碎学说而言稍有头绪，也不过是五十步与百步的区别。其中即便有愿意深入探究的人，也多不自觉地陷入老套子中，反被文义所拘泥，功夫不能干净利落。这就是君子之道鲜少能达到的原因。此中道理必须有师友时时讲习切磋，自然能越来越多地领会到。

【解析】

此则撷自《与陈惟浚（丁亥）》。在这段文字中，阳明先生阐述了君子之道达成之难。他指出，学者的弊病主要在于没有领略"致良知"的真意，只崇尚空谈，而不愿意有切身体验，不愿意切实下功夫。偶有愿意深究的，又容易不得要领。因此在追求君子之道的过程中，师友之间时时讲习切磋，相互警醒砥砺，是非常重要的。

---

① 五十步百步：即五十步笑百步。谓败逃五十步的人讥笑败逃一百步的人。后用以比喻缺点或错误的性质相同，只有情节或轻或重的区别。典出《孟子·梁惠王上》。

② 窠（kē）臼：比喻旧有的现成格式，老套子。

③ 牵滞：拘泥。怜（líng）悧：干净利落。

④ 讲切：讲习切磋。

阳明先生则言下

169. 古之教者，教以人伦。后世记诵辞章之习起，而先王之教亡。今教童子，惟当以孝弟忠信、礼义廉耻为专务①。其栽培涵养之方，则宜诱之歌诗以发其志意，导之习礼以肃其威仪，讽之读书以开其知觉②。今人往往以歌诗习礼为不切时务，此皆末俗庸鄙之见③，乌足以知古人立教之意哉！大抵童子之情，乐嬉游而惮拘检，如草木之始萌芽，舒畅之则条达，摧挠之则衰痿④。今教童子，必使其趋向鼓舞，中心喜悦，则其进自不能已⑤。譬之时雨春风，沾被卉木，莫不萌动发越，自然日长月化⑥；若冰霜剥落，则生意萧索，日就枯槁矣⑦。故凡诱之歌诗者，非但发其志意而已，亦所以泄其跳号呼啸于咏歌⑧，宣其幽抑结滞于音节也⑨；导之习礼

---

① 专务：要务，指专心致力之事。

② 涵养：滋润养育，培养。诱：诱导，教导。发：启发，开导。讽：规劝。

③ 庸鄙：平庸鄙俗。

④ 惮（dàn）：畏难，畏惧。拘检：拘束。条达：畅达，通达。摧挠：挫败扰乱。衰痿：枯萎。

⑤ 鼓舞：振作。

⑥ 时雨：应时的雨水。沾被：滋润庇荫。发越：犹焕发。

⑦ 剥落：原意是物体表面的覆盖物脱落，这里指摧残破坏。枯槁：草木枯萎。

⑧ 泄：发泄，发散。跳号：大跳大叫。

⑨ 宣：宣泄，抒发。幽抑：犹郁抑。结滞：指情绪凝结阻滞。

者，非但肃其威仪而已，亦所以周旋揖让而动荡其血脉，拜起屈伸而固束其筋骸也[①]；讽之读书者，非但开其知觉而已，亦所以沉潜反覆而存其心，抑扬讽诵以宣其志也[②]。凡此皆所以顺导其志意，调理其性情，潜消其鄙吝，默化其粗顽，日使之渐于礼义而不苦其难，入于中和而不知其故[③]。是盖先王立教之微意也[④]。若近世之训蒙稚者，日惟督以句读课仿，责其检束而不知导之以礼，求其聪明而不知养之以善，鞭挞绳缚，若待拘囚[⑤]。彼视学舍如囹狱而不肯入，视师长如寇仇而不欲见，窥避掩覆以遂其嬉游，设诈饰诡以肆其顽鄙，偷薄庸劣，日趋下流[⑥]。是盖驱之于恶而求其为善也，何可得乎？

【译文】

古代的教育者，教的是做人的道理。后世兴起记诵辞章的风气，先王的教育就衰亡了。现在教育儿童，只应以孝悌忠信、礼义廉耻为要务。具体的培养方法，则应该诱导他们吟唱诗歌，以启发他们的意志；教导他们学习礼仪，以端肃他们的仪表；规劝他们读书，以开启他们的感知觉悟能力。今人往往认为吟唱诗歌、学习礼仪不切实用，

---

① 周旋：古代行礼时进退揖让的动作。固束：巩固。筋骸：犹筋骨。语本《礼记·礼运》："故礼义也者，人之大端也，所以讲信修睦，而固人之肌肤之会，筋骸之束也。"

② 沉潜：深沉而不轻浮。抑扬：指声音高低。讽诵：朗读，诵读。

③ 潜消：暗中消除。鄙吝：形容心胸狭窄。粗顽：粗疏愚顽。渐（jiān）：熏染，习染。中和：中正平和。

④ 微意：隐藏之意，精深之意。

⑤ 蒙稚：幼稚无知。句读（dòu）：古人指文辞休止和停顿处。文辞语意已尽处为句，未尽而须停顿处为读。课仿：课业练习。检束：检点约束。鞭挞：鞭打。拘囚：被拘禁的囚犯。

⑥ 囹（líng）狱：监狱。窥避：犹规避，设法躲避。掩覆：躲藏。遂：如愿。设诈：谓施用诡计。饰诡：故为诡诈。肆：不受拘束，纵恣。顽鄙：愚钝鄙陋。偷薄：轻薄，不敦厚。

这都是平庸鄙俗的见解，哪里知道古人教育的深意呢！大致而言，儿童的性情都是喜爱嬉笑玩乐而害怕被约束拘禁的，就像草木刚开始萌芽，如果让其舒展通畅，就会枝繁叶茂；如果对其摧残阻挠，就会衰败萎靡。现在教导儿童，一定要让他们的志趣受到鼓舞，心中感到喜悦，那样他们的进步自然不会停止。就像是应时的雨水与和煦的春风，灌溉养育花木，花木就无不萌动焕发，自然日日成长，月月变化；但如果像冰霜一样去摧残它们，就会生机萧索，日益枯槁了。所以用吟唱诗歌来诱导他们，不只是培养他们的意志，也是为了让他们把想要大跳大叫的精力发泄在咏歌中，将郁结压抑的感情抒发于音节中；教导他们学习礼仪，不只是端肃他们的仪表，也是为了让他们在进退揖让的过程中活动血脉，用起跪屈伸来巩固他们的筋骨；规劝他们读书，不只是启发他们对事物的感知觉悟能力，也是为了让他们在反复的潜心阅读中涵养此心，在抑扬顿挫的诵读中宣明他们的志向。以上这些都是为了引导他们的心志和意向，调理他们的性情，潜移默化地消除他们的鄙陋和顽劣，让他们日益习染礼仪而不会因为觉得太难而感到痛苦，不知不觉中将性情调理得中正平和。这就是先王实施教育的深意。像近世那些教育儿童的人，每天只知道督促他们在断句和模仿文法上用功，严格要求他们约束自己，却不知道用礼仪来引导他们；只希望他们聪明，却不知道用善来培养他们，鞭打捆绑，就像对待被拘禁的囚徒一样。因此，儿童将学校视同监狱而不肯去，将师长看作仇敌而不想见，想尽办法躲避掩藏以满足自己嬉笑玩乐的本性，撒谎诡诈以放纵自己顽劣的天性，轻薄庸劣，日益变得下流庸鄙。这就好像把人往恶的方向驱赶，同时却又希望他能变善，这怎么可能做到呢？

【解析】

此则撷自《训蒙大意示教读刘伯颂等》，是正德十三年（1518）阳明先生任南赣巡抚时，兴立学社，教化民风，颁发给各学社蒙师的教学条规。先生强调在儿童教育中，教育者必须尊重孩子的性情，适应他们喜爱游乐嬉戏、厌恶拘束压制的心理特点，不能压迫、抑制他们的成长，而要用歌诗、习礼、读书等丰富多彩的手段，培养孩子的道德、情感，启发其智慧，增进其健康，使他们在不知不觉中调理性情，消除不良行为，养成完善的人格。先生认为，这种教育才是传统儒家教育的本质和精华，后人一味教儿童记诵辞章，忽视对学生德行的培养，其实是违背了先王推行教育的本意。先生的这一教育理念，与他推崇致良知，反对在考据辞章上下功夫的学术思想是一致的，极富人文色彩和人性光辉，对今人同样有很高的借鉴意义。这篇文章，也一向被视为古代有关儿童教育的重要论述。

170. 夫学，莫先于立志。志之不立，犹不种其根而徒事培壅灌溉，劳苦无成矣。世之所以因循苟且，随俗习非，而卒归于污下者，凡以志之弗立也①。故程子曰："有求为圣人之志，然后可与共学。"②人苟诚有求为圣人之志，则必思圣人之所以为圣人者安在。非以其心之纯乎天理，而无人欲之私欤？圣人之所以为圣人，惟以其心之纯乎天理而无人欲，则我之欲为圣人，亦惟在于此心之纯乎天理而无人欲耳。欲此心之纯乎天理而无人欲，则必去人欲而存天理；务去人欲而存天理，则必求所以去人欲而存天理之方；求

---

① 因循：沿袭，承袭。习非：习惯于不良的癖性或做坏事。

② "有求"句：程颐语，见《近思录》卷二。可与共学：可以一起学习。

所以去人欲而存天理之方，则必正诸先觉①，考诸古训，而凡所谓学问之功者，然后可得而讲。而亦有所不容已矣。

夫所谓正诸先觉者，既以其人为先觉而师之矣，则当专心致志，惟先觉之为听。言有不合，不得弃置，必从而思之；思之不得，又从而辩之；务求了释②，不敢辄生疑惑。故《记》曰："师严，然后道尊；道尊，然后民知敬学。"③苟无尊崇笃信之心，则必有轻忽慢易之意。言之而听之不审④，犹不听也；听之而思之不慎，犹不思也；是则虽曰师之，犹不师也。

夫所谓考诸古训者，圣贤垂训，莫非教人去人欲而存天理之方，若"五经""四书"是已。吾惟欲去吾之人欲，存吾之天理，而不得其方，是以求之于此。则其展卷之际⑤，真如饥者之于食，求饱而已；病者之于药，求愈而已；暗者之于灯，求照而已；跛者之于杖，求行而已。曾有徒事记诵讲说，以资口耳之弊哉！

夫立志亦不易矣。孔子，圣人也，犹曰："吾十有五而志于学，三十而立。"⑥立者，志立也。虽至于"不逾矩"⑦，亦志之不逾矩也。志岂可易而视哉⑧！夫志，气之帅也，人之命也，木之根也，

① 正：通"证"，证实。
② 了释：完全明白，没有疑惑。
③ "师严"句：出自《礼记·学记》，意思是：尊师才能重道，重道才能使人重视学习。严：尊敬，尊重。
④ 审：详究，细察。
⑤ 展卷：打开书本，借指读书。
⑥ "吾十"句：出自《论语·为政》。杨伯峻《论语译注》释为："我十五岁，有志于学问；三十岁，（懂礼仪，）说话做事都有把握。"阳明先生则把"立"解释为立志。
⑦ "不逾矩"：出自《论语·为政》。意思是：不越出规矩。
⑧ 易而视：轻视。

水之源也。源不浚则流息①，根不植则木枯，命不续则人死，志不立则气昏。是以君子之学，无时无处而不以立志为事。正目而视之，无他见也；倾耳而听之，无他闻也。如猫捕鼠，如鸡覆卵，精神心思凝聚融结，而不复知有其他。然后此志常立，神气精明，义理昭著。一有私欲，即便知觉，自然容住不得矣。故凡一毫私欲之萌，只责此志不立，即私欲便退；听一毫客气之动，只责此志不立，即客气便消除。或怠心生，责此志，即不怠；忽心生，责此志，即不忽；躁心生，责此志，即不躁②；妒心生，责此志，即不妒；忿心生，责此志，即不忿；贪心生，责此志，即不贪；傲心生，责此志，即不傲；吝心生，责此志，即不吝。盖无一息而非立志责志之时，无一事而非立志责志之地。故责志之功，其去人欲，有如烈火之燎毛，太阳一出，而魍魉潜消也。

自古圣贤因时立教，虽若不同，其用功大指无或少异③。《书》谓"惟精惟一"④，《易》谓"敬以直内，义以方外"⑤，孔子谓格致诚正、博文约礼⑥，曾子谓忠恕，子思谓"尊德性而道问学"⑦，孟

---

① 浚（jùn）：疏通，深挖。

② 躁：急躁。

③ 大指：即"大旨"，主要意思，大要。

④ "惟精惟一"：参见第 12 则注释⑨。

⑤ "敬以直内，义以方外"：出自《易经·坤·文言》。意思是：以敬心矫正内在的思想，以义德规范外在的行为。

⑥ 格致诚正、博文约礼：格致诚正：参见第 88 则注释①。博文约礼：广求学问，恪守礼法。约：约束。语本《论语·雍也》："子曰：'君子博学于文，约之以礼，亦可以弗畔矣夫！'"

⑦ "尊德性而道问学"：出自《礼记·中庸》，意谓君子既要尊重与生俱有的善性，又要经由学习、存养发展善性。

子谓集义养气，"求其放心"①。虽若人自为说，有不可强同者，而求其要领归宿，合若符契②。何者？道一而已。道同则心同，心同则学同。其卒不同者，皆邪说也。

后世大患，尤在无志，故今以立志为说。中间字字句句，莫非立志。盖终身问学之功，只是立得志而已。若以是说而合精一，则字字句句皆精一之功；以是说而合敬义，则字字句句皆敬义之功。其诸格致、博约、忠恕诸说，无不吻合。但能实心体之③，然后信予言之非妄也。

【译文】

学习，首先要立志。志不立，就好像无根之花木，虽终日培土浇水，终究是劳苦无成。世人之所以因循守旧，得过且过，随波逐流，习惯不良，最终成为品性卑劣之人，都是因为没有树立志向。所以程子说："只有是有志于成圣的人，才可以一起学习。"一个人如果确实有成圣的志向，就必然会思索圣人成为圣人的原因。难道不是因为他的内心纯正合乎天理，没有私欲吗？既然圣人成为圣人的原因，在于内心纯正合乎天理，没有私欲，那么我们想成为圣人，也只能是内心纯正合乎天理，没有私欲。要想自己的内心纯正合乎天理，没有私欲，就必须消除私欲，存养天理；要想消除私欲，存养天理，就必须探寻消除私欲、存养天理的方法；要想探寻消除私欲、存养天理的方法，就必须求证先觉，考察古训，然后才能讲论学问的功用。这些都是不

---

① 集义养气，"求其放心"：集义：参见第 108 则注释①。养气：保养元气，涵养本有的正
　气。《孟子·公孙丑上》："我善养吾浩然之气。""求其放心"：参见第 1 则注释⑤。

② 符契：符券契约一类文书的统称。

③ 实心：真心实意。体：亲身经验，领悟。

容停止的。

　　所谓求证先觉，是指既然已经把他们视为先觉并以他们为师，就要专心致志，听取他们的观点。即使有不合自己思想之处，也不能摒弃，而要深入思考；如果思考不出所以然，就要加以辨析；务必使自己完全明白，不可动不动就心生疑惑。所以《礼记》说："尊师才能重道，重道才能使人重视学习。"如果没有崇敬、笃信之心，就容易产生轻视、傲慢之情。老师讲了，但学生听得不详尽，等于不听；听了又不慎重思考，等于不思；那样虽然拜了老师，也等于没有老师。

　　所谓考察古训，是指圣贤垂示教训，无不是教导人们消除私欲、存养天理之法，"五经""四书"都是如此。我们想要消除私欲，存养天理，却苦于没有办法，只好求助"四书""五经"等古训。当我们阅读这些古训的时候，真好比是饥饿的人遇到食物，只求吃饱；有病的人遇到良药，只求痊愈；黑暗中的人看到灯光，只求照明；跛脚的人拿到拐杖，只求能行走。哪里有只是记诵讲说，以满足口耳需要的弊病呢？

　　立志也是不容易的。孔子是圣人，还说："我十五岁有志于学问，可直到三十岁才确立了志向。"他所说的立，就指立志。虽然达到了"不越出规矩"的境地，也指的是志向不逾越规矩。立志之事哪能轻视呢？志，乃是气的主导，就像人的生命，树的根本，水的源头。源头不疏通，水流就会停息；根本不栽培，树木就会枯萎；生命不延续，人就会死去；志向不确立，神气就会昏沉。所以，君子求学，无时无地不把立志放在首位。眼中只看到它，不见其他事物；侧耳只听到它，不听其他声音。就像猫捕鼠，鸡孵蛋那样，精神心思凝结汇聚于一处，而不知道还有其他事物。然后志向才得以长期树立，神气也变得清明，义理也才能显著。一旦有私欲萌生，就能立即察觉，自然也不可能存留在心中。所以但凡有一丝私欲萌生，只要督责志向的不确立，私欲便退了；听出有一丝虚骄之气萌动，只要督责志向的不确立，虚骄之气便会消除。怠倦之心一生，只要督责志向的不确立，便不再怠倦；轻视之心一生，只要督责志向的不确立，便不复疏忽；急躁之心一生，只要督责志向的不确立，便不复急躁；妒忌之心一生，只要督责志向的不确立，便不再妒忌；愤怒之心一生，只要督责志向的不确立，怒气也便消失；贪婪之心一生，只要督责志向的不确立，贪欲便隐去；骄傲之心一生，只要督责志向的不确立，就不复有傲气；吝啬之心一生，只要督责志向的不确立，也就不再吝啬。所以，每时每刻都要立志责志，每件事情也都要立志责志。督责志向的作用，在于消除个人私欲，就好比用烈火烧燎毛发，又好比太阳一出，鬼怪随即消遁。

自古圣贤根据实际情况创立学说，虽然具体论述似各不相同，但其下功夫的主旨并无区别。《尚书》说"人心应精纯专一"；《易经》说"以敬心矫正内在的思想，以义德规范外在的行为"；孔子认为应通过研究事物以获得知识，心术正，意念诚，并广求学问，恪守礼法；曾子主张尽心为人，推己及人；子思说"要尊重与生俱有的善性，又要经由学习、存养发展善性"；孟子主张行事合乎道义，涵养正气，找回放纵散漫的本心。虽然看上去他们立论各异，但其中的要领和归旨，却如同契约一样相合。这是什么原因呢？就是因为天道是统一的。天道同，则人心同；人心同，则学问同。至于那些终究不同的学问，都是异端邪说。

后世最大的祸患，在于没有志向，所以今天我写了这篇立志文。其中的字字句句，无不是在讲立志。一个人能有终身问学的功夫，全在于确立志向。如果把这些话从精纯专一的角度衡量，那么字字句句都是精纯专一的作用；如果把这些话从恭敬、仁义的角度衡量，那么字字句句都是恭敬、仁义的功劳。其他如格致、博约、忠恕等理论，也都是相吻合的。希望你能真心实意地切身体会它，然后你就会明白我所说的是对的。

【解析】

此则撷自《示弟立志说》。学须立志或立志为学，是儒家自孔子以来的优良传统。正德十年（1515），三弟守文向阳明先生请教做学问的方法，先生特撰此文，重申立志在学习过程中的特殊地位。他指出，人只有先确立成圣的志向，然后才会思索圣人成为圣人的原因，进而寻求去人欲、存天理的方法，又进而求证先觉、考察古训。也正是在这个过程中，才能求得真正的学问，不会偏离正道。先生更强调了立志的艰难。他把《论语》的"三十而立"解释为孔子年三十方才立志，由此论证立志之不易，需要不断地反躬自省，对自己的志向加以督责，即"责志"，方能保持清醒，及时排除怠心、躁心、妒心、忿心、贪心、傲心、吝心等私心杂念的干扰，坚定不移地朝自己的志向努力奋进。最后先生又列举了儒家经典中以及孔子、曾子、子思、孟子的教育观念，指出他们的具体说法虽然不同，但是要领和归旨相同，都是要探究天道和人心，是正学之所在。以此勉励守文向先圣前贤学习，从立志开始，做好人生的大学问。

171.《大学》之要，诚意而已矣；诚意之功，格物而已矣；诚意之极，止至善而已矣；止至善之则，致知而已矣①。

———

① 诚意、格物、致知：参见第 87 则注释。至善：儒家谓人的道德修养所能达到的最高境界。

正心，复其体也；修身，著其用也。以言乎己，谓之明德①；以言乎人，谓之亲民②；以言乎天地之间，则备矣。是故至善也者，心之本体也。动而后有不善，而本体之知，未尝不知也。

意者，其动也；物者，其事也。致其本体之知，而动无不善。然非即其事而格之，则亦无以致其知。故致知者，诚意之本也；格物者，致知之实也。物格则知致，意诚而有以复其本体，是之谓止至善。圣人惧人之求之于外也，而反覆其辞。

旧本析而圣人之意亡矣③。是故不务于诚意而徒以格物者，谓之支④；不事于格物而徒以诚意者，谓之虚；不本于致知而徒以格物诚意者，谓之妄。支与虚与妄，其于至善也远矣。合之以敬而益缀，补之以传而益离⑤，吾惧学之日远于至善也。去分章而复旧本，傍为之什⑥，以引其义，庶几复见圣人之心，而求之者有其要。噫！乃若致知，则存乎心。悟致知焉，尽矣。

【译文】

《大学》的要义，只在于诚意；诚意的功夫，就在于格物；诚意的极点，就是达到至善；达到至善的境地，就可以致知。

正心，是为了恢复本体；修身，是为了切实做事。以此道理告诫自己，就是明德；以此道理告诉别人，即为亲民；将它广布于天地之间，也就完备了。因此，至善就是心的本体。行动之后若有不善的行

---

① 明德：彰明德行。

② 亲民：亲近爱抚民众。

③ 旧本：指《大学》原先的版本。析：分开，分散。

④ 支：烦琐。

⑤ 缀：装饰，点缀。离：背离，违背。

⑥ 什：通"释"，注释。

为，本体的良知没有不知道的。

意，是本体的运动；物，就是本体要做的事。秉持本体的良知，任何行为都不会有不善。然而倘若不依循事物去探究，也就无法获得知识。所以致知是诚意的根本，格物是致知的实际方法。事物被探究，就可以获得知识；诚心专一才有可能恢复本体，这就叫达到至善的境界。圣人担心人们从心外追求大道，所以反复阐述。

圣人著作的旧本一旦被详加解析，圣人的本意也就消亡了。因此，不从诚意下功夫，而只是格物，这叫作支离；不从事格物，而只追求诚意，就是空想；不以致知为根本而只追求格物、诚意，就是虚妄。支离、空想、虚妄，距离至善的目的就更远了。为配合敬意而更加烦琐，补充上解释文字就更支离，我担心这样越学离至善境界就越远。去掉分章，恢复旧本，加上注释，引发本义，希望这样能重见圣人的本心，而学者也可得要义。唉！至于致知，是要常存于心的。如果能够体悟致知，也就完备了。

【解析】

此则为《大学古本序》。《大学》原是《礼记》第四十二篇，撰成约在战国末期至西汉之间。后人怀疑因错简而导致《大学》原文的篇目次序有误，宋儒程颢、程颐、朱熹等都曾重新编定《大学》原文章节。而阳明先生认为《大学》原文并没有错简或缺漏，他通过辨析"诚意""格物""致知""至善"之间的关系，指出圣人在古本（旧本）之中原本就是要指点学者反求内心，而改本离析了圣人之意，导致支、虚、妄三种倾向。因此他主张恢复古本，去掉朱子等先儒的分章，以求重见圣人本心。

172. "《大学》者，昔儒以为大人之学矣①。敢问大人之学何以在于'明明德'乎②？"

阳明子曰："大人者，以天地万物为一体者也，其视天下犹一家，中国犹一人焉。若夫间形骸而分尔我者，小人矣。大人之能以天地万物为一体也，非外铄也③，其心之仁本若是，其与天地万物而为一也。岂惟大人，虽小人之心亦莫不然，彼顾自小之耳。是故见孺子之入井，而必有怵惕恻隐之心焉，是其仁之与孺子而为一体也；孺子犹同类者也，见鸟兽之哀鸣觳觫④，而必有不忍之心焉，是其仁之与鸟兽而为一体也；鸟兽犹有知觉者也，见草木之摧折而必有悯恤之心焉，是其仁之与草木而为一体也；草木犹有生意者也，见瓦石之毁坏而必有顾惜之心焉，是其仁之与瓦石而为一体也；是其一体之仁也，虽小人之心亦必有之。是乃根于天命之性，而自然灵昭不昧者也，是故谓之'明德'。小人之心既已分隔隘陋矣，而其一体之仁犹能不昧若此者，是其未动于欲，而未蔽于私之时也。及其动于欲，蔽于私，而利害相攻，忿怒相激，则将戕物圮类⑤，无所不为，其甚至有骨肉相残者，而一体之仁亡矣。是故苟无私欲之蔽，则虽小人之心，而其一体之仁犹大人也；一有私欲之蔽，则虽大人之心，而其分隔隘陋犹小人矣。故夫为大人之学者，亦惟去其私欲之蔽，以自明其明德，复其天地万物一体之本然而已

---

① 大人：指德行高尚、志趣高远的人。

② 明明德：第一个明，使动用法，使光明，明亮。明德：光明之德，美德。《礼记·大学》："大学之道，在明明德，在亲民，在止于至善。"

③ 铄（shuò）：渗入。一说，授与。

④ 觳觫（hú sù）：恐惧战栗貌。

⑤ 戕：伤。

耳；非能于本体之外而有所增益之也。"

曰："然则何以在'亲民'乎？"

曰："明明德者，立其天地万物一体之体也；亲民者，达其天地万物一体之用也。故明明德必在于亲民，而亲民乃所以明其明德也。是故亲吾之父，以及人之父，以及天下人之父，而后吾之仁实与吾之父、人之父与天下人之父而为一体矣；实与之为一体，而后孝之明德始明矣！亲吾之兄，以及人之兄，以及天下人之兄，而后吾之仁实与吾之兄、人之兄与天下人之兄而为一体矣；实与之为一体，而后弟之明德始明矣！君臣也，夫妇也，朋友也，以至于山川、鬼神、鸟兽、草木也，莫不实有以亲之，以达吾一体之仁，然后吾之明德始无不明，而真能以天地万物为一体矣。夫是之谓明明德于天下，是之谓家齐、国治而天下平，是之谓尽性。"

曰："然则又乌在其为'止至善'乎？"

曰："至善者，明德、亲民之极则也①。天命之性，粹然至善，其灵昭不昧者，皆其至善之发见，是乃明德之本体，而即所谓良知者也。至善之发见，是而是焉，非而非焉，轻重厚薄，随感随地，变动不居，而亦莫不自有天然之中，是乃民彝物则之极，而不容少有议拟增损于其间也②。少有议拟增损于其间，则是私意小智，而非至善之谓矣。自非慎独之至，惟精惟一者③，其孰能与于此乎？后之人惟其不知至善之在吾心，而用其私智以揣摸测度于其外，以为事事物物各有定理也。是以昧其是非之则，支离决裂，人欲肆而

① 极则：犹言最高准则。

② 民彝：人伦。物则：事物的法则。议拟：揣度议论。

③ 慎独：独处中谨慎不苟。惟精惟一：参见第 12 则注释⑨。

天理亡，明德亲民之学遂大乱于天下。盖昔之人固有欲明其明德者矣，然惟不知止于至善，而骋其私心于过高，是以失之虚罔空寂，而无有乎家国天下之施，则二氏之流是矣①。固有欲亲其民者矣，然惟不知止于至善，而溺其私心于卑琐，是以失之权谋智术，而无有乎仁爱恻怛之诚，则五伯功利之徒是矣②。是不知止于至善之过也。故止至善之于明德、亲民也，犹之规矩之于方圆也，尺度之于长短也，权衡之于轻重也③。故方圆而不止于规矩，爽其则矣④；长短而不止于尺度，乖其剂矣⑤；轻重而不止于权衡，失其准矣⑥；明明德、亲民而不止于至善，亡其本矣。故止于至善以亲民，而明其明德，是之谓大人之学。"

曰："'知止而后有定，定而后能静，静而后能安，安而后能虑，虑而后能得'⑦，其说何也？"

曰："人惟不知至善之在吾心，而求之于其外，以为事事物物皆有定理也，而求至善于事事物物之中，是以支离决裂，错杂纷纭，而莫知有一定之向。今焉既知至善之在吾心，而不假于外求，则志有定向，而无支离决裂、错杂纷纭之患矣。无支离决裂、错杂纷纭之患，则心不妄动而能静矣；心不妄动而能静，则其日用之间，从

---

① 二氏之流：指佛道两家。

② 五伯：春秋时期的五个霸主。一般认为指齐桓公、晋文公、楚庄王、吴王阖闾、越王勾践。

③ 权衡：称量物体轻重的器具。权：秤锤；衡：秤杆。

④ 则：规律，法则。

⑤ 剂：分量，此处指标准。

⑥ 准：标准，准则。

⑦ "知止"句：出自《礼记·大学》。

容闲暇而能安矣。能安，则凡一念之发，一事之感，其为至善乎？其非至善乎？吾心之良知自有以详审精察之，而能虑矣。能虑则择之无不精，处之无不当，而至善于是乎可得矣。"

曰："物有本末，先儒以明德为本，新民为末①，两物而内外相对也。事有终始，先儒以知止为始，能得为终，一事而首尾相因也。如子之说，以新民为亲民，则本末之说亦有所未然欤？"

曰："终始之说，大略是矣。即以新民为亲民，而曰明德为本，亲民为末，其说亦未为不可，但不当分本末为两物耳。夫木之干谓之本，木之梢谓之末。惟其一物也，是以谓之本末。若曰两物，则既为两物矣，又何可以言本末乎？新民之意，既与亲民不同，则明德之功，自与新民为二。若知明明德以亲其民，而亲民以明其明德，则明德、亲民焉可以析而为两乎？先儒之说，是盖不知明德、亲民之本为一事，而认以为两事，是以虽知本末之当为一物，而亦不得不分为两物也。"

曰："古之欲明明德于天下者，以至于先修其身，以吾子明德亲民之说通之，亦既可得而知矣。敢问欲修其身，以至于致知在格物，其功夫次第又何如其用力欤？"

曰："此正详言明德、亲民、止至善之功也。盖身、心、意、知、物者，是其功夫所用之条理，虽亦各有其所，而其实只是一物。格、致、诚、正、修者，是其条理所用之功夫，虽亦皆有其名，而其实只是一事。何谓身？心之形体运用之谓也。何谓心？身

① 新民：使民更新，教民向善。《尚书·康诰》："亦惟助王宅天命，作新民。"孔传："居顺天命，为民日新之教。"

之灵明主宰之谓也。何谓修身？为善而去恶之谓也。吾身自能为善而去恶乎？必其灵明主宰者欲为善而去恶，然后其形体运用者始能为善而去恶也。故欲修其身者，必在于先正其心也。然心之本体则性也，性无不善，则心之本体本无不正也。何从而用其正之之功乎？盖心之本体本无不正，自其意念发动，而后有不正。故欲正其心者，必就其意念之所发而正之。凡其发一念而善也，好之真如好好色；发一念而恶也，恶之真如恶恶臭，则意无不诚，而心可正矣。然意之所发，有善有恶，不有以明其善恶之分，亦将真妄错杂，虽欲诚之，不可得而诚矣。故欲诚其意者，必在于致知焉。致者，至也，如云'丧致乎哀'之致①。《易》言'知至至之'②，'知至'者，至也，'至之'者，致也。'致知'云者，非若后儒所谓充广其知识之谓也，致吾心之良知焉耳。良知者，孟子所谓'是非之心，人皆有之'者。是非之心，不待虑而知，不待学而能，是故谓之良知。是乃天命之性，吾心之本体，自然灵昭明觉者也。凡意念之发，吾心之良知无有不自知者。其善欤，惟吾心之良知自知之，其不善欤，亦惟吾心之良知自知之。是皆无所与于他人者也。故虽小人之为不善，既已无所不至，然其见君子，则必厌然掩其不善而著其善者③，是亦可以见其良知之有不容于自昧者也。今欲别善恶以诚其意，惟在致其良知之所知焉尔。何则？意念之发，吾心之良

---

① "丧致乎哀"：《论语·子张》："丧致乎哀而止。"意思是：居丧充分表达了哀思也就可以了。

② "知至至之"：出自《易经·乾》："知至至之，可与言几也。"知至谓懂得事物将发展至某种程度。

③ 厌然：和悦貌。著：明显，显著。

知既知其为善矣，使其不能诚有以好之，而复背而去之，则是以善为恶，而自昧其知善之良知矣。意念之所发，吾之良知既知其为不善矣，使其不能诚有以恶之，而复蹈而为之①，则是以恶为善，而自昧其知恶之良知矣。若是，则虽曰知之，犹不知也，意其可得而诚乎？今于良知所知之善恶者，无不诚好而诚恶之，则不自欺其良知而意可诚也已。然欲致其良知，亦岂影响恍惚而悬空无实之谓乎②？是必实有其事矣。故致知必在于格物。物者，事也，凡意之发必有其事，意所在之事谓之物。格者，正也，正其不正以归于正之谓也。正其不正者，去恶之谓也；归于正者，为善之谓也。夫是之谓格。《书》言'格于上下''格于文祖''格其非心'③，格物之格实兼其义也。良知所知之善，虽诚欲好之矣，苟不即其意之所在之物而实有以为之，则是物有未格，而好之之意犹为未诚也。良知所知之恶，虽诚欲恶之矣，苟不即其意之所在之物而实有以去之，则是物有未格，而恶之之意犹为未诚也。今焉于其良知所知之善者，即其意之所在之物而实为之，无有乎不尽。于其良知所知之恶者，即其意之所在之物而实去之，无有乎不尽。然后物无不格，而吾良知之所知者，无有亏缺障蔽，而得以极其至矣。夫然后吾心快然无复余憾而自谦矣④，夫然后意之所发者，始无自欺而可以谓之诚矣。故曰：'物格而后知至，知至而后意诚，意诚而后心正，心正

---

① 蹈：履行，遵循。

② 影响：恍惚，模糊。

③ "格于上下"：出自《尚书·尧典》。"格于文祖"：出自《尚书·舜典》。"格其非心"：出自《尚书·冏命》。

④ 自谦：自足，心安理得。

而后身修。'①盖其功夫条理虽有先后次序之可言，而其体之惟一，实无先后次序之可分。其条理功夫虽无先后次序可分，而其用之惟精，固有纤毫不可得而缺焉者。此格致诚正之说，所以阐尧舜之正传而为孔氏之心印也②。"

【译文】

"过去的儒者把《大学》看作大人的学问。请问大人的学问为什么在于'发扬光明之德'呢？"

阳明先生说："所谓大人，就是把天地万物视为一体的人。他们把天下视为一家，把中国视为一人。至于那些间隔形体而区分你我的人，都是小人。大人之所以能把天地万物视为一体，并非从外习得，而是他们内心的仁爱本来就是如此，与天地万物本就为一体。不仅大人，就是小人的心也无不如此，只是他们自己轻视了本心。因此，任何人看见小孩掉进井里，必然会有恻隐怜悯之心，这是因为他的仁心与小孩是一体的；而小孩还是同类，看见鸟兽哀鸣战栗，必然会有不忍之心，这是因为他的仁心与鸟兽是一体的；而鸟兽也还是有知觉的，看见草木被摧折，必然会有怜悯体恤之心，这是因为他的仁心与草木是一体的；而草木尚且是有生命的，看见瓦石毁坏，必然会有关心怜惜的心情，这是因他的仁心与瓦石是一体的；因此说天地万物一体的仁心，即使是小人也一定具有。这是根源于天命之本性，自然而然清楚明白的道理，所以称之为'明德'。小人之心既然已经被分隔得狭隘粗陋，而他的天地万物一体的仁心还能够不昏昧，是因为他的欲望还没

---

① "物格"句：出自《礼记·大学》。

② 心印：佛教禅宗术语，谓不用语言文字，而直接以心相印证，以期顿悟。此处指对圣人学说在心性上的领会。

有萌动，并且也还没有被私欲蒙蔽。等到他欲望萌动，被私欲蒙蔽的时候，就会利害冲突、怨恨交加，进而破坏事物，伤害他人，无所不为，有的甚至骨肉相残，这时候天地万物一体的仁心也就丢失了。因此，假如没有私欲的蒙蔽，即使是小人之心，他的天地万物一体的仁心同大人也是一样的；一旦有了私欲的蒙蔽，即便是大人之心，也会像小人一样被分隔得狭隘粗陋。所以，那些探究大人学问的人，也只是要祛除私欲的蒙蔽，并以此来自己发扬光明之德，恢复天地万物为一体的本来状态罢了；而不是能够在心的本体之外还有什么可以增加的。"

有人问道："然而大人之学为什么在于'亲近民众'呢？"

阳明先生回答说："所谓发扬光明之德，就是确立天地万物为一体的心体；所谓亲近民众，就是要实现这个天地万物为一体的心体的功用。因此，要发扬光明之德就必须亲近民众，而亲近民众正是发扬光明之德的体现。所以，敬爱自己的父亲和他人的父亲以及天下所有人的父亲，然后我的仁爱之心才真正和我的父亲、他人的父亲以及天下所有人的父亲成为一体；真正成为一体，然后孝敬父母这一光明之德才开始昭明显现。亲近自己的兄长和他人的兄长以及天下所有人的兄长，然后我的仁爱之心才真正和我的兄长、他人的兄长以及天下所有人的兄长成为一体；真正成为一体，然后敬爱兄长这一光明之德才开始昭明显现。从君臣、夫妇、朋友，到山川、鬼神、鸟兽、草木，没有不是通过亲近他们，以实现自己同天地万物一体的仁爱之心的，这样，我们的光明之德才能昭明显现，并且真的能够与天地万物成为一体。这就是我们所说的在整个天下发扬光明之德，就是我们所说的家庭和睦、国泰民安、天下太平，就是我们所说的充分发挥本性。"

有人问道："那么为什么又说大人之学在于达到至善呢？"

阳明先生回答说："所谓至善，就是发扬德性、亲近民众的最高准则。天命所赋予的本性，是纯正至善的，它的灵明、不暗昧，正是至善的显现，就是光明之德的本体，也就是我们所说的良知。至善显现之后，对就是对，错就是错，轻重厚薄，都是依照具体的情形不断变化，没有固定的形态，但都是自然地处于天地万物之中，是社会伦理与事物法则的极致，而不容许有些微的揣度议论或增补减损。稍有揣度议论或增补减损，那就是私心和小聪明，并不是我们所说的至善。若不是在独处中也能谨慎不苟、内心精纯专一的人，又怎么能够成为至善呢？后来的人正是因为不知道至善就在自己心中，而用个人的智识在自己的心外揣摩、推测、度量，以为每种事物都各有其固定的道理，这样就模糊了是非的准则，支离破碎，人欲纵恣，天理消亡，发扬德性、亲近民众的学问于是一片混乱。过去也有想要发扬光明之德的人，却不懂得达到至善，而放任自己的私心驰骋得太高，以至于流于虚妄空寂，在家国天下方面没有任何作为，就只能沦为佛老之辈了。本来，过去也有想要亲近民众的人，却不懂得达到至善，从而让私心沉溺于卑贱琐屑之中，在玩弄权谋智术中迷失了自己，而没有了仁爱恻隐的诚心，这就成了春秋五霸式的功利之徒了。所以这些都是由不知道达到至善造成的。因此，达到至善，对于光明之德、亲近民众而言，就像规矩与方圆的关系，尺度与长短的关系，秤锤、秤杆与轻重的关系。所以不按照规矩来画方圆，就会不合规则；不用尺度来量长短，就会违背标准；不用秤锤、秤杆来称轻重，就会失去准则；想要发扬光明之德、亲近民众，却又不达到至善，那就是丢失了根本。所以说达到至善，并通过这种追求来实现亲近民众，发扬光明之德，就是大人之学。”

有人问道：“为什么说‘知道要达到至善的道理，然后自己的志向才得以确定；志向确定，然后身心才能安静；身心安静，然后才能安于目前的处境；安于目前的处境，然后才能虑事精详；虑事精详，然后才能得到至善的境界’？这种说法指的又是什么呢？”

阳明先生回答：“人们只是不知道至善就在自己心中，而到心外去寻求，以为各种事物都有客观存在的道理，并从各种事物中寻求至善，所以他们的内心变得支离破碎，错综纷乱，而不知道有一个明确的方向。如今既然已经知道至善就在自己心中，不必向外求索，这样我们的意志就有了明确的方向，不会再有支离破碎、错综纷乱的弊病。没有支离破碎、错综纷乱的弊病，心就不会妄动而能平静；心不妄动而能平静，人们的日常生活就能从容闲暇，安然自若。能安然自若，那么一个念头的产生，对一件事情的感慨，是否符合至善，我们内心的良知自然能够明察秋毫，并进行思考。既然能够思考，选择就不会不精准，处置也不会不妥当，于是至善也就可以达到了。”

有人问道：“事物都有根本和末梢之分，过去的儒者认为光明之德是根本，教民向善是末梢，二者其实是同一问题的内外相对的两个方面。事情都有起点和终点，过去的儒者把知道要达到至善的道理作为起点，把能够达成这一目标作为终点，这也是一件事情的首尾相顾，因果相承。如果按照您的观点，把‘新民’解释为‘亲民’，那么本末的说法是也有什么不正确的吗？”

先生回答说：“关于起点和终点的说法，大致上是对的。而把‘新民’作为‘亲民’，认为发扬光明之德是根本，亲近民众是末梢这种说法也没有什么不可以，只是不应当把本末割裂为两种不同的事物。树干称为本，树梢称为末。它们属于同一物体，我们才称之为本末。如果是两种物体，那么，既然是两种物体，又怎么可以说本末呢？新民的意思既然与亲民不同，那么发扬光明之德的功用自然也就与教民向善是两回事。如果懂得通过发扬光明之德的方法，来亲近民众，用亲近民众的办法来发扬光明之德，那么这二者怎么可以区分开来视作两种事物呢？过去儒者的说法，是因为不知道发扬光明之德与亲近民众实质上是一回事，而把它们看成了两件事，所以虽然知道本末应当是一个事物，也还是难免把它们区分成两种事物。"

有人提问道："古代那些想在全天下发扬光明之德的人，总是先修养自己的身心，用先生您的明德亲民的学说来贯通，也可以得到很好的理解。请问想要修养身心，到通过析物穷理以增进自己的知识，在下功夫的次序上又该怎么用力？"

先生说："我正要详细讲解发扬光明之德、亲近民众、达到至善的功夫。身、心、意、知、物，都是下功夫的条理所在，虽然各有自己的内涵，而其实只是一个事物。格、致、诚、正、修，都是这种条理所要做的功夫，虽然都有自己的名称，但实质上是一回事。什么是身？身是心的形体，是从运用的角度说的。什么是心？心是身体的灵明，是从主宰的角度说的。什么是修身？就是指为善去恶。我们的身体能够为善去恶吗？必定是起主宰作用的灵明想为善去恶，然后起运用作用的形体才能够为善去恶。所以，要想修养其身者，必须先端正其心。然而心的本体是性，而性没有不善良的，因而心的本体本来就没有不端正的。为什么还要下使它端正的功夫呢？心的本体本来就没有不端正，是由于意念发动之后，然后才有不端正。所以要想端正其心，就必须从意念发动之处来端正它。凡是发动一个念头是善的，喜欢它就像喜欢美色一样；发动一个念头是恶的，厌恶它就像厌恶恶臭一样，那样意念就没有不真诚的，而心也可以端正了。然而意念一经发动，有的是善的，有的是恶的，如果没有用来辨明善恶的标准，也将出现真假混杂的局面，虽然想要使意念真诚，也不可能实现。所以要想使意念真诚，必须先获取知识。所谓致，就是至，极致的意思，类似于说'丧致乎哀'的致。《周易》说'知至至之'，'知至'就是懂得，'至之'就是要达到极致。所谓'致知'，并不是后来的儒者所说的扩充知识的意思，而是推极我心的良知境界。所谓良知，就是孟子所说的'是非之心，每个人都具备'。是非之心，不需要思考就能知道，不需要学习就能做到，所以称之为良知。它是天命所赋予的本性，是我心的本体，自然清楚明白。凡是意念发动，我们心中的良知没有不知道的。它若是善良的，只有我们心中的良知自己知道；它若是不善的，也只有我们心中的良知自己知道。这些都是无法传达给别人的。所以即使是小人做了不好的事情，甚至已是无恶不作，但见到君子，也必然会装出和悦的样子，掩盖他的恶行，而昭显他的善行，由此可知即使是小人的良知也是不能自己掩藏的。现在要想区分善恶，使意念真诚，只有达到良知所知道的而已。为什么呢？意念一发动，我们心中的良知就知道它是善的，假使不能真心诚意地喜欢它，反而背弃它，远离它，那就是把善当成了恶，从而掩藏了知善的良知。意念一发动，我们心中的良知就知道它是不善的，假使我们不能发自内心地厌恶它，反而去做这类坏事，那就是把恶当成了善，从而掩藏了知恶的良知。如果是这样，那么即使自以为知道，也等同于不知道，意念又怎么可能真诚呢？对于良知所知道的善和恶，没有一个不是真诚地喜欢和真诚地厌恶，那样就不会欺骗自己的良知，而意念也就可以变得真诚。然而要想体认良知，难道只凭恍惚空洞、不切实际的讲说就可以吗？必须从实际存在的客观事物出发。所以要致知就必须格物。物，也就是事，凡是有意念发动，必然有相应的事情，意念所在之事也就是物。格，就是正，也就是纠正不正确的东西使之复归于正确。纠正不正确，就是去除邪恶。复归正确，就是做善事。这就是格的意思。《书经》所说的'格于上下''格于文祖''格其非心'，格物的'格'字实际上兼有它们的含义。良知所知道的善，即使我们真诚地喜欢它，如果不实际接触善所在的具体事物并亲自去实践，那么这个事物就还没有被真正探究，而喜欢它的意念也还不够真诚。良知所知道的恶，即使我们真诚地厌恶它，如果不实际接触恶意所在的事物并努力去除它，那么这个事物就还没有被真正纠正，而厌恶它的意念也还不够真诚。如今，对于那些良知所感知的善，也就是善意所在的事物都亲自去实践，力求尽善尽美。对于那些良知所感知的恶，也就是恶意所在的事物都尽量去除，力求除恶务尽。然后就没有什么事物不能纠正的了，而我们的良知所感知的一切也不会有亏缺遮蔽，从而达到极致。这样，我们的内心就会感到快慰、没有遗憾而心安理得，然后意念的任何发动都不会欺骗自己，于是也就可以说它是真诚的。所以《礼记·大学》说：'物格而后知至，知至而后意诚，意诚而后心正，心正而后身修。'以上这些功夫的条理，虽说有先后次序之分，但其实属于一个整体，实质上并没有先后次序之分。而功夫的条理虽然没有先后次序之分，但它们的作用是非常精微的，哪怕只是一丝一毫没有到位，也会留下欠缺。这就是格物、致知、诚意、正心这种学说，能够阐述尧舜的真正精神，并能够被孔子由衷接受的原因。"

【解析】

此则撷自《大学问》，是阳明先生"《大学》观"的晚年定论，也是阳明哲学思想的纲要。钱德洪以为，《大学问》足可称为"师门之教典"。文章系统阐释了《大学》的精义，认为《大学》的核心思想就是天地万物"一体之仁"，其后关于"明明德""亲民"和"止至善"的探讨也都围绕此而展开。"一体之仁"是儒学的传统精神所在，也是其深邃与卓越处。孔子主张仁者"爱人"（《论语·颜渊》），孟子主张"仁民爱物"（《孟子·尽心上》），张载在《西铭》中提倡"民吾同胞，物吾与也"，程颢《识仁篇》谓："仁者，浑然与物同体。"而阳明先生直接倡导天地万物"一体之仁"。这一观点显然有助于我们理解"人类命运共同体"思想。人是自然的一个重要组成部分，人类的命运与其他事物的命运休戚相关。只有以无分别的仁心将天下之人、天下之物同自己的命运勾连起来，以普遍性、共同性来消除执着于地理环境、文化传统等因素所带来的隔阂和纷争，从形而上的层面构造命运共同体，才能实现全世界的和谐发展、共同进步。

173. 来教云："见道固难，而体道尤难①。道诚未易明，而学诚不可不讲。恐未可安于所见而遂以为极则也。"幸甚幸甚！何以得闻斯言乎？其敢自以为极则而安之乎？正思就天下之有道以讲明之耳。夫"德之不修，学之不讲"②，孔子以为忧。而世之学者稍能传习训诂，即皆自以为知学，不复有所谓讲学之求，可悲矣！夫道必体而后见，非已见道而后加体道之功也。道必学而后明，非外

---

① 见道：洞彻真理，明白道理。体道：躬行正道。

② "德之不修，学之不讲"：语出《论语·述而》，意为："不培养品德，不谈论学问。"

讲学而复有所谓明道之事也。然世之论学者有二：有讲之以身心者，有讲之以口耳者。讲之以口耳，揣摸测度，求之影响者也①；讲之以身心，行著习察②，实有诸己者也。知此，则知孔门之学矣。

来教谓某"《大学》古本之复，以人之为学但当求之于内，而程朱格物之说，不免求之于外，遂去朱子之分章，而削其所补之传"。非敢然也。学岂有内外乎？《大学》古本乃孔门相传旧本耳，朱子疑其有所脱误而改正补缉之，在某则谓其本无脱误，悉从其旧而已矣。失在于过信孔子则有之，非故去朱子之分章而削其传也。夫学，贵得之心。求之于心而非也，虽其言之出于孔子，不敢以为是也，而况其未及孔子者乎？求之于心而是也，虽其言之出于庸常，不敢以为非也，而况其出于孔子者乎？且旧本之传数千载矣，今读其文辞，既明白而可通，论其功夫，又易简而可入，亦何所按据而断其此段之必在于彼，彼段之必在于此，与此之如何而缺，彼之如何而误，而遂改正补缉之？无乃重于背朱而轻于叛孔已乎？

来教谓："如必以学不资于外求，但当反观内省以为务，则'正心诚意'四字亦何不尽之有，何必于入门之际，便困以格物一段功夫也？"诚然诚然！若语其要，则"修身"二字亦足矣，何必又言"正心"？"正心"二字亦足矣，何必又言"诚意"？"诚意"二字亦足矣，何必又言"致知"，又言"格物"？惟其功夫之详密，而要之只是一事，此所以为"精一"之学，此正不可不思者也。夫理无内

① 影响：印象，指事情的梗概，轮廓。
② 行著习察：做一件事，明白为什么做；习惯了，也明确习以为常的原因。语本《孟子·尽心上》："行之而不著焉，习矣而不察焉。"

外，性无内外，故学无内外。讲习讨论未尝非内也；反观内省，未尝遗外也。夫谓学必资于外求，是以己性为有外也，是义外也①，用智者也。谓反观内省为求之于内，是以己性为有内也，是有我也，自私者也。是皆不知性之无内外也。故曰："精义入神，以致用也；利用安身，以崇德也"②；"性之德也，合内外之道也"③。此可以知格物之学矣。"格物"者，《大学》之实下手处，彻首彻尾，自始学至圣人，只此功夫而已，非但入门之际有此一段也。夫"正心""诚意""致知""格物"，皆所以修身。而"格物"者，其所以用力，日可见之地。故"格物"者，格其心之物也，格其意之物也，格其知之物也。"正心"者，正其物之心也。"诚意"者，诚其物之意也。"致知"者，致其物之知也。此岂有内外彼此之分哉？理一而已。以其理之凝聚而言，则谓之"性"；以其凝聚之主宰而言，则谓之"心"；以其主宰之发动而言，则谓之"意"；以其发动之明觉而言，则谓之"知"；以其明觉之感应而言，则谓之"物"。故就物而言，谓之"格"；就知而言，谓之"致"；就意而言，谓之"诚"；就心而言，谓之"正"。正者，正此也；诚者，诚此也；致者，致此也；格者，格此也；皆所谓穷理以尽性也。天下无性外之理，无性外之物。学之不明，皆由世之儒者认理为外，认物为外，而不知义外之说，孟子盖尝辟之④，乃至袭陷其内而不觉，岂非亦

① 义外：参见第 92 则注释⑥。告子认为，"仁"是由血缘关系产生的爱亲的天性，是内在的；"义"是在人和人的关系中形成的，是外在的，不是与生俱来的。

② "精义"句：出自《易经·系辞下》，意为"精通事物的义理而达到神妙的境界，来付诸实用；有利于树立自身来增长自己的道德"。

③ "性之"句：出自《中庸》，意为"出于本性的德行是融合自身与外物的准则"。

④ 辟：批驳，驳斥。

有似是而难明者欤？不可以不察也。

　　凡执事所以致疑于格物之说者[1]，必谓其是内而非外也；必谓其专事于反观内省之为，而遗弃其讲习讨论之功也；必谓其一意于纲领本原之约，而脱略于支条节目之详也；必谓其沉溺于枯槁虚寂之偏，而不尽于物理人事之变也。审如是，岂但获罪于圣门，获罪于朱子？是邪说诬民，叛道乱正，人得而诛之也，而况于执事之正直哉？审如是，世之稍明训诂，闻先哲之绪论者，皆知其非也，而况执事之高明哉？凡某之所谓"格物"，其于朱子九条之说，皆包罗统括于其中。但为之有要，作用不同，正所谓毫厘之差耳。然毫厘之差，而千里之缪，实起于此，不可不辩。

　　孟子辟杨墨至于无父、无君[2]。二子亦当时之贤者，使与孟子并世而生，未必不以为贤。墨子兼爱，行仁而过耳；杨子为我，行义而过耳。此其为说，亦岂灭理乱常之甚而足以眩天下哉？而其流之弊，孟子至比于禽兽、夷狄，所谓以学术杀天下后世也。今世学术之弊，其谓之学仁而过者乎？谓之学义而过者乎？抑谓之学不仁、不义而过者乎？吾不知其于洪水猛兽何如也。孟子云："予岂好辩哉？予不得已也。"[3]杨墨之道塞天下。孟子之时，天下之尊信杨墨，当不下于今日之崇尚朱说，而孟子独以一人呶呶于其间[4]。噫，可哀矣！韩氏云："佛老之害，甚于杨墨；韩愈之贤，不

---

①　执事：先生，兄台，旧时书信中用以称对方，表示对人的敬称，不直指人之意。

②　杨墨：战国时杨朱与墨翟的并称。杨朱是道家杨朱学派的创始人，墨翟是墨家学派的创始人，他们的学说在战国时期影响很大，有"天下之言不归杨则归墨"（《孟子·滕文公下》）的现象。

③　"予岂"句：出自《孟子·滕文公下》，意为"我难道喜好辩论吗？我是不得已啊"。

④　呶（náo）呶：多言，喋喋不休。

及孟子。孟子不能救之于未坏之先，而韩愈乃欲全之于已坏之后。其亦不量其力，且见其身之危，莫之救以死也。"[1]呜呼！若某者，其尤不量其力，果见其身之危，莫之救以死也矣！夫众方嘻嘻之中，而独出涕嗟若；举世恬然以趋，而独疾首蹙额以为忧[2]。此其非病狂丧心，殆必诚有大苦者隐于其中，而非天下之至仁，其孰能察之。其为《朱子晚年定论》，盖亦不得已而然。中间年岁早晚，诚有所未考，虽不必尽出于晚年，固多出于晚年者矣。然大意在委曲调停，以明此学为重。平生于朱子之说，如神明蓍龟[3]，一旦与之背驰，心诚有所未忍，故不得已而为此。"知我者，谓我心忧；不知我者，谓我何求"[4]，盖不忍抵牾朱子者[5]，其本心也。不得已而与之抵牾者，道固如是。"不直，则道不见也。"[6]执事所谓决与朱子异者，仆敢自欺其心哉[7]？夫道，天下之公道也；学，天下之公学也。非朱子可得而私也，非孔子可得而私也。天下之公也，公言之而已矣。故言之而是，虽异于己，乃益于己也；言之而非，虽同于己，适损于己也。益于己者，己必喜之；损于己者，己必恶之。然则某今日之论，虽或与朱子异，未必非其所喜也。君子之过，如

---

① "佛老"句：出自韩愈《与孟尚书书》。

② 恬然：安然，不在意貌。趋：归附，趋附，迎合。疾首：头痛，指忧苦至极。蹙（cù）额：皱眉，愁苦貌。

③ 蓍龟：古人以蓍草与龟甲占卜凶吉，因以指占卜。

④ "知我"句：出自《诗经·王风·黍离》，意为"理解我的人说我是心中忧愁，不理解我的人问我寻求什么"。

⑤ 抵牾（wǔ）：抵触，矛盾。

⑥ "不直"句：出自《孟子·滕文公上》。意思是：不直率地进行辩论，正确的道理就表现不出来。

⑦ 仆：自称的谦词。

日月之食，其更也，人皆仰之①。而"小人之过也必文"②。某虽不肖，固不敢以小人之心事朱子也。

执事所以教，反覆数百言，皆以未悉鄙人格物之说③。若鄙说一明，则此数百言皆可以不待辩说而释然无滞矣④。

【译文】

来信说："明白圣道固然难，而要躬行圣道更难。圣道确实不容易明白，而学问也不能不讲。恐怕不能安于自己的见解，并把它当作学问的最高标准。"荣幸啊荣幸！在哪里我还能听到这样的教诲呢？我怎么敢自认为达到了学问的最高标准而心安理得呢？我正想和天下有道的人一起讲明圣道。对于"不培养品德，不谈论学问"的情况，孔子曾深感忧虑。可世上的学者稍微能够传习经文训诂经典，就自以为通晓学问，就不再去追求探究学问，这真是可悲啊！圣道，只有躬行而后才能明白，并不是在明白圣道以后再去追加躬行圣道的功夫。圣道，只有通过学习才能明白，不是在讲学之外还有什么可称作明道的事情。但是现在世上讲学的有两种人：有用身心来讲学的，有用口耳来讲学的。用口耳来讲学的人，揣摩测度，捕风捉影。用身心来讲学的人，做事习惯都清楚明白，都是自己确实具备的。明白这些，就能明白孔子的学问了。

您来信中说我"之所以要恢复《大学》古本，是因为我认为人的

---

① 君子之过……人皆仰之：语本《论语·子张》："君子之过，如日月之食焉：过也，人皆见之；更也，人皆仰之。"

② "小人之过也必文"：语出《论语·子张》，意为"小人对于自己的过错一定会想办法找一套理由将它掩盖起来"。

③ 悉：知道，了解。鄙人：自称的谦词。

④ 释然：形容领悟。滞：滞涩，阻碍，不流畅。

学问只应当向内探求，而程朱格物之学是要向外探求，于是去除了朱子的分章，删削了他增补的传"。我并不敢这样做。学问怎么会有内外之分呢？《大学》古本是孔门相传的旧本，朱子怀疑它有脱漏讹误而加以改正补充，而我认为旧本并没有脱漏讹误，应全部依循旧本。我的过失，可能在于过分相信孔子，而不在于故意去除朱子的分章并削减他写的传。做学问，贵在有得于心。自己内心认为是错误的，即使是孔子的话，也不敢认为是对的，更何况是不及孔子的人？自己内心认为是对的，虽然是普通人说的，也不敢认为不对，更何况是出自孔子？况且，旧本的流传已经有几千年了，现在读它的文辞，既明白又通顺，就功夫而言，既简易又可行，又有什么依据来断定这段一定在这里，那段一定在那里，这里脱漏了什么，那里又有什么讹误，而要改正补充呢？这不是过分看重对朱子的违背，而过分看轻对孔子的背叛吗？

您来信说："如果认定学问不必从心外探求，只应当反省内求就可以，那么'正心诚意'四个字不是全都包括在内了？又何必在初学入门的时候，就用格物的功夫来使人困惑呢？"是的！是的！如果说学问的关键，"修身"二字已足够，又何必再说"正心"？"正心"二字已足够，又何必再说"诚意"？"诚意"二字已足够，又何必再说"致知"，再说"格物"？只是因为学问功夫详细周密，但是总括起来也只是一件事，这就是"精一"的学问，对此不能不思考。天理并无内外之分，人性也没有内外之分，所以学问也没有内外之分。讲习讨论未尝不是内；反省内求，也并非就舍弃了外。如果认为学习一定要借助于向外探求，那就是认为自己的人性还有外在的成分，这就是"义外"，是要小聪明。如果认为反观内省是向内探求，那就是认为自己的人性还有内在的成分，这正是"有我"，是自私。这两种观点都不明白人性是不分内外的。所以《易经》说："精通事物的义理而达到神妙的境界，来付诸实用；有利于树立自身来增长自己的道德。"《中庸》说："出于本性的德行是融合自身与外物的准则。"由此可以了解格物的学问。"格物"是《大学》切实下功夫的地方，彻头彻尾，从初学者到圣人，都只是这一个功夫而已，并非只是入门的时候才下这个功夫。"正心""诚意""致知""格物"，都是为了修身。而"格物"正是每天下功夫都能看得见的地方。所以，"格物"就是探究心中之物，探究意念之物，探究认知之物。"正心"，也就是端正物的心。"诚意"，就是使关于物的心志真诚。"致知"，就是推极关于物的认知。这哪有内外彼此的区分呢？天理只有一个。从天理的凝聚来说叫作"性"，从天理凝聚的主宰来说叫作"心"，从主宰的发动来说叫作"意"，从发动的明白觉察来说叫作"知"，从明白觉察的感应来说叫作"物"。所以，就物而言叫作"格"，就知而言叫作"致"，就意而言叫作"诚"，就心而言叫作"正"。正就是纠正这个，诚就是使这个真诚，致就是推极这个，格就是推究这个：都是我们所说的穷尽天理以充分发挥人性。天下没有人性之外的天理，没有人性之外的事物。圣学不昌明，都是因为世儒认为天理是外在的，认为事物是外在的，而不知道以义为外的观点正是孟子曾经驳斥过的，却还陷溺其中而不自觉，这难道不是似是而非、难以明白吗？对此不能不加以考察。

您之所以怀疑我的格物主张，是因为您认为它是内在的而不是外在的；认为它只专注反省内求而遗弃讲学讨论的功夫；认为它只注重纲领基础的简约，而脱漏省略了细节条目的详尽；认为它沉溺于枯槁虚寂的偏见之中，而不能穷尽人情物理的变化。如果真是这样，哪里只是圣人儒学的罪人，朱子的罪人？简直就是用邪说欺骗百姓，背离扰乱正道，人人得而诛之，更何况是您这样的正人君子呢？如果真是这样，世上稍微懂一点训诂、知道一点圣贤言论的人，也都能知道它是错误的，更何况是您这样的高明之士呢？我所说的"格物"，把朱子所讲的九条都包罗统括在内了。但是，我的格物思想的要领，其作用和朱子的不同，即所谓毫厘之差。虽然是毫厘之差，而千里之谬也正由此而起，所以不能不辩说清楚。

孟子批驳杨朱和墨子是无父无君。杨朱和墨子也是当时的贤人，如果和孟子同时，也不一定不被看作贤人。墨子主张兼爱，行仁爱太过；杨朱主张为我，则是行义太过。他们的学说，又哪里到了严重毁灭天理、扰乱伦常以至于迷惑天下的地步？但是，他们的学说所产生的流弊，孟子甚至用禽兽、夷狄来比喻，这也就是所说的用学术来毁坏天下后世。现在学术的弊端，能说是学仁爱太过了吗？能说是学义太过了吗？还是学不仁、学不义太过了呢？我不知道它们与洪水猛兽相比有何不同。孟子说："我难道喜好辩论吗？我是不得已啊。"杨朱、墨子的学说充塞天下。孟子所处的时代，天下尊信杨朱、墨子的学说，不下于现在对朱子学说的推崇，但孟子独自一人与他们抗辩。唉！真是可悲！韩愈说："佛老的危害要超过杨朱、墨子。我韩愈远不如孟子贤达，孟子不能在儒家道统未沦亡之前拯救它，而我却想在儒家道统败坏之后去保全它！我也太不自量力，并且身陷险境，没人能救我于死地。"唉！至于我，更是自不量力，果然也身陷险境，没人能救我于死地。正当众人欢笑喜悦的时候，我却独自流泪叹息；天下人都在安然自得地与世俗同流合污时，我却独自痛心疾首，愁苦忧虑。这如果不是我丧心病狂，就一定是有极大的痛苦隐埋在心中，如果不是天下大仁之人，又怎能体察到这一点呢？我写《朱子晚年定论》，也是迫不得已。其中年代的早晚，的确未及一一考证，虽然不一定都是朱子晚年所写，但大部分是他晚年写的。我的主要意图是为了调和朱子和陆子的争论，阐明圣人儒学的重要性。我生平始终把朱子的学说奉若神明，一旦要与之背离，内心着实不忍，所以是不得已为之。"理解我的人说我是心中忧愁，不理解我的人问我寻求什么"，不忍心与朱子思想相抵触，这是我的本心。但如果不得已和朱子的思想相抵触，那也是因为天道本来就是这样。"不直率地进行辩论，正确的道理就表现不出来。"您以为我是决意要和朱子思想对立，我怎么敢自己欺骗自己呢？圣道，是天下的公道。圣学，是天下的公学。不是朱子可以独自占有，也不是孔子可以独自占有的。对天下公有的东西，只能秉公而论。所以，讲得对的，即使和自己的观点不相同，仍然对自己有益；讲得不对，即使和自己的观点相同，也是对自己有害。对自己有益的，自己一定喜欢它；对自己有害的，自己一定厌恶它。那么我现在所讲的，即使和朱子不一样，未必就不是他所喜欢的。"君子的过错，如同日食月食：他犯了错误，人们都看得见；他改正了错误，人们也都仰望他。"但是，"小人对于自己的过错一定会想办法找一套理由将它掩盖起来"。我虽然不肖，但也不敢用小人的心来猜度朱子。

您对我的长达数百言的反复教诲，都是因为不了解我的格物主张。一旦理解了我的观点，那么，您所讲的那些就都可以不用辩论也清楚无疑。

【解析】

此则撷自《答罗整庵少宰书》。罗整庵（1465—1547），即罗钦顺，字允升，号整庵，江西泰和人。阳明先生的这封回信写于正德十五年（1520）。先生认为，道不仅仅是一门知识，更重要的是一种心理体验，一种生命状态，所以对道的把握方式是"体"，即亲身体验、实践，而不仅仅是"见"（仅具理论知识）。他认为，朱子及其后学重点在见道，而他的目标在体道，因此他倡导用身心来讲学，而不是用口耳来讲学。他进而强调做学问贵在有得于心，每个人都与圣人一样有认识真理与鉴别是非的权利；道是天下公道，学乃天下公学，既非孔子可以专有，更非朱子能够垄断，人人都有将之归正的权柄。在尊孔尊朱的时代大胆发表这样的意见，是难能可贵的。章太炎曾评价说："王学岂有他长，亦曰自尊无畏而已。"（《答铁铮》）在这篇文字中，阳明先生将"自尊无畏"之精神发挥到那一时代可能的最高点。正因为他敢于突破权威的束缚，方能创立自己的思想体系，成就心学大业。

174. "率性之谓道"①，诚者也；"修道之谓教"，诚之者也。故曰："自诚明，谓之性；自明诚，谓之教。"《中庸》为诚之者而作修道之事也。道也者，性也，"不可须臾离也"②。而过焉，不及焉，离也。是故君子有修道之功，"戒慎乎其所不睹，恐惧乎其所不闻"，微之显，诚之不可掩也。修道之功，若是其无间，诚之也。夫然后"喜怒哀乐之未发谓之中，发而皆中节谓之和"，道修而性复矣。致中和，则大本立而达道行，知天地之化育矣。非至诚尽性，其孰能与于此哉？是修道之极功也，而世之言修道者离矣，故特著其说。

【译文】

"遵循本性行事就是道"，这是真诚；"修道属于教化"，这是使人

---

① "率性之谓道"等：本则引文均出自《中庸》。

② 须臾：表示很短的时间，片刻之间。

真诚。所以说："从本性真诚而明晓道理，称之为天性；从明晓道理而生发诚心，称之为教化。"《中庸》是为诚而作的，它探讨的就是修道的理义。道，也就是天性，"不能片刻分离"。超过或者不及，都偏离了道。因此君子修道的功夫，在于"在还看不到的时候也非常警惕谨慎，在还听不到的时候也非常畏惧警醒"，从隐微到显著，真实的事物不可掩盖。修道的功夫，像这样没有隔阂，也是因为诚。然后"喜怒哀乐的情绪没有表露出来，这叫作中。表露出来但合于法度，这叫作和"，只有修道，才能恢复人的本性。如果达到中和境界，就树立起牢固的根本，通达的道也就运行了，懂得了天地万物的化育。倘若不是达到了至诚尽性的地步，谁又能达到呢？这是修道的最高境界，而世间探讨修道的人却偏离了这一点，所以我特意写了这篇文章。

【解析】

此则为《修道说》。正德十三年（1518），阳明先生正值军旅之中，但并未放松讲学，而是与门人薛侃、欧阳德等二十七名弟子讲聚不散，日与发明《中庸》《大学》本旨，编撰《修道说》《大学古本序》，并不远千里，派人将手书《修道说》送至白鹿洞书院，刻于石碑之上，至今尚存书院碑廊中。在这篇短文中，阳明先生指出，性、道、教三字相辅相成，不可离性以言道，也不可舍道以立教，而其中一以贯之的就是一个"诚"字。他将"诚意"作为《中庸》的宗旨，强调君子修道所要下的功夫就在"诚"上，所追求的至高境界也就是至诚尽性。

175. 理，一而已矣；心，一而已矣。故圣人无二教，而学者无二学。博文以约礼①，格物以致其良知，一也。故先后之说，后儒

---

① 博文以约礼：语本《论语·雍也》："君子博学于文，约之以礼。"后以"博文"指通晓古代文献，"约礼"指用礼约束自己。

支缪之见也。夫礼也者，天理也。天命之性具于吾心，其浑然全体之中，而条理节目森然毕具①，是故谓之天理。天理之条理谓之礼。是礼也，其发见于外，则有五常百行、酬酢变化、语默动静、升降周旋、隆杀厚薄之属②；宣之于言而成章，措之于为而成行，书之于册而成训，炳然蔚然③，其条理节目之繁，至于不可穷诘④，是皆所谓文也。是文也者，礼之见于外者也；礼也者，文之存于中者也。文显而可见之礼也，礼微而难见之文也。是所谓体用一源，而显微无间者也⑤。是故君子之学也，于酬酢变化、语默动静之间而求尽其条理节目焉，非他也，求尽吾心之天理焉耳矣；于升降周旋、隆杀厚薄之间而求尽其条理节目焉，非他也，求尽吾心之天理焉耳矣。求尽其条理节目焉者，博文也；求尽吾心之天理焉者，约礼也。文散于事而万殊者也⑥，故曰博；礼根于心而一本者也⑦，故曰约。博文而非约之以礼，则其文为虚文，而后世功利辞章之学矣；约礼而非博学于文，则其礼为虚礼，而佛老空寂之学矣。是故约礼必在于博文，而博文乃所以约礼，二之而分先后焉者，是圣学之不明，而功利异端之说乱之也。昔者颜子之始学于夫子也，盖亦未知道之无方体形像也，而以为有方体形像也；未知道之无穷尽止

① 森然：严整的样子。

② 五常：仁、义、礼、智、信。百行：各种品行。升降周旋：均指古代行礼时，上升下降、进退揖让的动作。隆杀：犹尊卑、厚薄、高下。

③ 炳然：光明貌。蔚然：文采华美。

④ 穷诘：追问，深究。

⑤ 体用一源，而显微无间：语本《易传序》："至微者理也，至著者象也。体用一源，显微无间。"用：显现，作用。

⑥ 万殊：各不相同。

⑦ 一本：同一根本。

极也，而以为有穷尽止极也①。是犹后儒之见事事物物皆有定理者
也，是以求之仰钻瞻忽之间②，而莫得其所谓。及闻夫子博约之
训，既竭吾才以求之，然后知天下之事虽千变万化，而皆不出于此
心之一理。然后知殊途而同归，百虑而一致③。然后知斯道之本无
方体形像，而不可以方体形像求之也；本无穷尽止极，而不可以穷
尽止极求之也④。故曰："虽欲从之，末由也已。"⑤盖颜子至是，而
始有真实之见矣。博文以约礼，格物以致其良知也，亦宁有二学
乎哉？

【译文】

天理只有一个，心也只有一个。所以圣人没有两种教诲，而学者
也没有两种学问。博览群书以礼约束自己，探究事物以推极良知，两
者是一致的。所以先后之说，是后儒烦琐错误的见解罢了。礼，就是
天理。天命之性全在我心，它浑然一体，而条理节目都森然有序全部
具备，因此可以称为天理。天理之条理称为礼。礼显露于外，就有五
常百行，酬酢变化，语默动静，升降周旋，隆杀厚薄等事物；宣之于
语言就成文章，用以指导做事就成行动，记录下来就成典训，光明华

---

① 此句是接着朱熹来讲的。朱熹对"仰之弥高，钻之弥坚。瞻之在前，忽焉在后"的解释
　是："仰弥高，不可及。钻弥坚，不可入。在前在后，恍惚不可象。此颜渊深知夫子之
　道，无穷尽、无方体，而叹之也。"见《论语集注·子罕》。

② 仰钻瞻忽：《论语·子罕》："颜渊喟然叹曰：'仰之弥高，钻之弥坚。瞻之在前，忽焉在
　后。'"后以"仰钻"指仰慕钻研前贤的学问，以"瞻忽"形容前贤学问的高深莫测、难
　以捉摸。

③ 殊途而同归，百虑而一致：参见第115则注释②。

④ 止极：终极，尽头。

⑤ "虽欲"句：出自《论语·子罕》。末：无，没有。由：从。意思是："虽然追随其后，也
　无从赶上。"表示差距很大，望尘莫及。

美，它的条理节目的繁杂至于难以深究，这都是所说的文。文是礼的外在表现；礼存在于文中。文显现，就可见到礼；礼衰微，就很难出现在文中。这就是所谓的本体和功用同出一源，显现与隐微没有间隔。因此君子的学问，是在酬酢变化、语默动静之间去探求它的条理节目，不为其他，只为探求我心中的天理；在升降周旋、隆杀厚薄之间去探求它的条理节目，不为其他，只为探求我心中的天理。探求它的条理节目，是为了广泛地掌握知识；探求我心中的天理，是为了用礼约束自己。文散见于事而又各不相同，所以叫博；礼植根在心而同一本原，所以叫约。获得广博知识而没有用礼来约束，那么这文章就是虚文，是后世功利辞章之学；用礼约束而没有广博的知识，那么这礼就是虚礼，是佛老的空寂之学。因此，约礼一定在于博文，而博文是约礼的原因，二者之所以分先后，是圣学不昌明之故，是功利异端的学说扰乱了它。过去颜子刚向孔子求学的时候，也不明白"道"没有方体形像，而认为有方体形像；不明白"道"是无穷尽终极的，而认为"道"是有穷尽终极的。这如同后儒见万事万物都有定理，所以仰慕钻研前贤学问的变化莫测，希望从中寻找到它，而没有谁得到它的真实意旨。及听闻孔子的博约之训，竭尽才能来寻求它，然后知道天下之事虽然千变万化，但都不超出此心的道理。然后知道不同途径可以达到同一目的，不同的思想也可以归于一致。然后也明白这"道"本就没有方体形像，而不可以从方体形像中去寻求它；本来没有穷尽终极，而不可以从穷尽终极中去寻找它。所以说："虽然追随其后，也无从赶上。"颜子到这时才有真实的见解。博览群书以礼约束自己，探究事物以推极良知，哪里是两种不同的学说呢？

【解析】

　　此则撷自嘉靖四年（1525）阳明先生写给弟子南逢吉（字元真）的《博约说》。关于孔子"博学于文，约之以礼"的学问之道，南逢吉的理解是先"博文"，后"约礼"，也就是将"博文"与"约礼"分为前后二事。类似观点，最初可以追溯到西汉的孔安国，朱熹《论语集注》也采用这样的观点（但晚年观点有所改变，提出"博文约礼亦非二事"）。而阳明先生认为，不应将"博文"与"约礼"分作前后两截，它们实则体用一源，不分先后，应统为一体。在先生看来，"文"与"礼"其实是形式与本质的关系。"礼"就是"天理"，是每个人天赋的本性。"礼"在具体的事情中体现出来，条目繁多，就是"文"。"文"是"礼"的外显形式，而"礼"就是"文"的内在本质。二者是一致的、一体的，其实是同一个学习过程的两个侧面，不能分成前后两个环节。先生的"博约"说显然具有鲜明的心学特色，他断定，如果不从心学立场上讲述博约，就会沦为功利辞章之学或佛老的异端邪说。他也进而强调了"格物"与"致良知"二者为一体。这些道理运用于现实的学习，就是既要博览群书、广泛涉猎，又要抓住"良知本体"这个根本，也就是坚守追寻圣贤之道的志向。这两个方面是相互统一、相互促进的。

　　176. 经，常道也①。其在于天，谓之命；其赋于人，谓之性；其主于身，谓之心。心也，性也，命也，一也。通人物，达四海，塞天地，亘古今，无有乎弗具，无有乎弗同，无有乎或变者也，是

① 经：此指儒家奉作经典的《诗》《书》《易》《礼》《乐》《春秋》六部著作。常道：一定的法则、规律。

常道也。其应乎感也，则为恻隐，为羞恶，为辞让，为是非^①；其见于事也，则为父子之亲，为君臣之义，为夫妇之别，为长幼之序，为朋友之信^②。是恻隐也，羞恶也，辞让也，是非也；是亲也，义也，序也，别也，信也，一也；皆所谓心也，性也，命也。通人物，达四海，塞天地，亘古今，无有乎弗具，无有乎弗同，无有乎或变者也，是常道也。

是常道也，以言其阴阳消息之行焉^③，则谓之《易》；以言其纲纪政事之施焉，则谓之《书》；以言其歌咏性情之发焉，则谓之《诗》；以言其条理节文之著焉，则谓之《礼》；以言其欣喜和平之生焉，则谓之《乐》；以言其诚伪邪正之辨焉，则谓之《春秋》。是阴阳消息之行也，以至于诚伪邪正之辨也，一也，皆所谓心也，性也，命也。通人物，达四海，塞天地，亘古今。无有乎弗具，无有乎弗同，无有乎或变者也，夫是之谓"六经"。"六经"者非他，吾心之常道也。

故《易》也者，志吾心之阴阳消息者也；《书》也者，志吾心之纪纲政事者也；《诗》也者，志吾心之歌咏性情者也；《礼》也者，志吾心之条理节文者也；《乐》也者，志吾心之欣喜和平者也；《春

---

① 恻隐、羞恶、辞让、是非：出自《孟子·公孙丑上》："无恻隐之心，非人也；无羞恶之心，非人也；无辞让之心，非人也；无是非之心，非人也。恻隐之心，仁之端也；羞恶之心，义之端也；辞让之心，礼之端也；是非之心，智之端也。"羞恶（wù）：对自己或别人的坏处感到羞耻厌恶。辞让：谦逊推让。是非：辨别对错。

② "其见"句：语本《孟子·滕文公上》："契为司徒，教以人伦，父子有亲，君臣有义，夫妇有别，长幼有序，朋友有信。"别：分别。序：次序。信：信用。

③ 阴阳消息：《易》乾六爻为息，坤六爻为消。乾卦主阳，坤卦主阴。阳升则万物滋长，故称息；阴降则万物灭，故称消。

秋》也者，志吾心之诚伪邪正者也。君子之于"六经"也，求之吾
心之阴阳消息而时行焉，所以尊《易》也；求之吾心之纪纲政事而
时施焉，所以尊《书》也；求之吾心之歌咏性情而时发焉，所以尊
《诗》也；求之吾心之条理节文而时著焉，所以尊《礼》也；求之
吾心之欣喜和平而时生焉，所以尊《乐》也；求之吾心之诚伪邪正
而时辨焉，所以尊《春秋》也。

　　盖昔者圣人之扶人极、忧后世而述"六经"也①，犹之富家者
之父祖，虑其产业库藏之积，其子孙者或至于遗忘散失，卒困穷而
无以自全也②，而记籍其家之所有以贻之③，使之世守其产业库藏之
积而享用焉，以免于困穷之患。故"六经"者，吾心之记籍也，而
"六经"之实，则具于吾心。犹之产业库藏之实积，种种色色，具
存于其家，其记籍者，特名状数目而已④。而世之学者，不知求
"六经"之实于吾心，而徒考索于影响之间，牵制于文义之末，硁
硁然以为是"六经"矣⑤。是犹富家之子孙，不务守视享用其产业
库藏之实积，日遗忘散失，至为窭人丐夫⑥，而犹嚣嚣然指其记籍
曰⑦："斯吾产业库藏之积也！"何以异于是？

　　呜呼！"六经"之学，其不明于世，非一朝一夕之故矣。尚功

---

① 人极：做人的最高道德标准。

② 困穷：艰难窘迫。自全：保全自己。

③ 记籍：指记于簿籍。贻：赠送，给予。

④ 特：仅，只是。名状：名称与形状。

⑤ 影响：影子与反响，此指关于"六经"的传闻、注释。硁（kēng）硁然：浅陋而又固执的
　　样子。语出《论语·宪问》："鄙哉！硁硁乎！莫己知也，斯已而已矣。"

⑥ 窭（jù）人：穷苦人。

⑦ 嚣（xiāo）嚣然：傲慢貌。

利，崇邪说，是谓乱经；习训诂，传记诵，没溺于浅闻小见，以涂天下之耳目①，是谓侮经；侈淫辞，竞诡辩，饰奸心盗行，逐世垄断，而犹自以为通经，是谓贼经②。若是者，是并其所谓记籍者而割裂弃毁之矣，宁复知所以为尊经也乎？

【译文】

儒家的经典，是恒久不变的真理。它在天称为命，授与人称为性，作为身体的主宰就称为心。心、性、命，其实是一个事物。它沟通一切人与物，遍及四海，充塞天地，贯串古今，无所不有，无所不同，不会发生任何变化，是恒久不变之道。它反映在人的情感上，就是怜悯同情之心，羞耻厌恶之心，谦逊推让之心，辨别对错之心；它表现在人事关系中，就是父子间的亲情，君臣间的忠义，夫妇间的内外之别，兄弟间的长幼之序，朋友间的信义。而所有这些怜悯同情、羞耻厌恶、谦逊推让、辨别对错，以及所有这些亲、义、别、序、信，都是一回事，都是所谓心、性、命。它沟通一切人与物，遍及四海，充塞天地，贯串古今，无所不有，无所不同，不会发生任何变化，是恒久不变之道。

这一恒久不变之道，用来阐释阴阳对立运行，就是《易》；用来记载法度政务实施，就是《书》；用来歌咏情感的抒泄，就是《诗》；用来阐述礼仪制度，就是《礼》；用来表现欣喜平和的情感，就是《乐》；用来辨别真假邪正，就是《春秋》。从阴阳对立的运行，到辨别真假邪正，都是一回事，都说的是心、性、命。它沟通一切人与物，遍及四

---

① 涂：堵塞，蒙蔽。

② 侈：夸耀，炫示。淫辞：邪僻荒诞的言论。奸心：坏心思，作恶之心。盗行：不正当的或非法的行为。垄断：把持，独占。贼：败坏，毁坏。

海，充塞天地，贯串古今，无所不有，无所不同，不会发生任何变化，这就是"六经"。"六经"不是别的，正是我们心中的永恒不变的真理。

所以《易》是记录我们心中的阴阳对立运行的，《书》是记录我们心中的法度政务的，《诗》是记录我们心中的歌咏情感的，《礼》是记录我们心中的仪礼制度的，《乐》是记录我们心中的欣喜平和的，《春秋》是记录我们心中的真假邪正的。君子对于"六经"，要在自己心中体验阴阳对立运行并时常加以运用，这才是尊奉《易》经；在自己心中研究法度政务而时常加以施行，这才是尊奉《书》经；在自己心中经常歌咏情感并时常抒泄，这才是尊奉《诗》经；在自己心中追求仪礼制度并时常加以执行，这才是尊奉《礼》经；在自己心中体验欣喜平和的心情并时常保持，这才是尊奉《乐》经；在自己心中判断真假邪正并时常加以辨别，这才是尊奉《春秋》。

古代圣人为树立做人的最高道德标准、忧虑后世，所以著述"六经"，这就像富家的父祖辈，担忧所积聚的产业库藏可能会被子孙遗忘散失，最终穷困到不能自保活命的地步，就把家中所拥有的财富登记造册交给他们，让他们世代守着产业库藏中的积蓄来享用，以免除穷困的忧患。因此"六经"就是我们内心的账簿，而"六经"的实质就存在我们心中。就好比是产业库藏中的积蓄，各种各样，都收存在家中，那些账簿不过是记录名称形状数量罢了。而世上的学者，不知道向我们内心探求"六经"的实质，只知道考索传闻注释，拘守于文义的细枝末节，浅陋又固执地认为那就是"六经"。这就好像富家子孙，不去看护和享用产业库藏的积蓄，日渐遗忘散失，最后沦为穷人乞丐，还傲慢地指着账簿说："这就是我们产业库藏的积蓄！"又有什么区别呢？

唉！"六经"的学问，不显明于世，并非一朝一夕造成的。世人崇尚功利，推崇邪说，这是扰乱经典；只学习训诂、背诵文章，沉溺在浅薄琐屑的见闻里面，以蒙蔽天下人的耳目，这是侮辱经典；夸夸其谈，竞相诡辩，掩饰奸恶之心，从事卑劣的行为，追逐名利，垄断学术，还自以为通晓经典，这是毁坏经典。这些人，是连同前面所说的账簿一起割裂毁坏扔弃了，哪里还知道如何尊奉经典呢？

【解析】

此则撷自《稽山书院尊经阁记》。嘉靖三年（1524），绍兴知府南大吉为复兴圣学，命山阴知县吴瀛修复并扩建稽山书院，书院后新建尊经阁，请阳明先生写下此文，以告诫弟子。虽然名为"记"，但实际上是一篇"论"，集中阐述了先生"心外无物"的哲学思想。正如吴楚材所评："阳明先生一生训人，一以良知良能，根究心性，于此记略，已具备矣。"（《古文观止》）即指此文其实是浓缩了阳明心学的全貌。全文采用回环往复的句式，层层深入，正反论据互见，先论"六经"的不同表现形式，继而结合人际关系的方方面面来说明六经是"常道"，并对六经的核心内容作了全面分析，最后论述"六经"不明于世的原因，对世之学者舍本逐末的错误和不良倾向作了批评。文中论点最大的特色在于将"六经"之常道归于吾心，认为儒家"六经"所记载的正是我们内心天赋的"良知""良能"在不同侧面的体现。此一观点或承自陆九渊"'六经'注我，我安注'六经'"（《陆象山全集》卷三十四），但先生把这一层意思发挥得更加全面透辟。自汉代之后，"经"的概念所突出的就是规范或准则的普遍性、权威性和不容变通性，而陆王心学将"经"收摄到内心之中，其实是赋予了个体更大的自主性和能动性。

177. 礼也者，理也；理也者，性也；性也者，命也。"维天之命，于穆不已"①，而其在于人也，谓之性；其粲然而条理也，谓之礼；其纯然而粹善也，谓之仁；其截然而裁制也②，谓之义；其昭然而明觉也，谓之知；其浑然于其性也，则理一而已矣。故仁也者，礼之体也；义也者，礼之宜也；知也者，礼之通也。"经礼三百，曲礼三千"③，无一而非仁也，无一而非性也。天叙天秩④，圣人何心焉，盖无一而非命也。故克己复礼则谓之仁⑤，穷理则尽性以至于命⑥，尽性则动容周旋中礼矣⑦。后之言礼者，吾惑焉。纷纭器数之争，而牵制刑名之末；穷年矻矻⑧，弊精于祝史之糟粕⑨，而忘其所谓"经纶天下之大经，立天下之大本"者⑩。"礼云礼云，玉帛云乎！"⑪而人之不仁也，其如礼何哉⑫？故老庄之徒，外礼以言性，

---

① "维天之命，于穆不已"：出自《诗经·周颂·维天之命》。于：叹词，表示赞美。穆：庄严的样子。不已：不止。

② 截然：界限分明的样子。裁制：引申为约束，束缚。

③ "经礼三百，曲礼三千"：语出《礼记·礼器》。经礼：指《周礼》。曲礼：指《仪礼》。

④ 天叙天秩：天所规定的品秩等级。语出《尚书·皋陶谟》："天叙有典""天秩有礼"。

⑤ 克己复礼：约束自我，使言行合乎先王之礼。语出《论语·颜渊》："克己复礼为仁。一日克己复礼，天下归仁焉。"

⑥ "穷理"句：语本《易经·说卦》："穷理尽性以至于命。"穷理尽性：谓穷究天地万物之理与性。

⑦ "尽性"句：语本《孟子·尽心下》："动容周旋中礼者，盛德之至也。"动容：举止仪容。中（zhòng）礼：合乎礼仪。

⑧ 穷年：终其天年，毕生。矻（kū）矻：勤劳不懈貌。

⑨ 弊精：耗费精神。

⑩ "经纶"句：出自《礼记·中庸》，谓治理天下的大法，确立人伦世界的根本原则。

⑪ "礼云"句：语出《论语·阳货》。孔子用反问语气，强调礼不是指玉帛而言。

⑫ 人之不仁也，其如礼何：语本《论语·八佾》："人而不仁，如礼何？"意思是：一个人如果内心不仁的话，又会怎样来对待礼仪制度呢？

而谓礼为道德之衰、仁义之失，既已随于空虚湴荡①。而世儒之说，复外性以求礼，遂谓礼止于器制度数之间，而议拟仿像于影响形迹②，以为天下之礼尽在是矣。故凡先王之礼，烟蒙灰散而卒以煨烬于天下，要亦未可专委罪于秦火者③。僭不自度④，尝欲取《礼记》之所载，揭其大经大本而疏其条理节目，庶几器道本末之一致⑤。又惧其德之弗任，而时亦有所未及也。间常为之说，曰："礼之于节文也，犹规矩之于方圆也。非方圆无以见规矩之用，非节文则亦无从而睹所谓礼矣。然方圆者，规矩之所出，而不可遂以方圆为规矩。故执规矩以为方圆，则方圆不可胜用。舍规矩以为方圆，而遂以方圆为之规矩，则规矩之用息矣。故规矩者，无一定之方圆；而方圆者，有一定之规矩。此学礼之要，盛德者之所以动容周旋而中也。"

宋儒朱仲晦氏慨《礼经》之芜乱⑥，尝欲考正而删定之，以《仪礼》为之经，《礼记》为之传，而其志竟亦弗就。其后吴幼清氏因而为《纂言》，亦不数数于朱说⑦，而于先后轻重之间，固已多所发明。二子之见，其规条指画则既出于汉儒矣⑧，其所谓"观其会

---

① 湴（bèn）荡：形容水面广阔，没有边际。这里指认识上模糊不清，没有真切之理解。

② 仿像：模仿。行迹：痕迹，迹象。

③ 煨烬（wēi jìn）：经焚烧而化为灰烬。秦火：指秦始皇焚书事。

④ 僭：越分，此用作自谦之词。不自度：犹言不自量。

⑤ 揭：显露。疏：阐释。庶几：希望，但愿。器道：出自《易经·系辞上》："形而上者谓之道，形而下者谓之器。"

⑥ 朱仲晦：即朱熹，仲晦是他的字。

⑦ 吴幼清：吴澄（1249—1333），字幼清，元代著名理学家。数数：迫切的样子。

⑧ 规条：规章条文。指画：指点，规划。

通，以行其典礼之原"①，则尚恨吾生之晚，而未及与闻之也。虽然，后圣而有作，则无所容言矣；后圣而未有作也，则如《纂言》者，固学礼者之箕裘筌蹄②，而可以小之乎③？

【译文】

礼，就是理；理，就是性；性，就是命。"只有天命，才永不停息"，而它赋予人，就是天性；它光明而又有条理，就称作礼；它纯粹至善，就称作仁；它界限分明有所约束，就称作义；它清楚明白善于明察，就称作知；这一切都完整不可分割地结合在天性之中，就是理的统一。所以，仁是礼的本体，义是礼的权宜，知是礼的通达畅行。《周礼》三百条，《仪礼》三千条，没有一条不是体现仁的，没有一条不是体现天性的。圣人为什么要探讨天所规定的品秩等级？无非是讲天命。所以，约束自我，使言行合乎先王之礼，就叫作仁；穷究天地万物之理与性就能知晓天命；极尽天性，则举止仪容就合乎礼。后世谈论礼的，使我感到迷惑。他们乱纷纷地争论礼器礼数，拘泥于刑律的末节；毕生勤劳不懈，却把精力都耗费在巫师祝吏的糟粕里去了，而忘记了经纶天下的大经典和立天下的大根本。"礼啊礼啊，难道就是讲玉帛这些吗？"一个人如果内心不仁的话，又会怎样来对待礼仪制度呢？因此老庄之流，摒弃礼来谈天性，而认为礼是道德衰败、仁

---

① "观其"句：语出《易经·系辞上》。

② 箕（jī）裘：《礼记·学记》："良冶之子，必学为裘；良弓之子，必学为箕。"良冶、良弓，指善于冶金、造弓的人。意谓子弟由于耳濡目染，往往继承父兄之业。后因以"箕裘"比喻祖上的事业。箕：柳箕。裘：风裘，古代冶金用的鼓风皮囊。筌蹄：《庄子·外物》："筌者所以在鱼，得鱼而忘筌；蹄者所以在兔，得兔而忘蹄。"蹄：捕兔网。后以"筌蹄"比喻达到目的的手段或工具。

③ 小：轻视。

义丧失的表现，其认识是空洞虚无、模糊不清的。而世间的儒生却又撇开本性去追求礼，认为礼就存在于礼器礼数之中，商议仿效外在形迹之似，以为天下的礼都里面。所以但凡是先王之礼，如烟灰一般迷蒙消散，最终消亡于天下，也不能把所有的罪过都推到秦始皇焚书的头上。我曾不自量力地想研究《礼记》的内容，揭示其中主要内容和根本意旨，阐释其中的条理节目，希望其中各种各样的道理或事物的来龙去脉能达到一致。但又担心自己的德行无法胜任，时间上也有些来不及。也曾经就此谈论："礼相对于具体礼节仪式，就像规矩对于方圆的作用。没有方圆就看不到规矩的功用，没有具体的礼节仪式，也无从得见所谓的礼。然而，方圆是按规矩画出来的，但不能就把方圆当规矩。所以拿了规矩画方圆，那么方圆就画不完。舍弃规矩来画方圆，那就会把这个方圆当作规矩，原来规矩的用处也就消失了。所以，规矩是没有具体的方圆；而方圆，却有一定的规矩。这是学习礼的关键所在，也是有盛德的人举止仪容都能合乎礼的原因。"

宋儒朱熹曾感慨《礼经》过于芜杂混乱，曾想考据订正，删除改定，以《仪礼》为经，《礼记》为传，但他的志向竟没能实现。此后吴幼清编成《纂言》，也没有死守朱子的观点，而是在先后轻重之间，有很多自己的观点。两位先生的见解，其中的条目规划都出于汉儒，也就是前人所说的"观看其物之会合变通，进而制定制度礼仪"，我只恨自己晚生了许多年，没能赶得及亲耳听到。虽然如此，后来的圣人如果有著作，也就无须多言；后来的圣人没有著作，那么像《纂言》那样的著作就是学礼的人必须借助的工具，又怎么可以轻视呢？

【解析】

此则撷自《礼记纂言序》。《礼记纂言》三十六卷为元代名儒吴澄所撰。正德十五年（1520），胡东皋（字汝登）刊刻此著于宁国，阳明先生受邀作序。先生在此文中表达了礼、理、性、命同为一体的思想，并认为仁义礼智看来名称不同，实则皆为一理一性一心所发，从心性本原而言，本无区分，都是遇不同事境有所感发，对应不同层面、范围之物事，因此有了不同的称谓。后世之人却往往执其一端，老庄之徒是外礼以言性，流于空虚；儒生则外性以求礼，拘执于器物制度。所以礼的消亡不可尽归罪于秦火，主要是人丧其本，不复知晓"性"与"礼"本是一事。

178. 夫圣人之学，心学也，学以求尽其心而已。尧、舜、禹之相授受曰："人心惟危，道心惟微，惟精惟一，允执厥中。"①道心者，率性之谓，而未杂于人。无声无臭②，至微而显，诚之源也。人心，则杂于人而危矣，伪之端矣③。见孺子之入井而恻隐，率性之道也；从而内交于其父母焉，要誉于乡党焉④，则人心矣。饥而食，渴而饮，率性之道也；从而极滋味之美焉，恣口腹之饕焉⑤，则人心矣。惟一者，一于道心也。惟精者，虑道心之不一，而或二之以人心也。道无不中，一于道心而不息，是谓"允执厥中"矣。一于道心，则存之无不中，而发之无不和。是故率是道心而发之于父子也无不亲；发之于君臣也无不义；发之于夫妇、长幼、朋友也无

---

① 授受：给予和接受。"人心"句：出自《尚书·大禹谟》："人心惟危，道心惟微，惟精惟一，允执厥中。"意思是：人心变化莫测，道心中正入微，追求精纯专一，言行符合不偏不倚的中正之道。

② 臭：气味。

③ 端：发端，开始。

④ 内（nà）交：结交。内："纳"的古字。要誉：猎取荣誉。乡党：泛称家乡。

⑤ 恣：放纵，放肆。饕（tāo）：极贪婪。

不别、无不序、无不信；是谓中节之和，天下之达道也。放四海而皆准，亘古今而不穷；天下之人同此心，同此性，同此达道也。舜使契为司徒而教以人伦，教之以此达道也①。当是之时，人皆君子而比屋可封②，盖教者惟以是为教，而学者惟以是为学也。圣人既没，心学晦而人伪行，功利、训诂、记诵辞章之徒纷沓而起，支离决裂，岁盛月新，相沿相袭，各是其非，人心日炽而不复知有道心之微。间有觉其纰缪而略知反本求源者，则又哄然指为禅学而群訾之③。呜呼！心学何由而复明乎！

夫禅之学与圣人之学，其求尽其心也，亦相去毫厘耳。圣人之求尽其心也，以天地万物为一体也。吾之父子亲矣，而天下有未亲者焉，吾心未尽也；吾之君臣义矣，而天下有未义者焉，吾心未尽也；吾之夫妇别矣，长幼序矣，朋友信矣，而天下有未别未序未信者焉，吾心未尽也。吾之一家饱暖逸乐矣，而天下有未饱暖逸乐者焉，其能以亲乎？义乎？别、序、信乎？吾心未尽也；故于是有纪纲政事之设焉，有礼乐教化之施焉，凡以裁成辅相、成己成物④，而求尽吾心焉耳。心尽而家以齐，国以治，天下以平。故圣人之学不出乎尽心。禅之学非不以心为说，然其意以为

---

① 此句原脱，据《王阳明全集》补。契：参见第78则注释④。司徒：官名，掌管国家的土地和人民的教化。

② 比屋可封：谓上古之世教化遍及四海，家家都有德行，堪受旌表。《尚书大传》卷五："周人可比屋而封。"比屋：家家户户。

③ 纰缪：错误。訾（zǐ）：诋毁；指责。

④ 裁成：犹栽培，谓教育而成就之。辅相：辅助，帮助。成己成物：谓由己及物，自身有所成就，也要使自身以外的一切有所成就。语本《礼记·中庸》："诚者，非自成己而已也，所以成物也。成己，仁也；成物，知也。性之德也，合内外之道也。"

是达道也者，固吾之心也，吾惟不昧吾心于其中则亦已矣，而亦岂必屑屑于其外①；其外有未当也，则亦岂必屑屑于其中。斯亦其所谓尽心者矣，而不知已陷于自私自利之偏。是以外人伦，遗事物，以之独善或能之②，而要之不可以治家国天下。盖圣人之学无人己，无内外，一天地万物以为心；而禅之学起于自私自利，而未免于内外之分，斯其所以为异也。今之为心性之学者而果外人伦，遗事物，则诚所谓禅矣。使其未尝外人伦，遗事物，而专以存心养性为事，则固圣门精一之学也，而可谓之禅乎哉！世之学者，承沿其举业词章之习，以荒秽戕伐其心③，既与圣人尽心之学相背而驰，日骛日远，莫知其所抵极矣。有以心性之说而招之来归者，则顾骇以为禅，而反仇雠视之④，不亦大可哀乎！夫不自知其为非而以非人者，是旧习之为蔽，而未可遽以为罪也⑤。有知其非者矣，藐然视人之非而不以告人者，自私者也。既告之矣，既知之矣，而犹冥然不以自反者⑥，自弃者也。

吾越多豪杰之士⑦，其特然无所待而兴者⑧，为不少矣，而亦容有蔽于旧习者乎？故吾因诸君之请而特为一言之。呜呼！吾岂特为吾越之士一言之而已乎？

---

① 屑屑：特意、着意貌。

② 独善："独善其身"的略语，指注重自身修养，保持节操。《孟子·尽心上》："穷则独善其身，达则兼善天下。"

③ 戕（qiāng）伐：伤害。

④ 仇雠（chóu）：仇人，冤家对头。

⑤ 遽：遂，就。

⑥ 冥然：愚昧无知貌。自反：反躬自问，自己反省。

⑦ 越：代称浙江或浙东地区，也专指绍兴一带。

⑧ 特然：特立貌。无所待而兴：自觉勇敢地奋起。

【译文】

圣人之学，乃是心学，学习是为了追求尽心。尧、舜、禹相互传授时说："人心变化莫测，道心中正入微，只有追求精纯专一，言行符合不偏不倚的中正之道。"道心就是按照天性行事，不掺杂丝毫人欲。它无声无味，极微妙也极显著，是诚的本原。人心一旦掺杂了私欲就很危险，就成为伪的发端。看见小孩掉到井里而产生同情怜悯之心，这是天性的显露；进而与孩子的父母结交，想在乡邻朋友中博取声誉，这是人心的体现。饿了吃饭，渴了喝水，这是天性的显露；进而追求食物的极致美味和口腹之欲的极尽贪婪，这是人心的体现。惟一，指的是道心的专一。惟精，忧虑的是道心的不专一，或恐掺杂了人欲。道没有不中正的，专一于道心而永不停息，即所谓的"允执厥中"。专一于道心，则存于内心无不中正，而发于情感无不平和。因此，依循道心，父子之间必定生发亲情，君臣之间必定生发忠义，夫妇、长幼、朋友之间必定生发分别、尊卑、信义；这就是合于法度之和，是天下公认的准则。放之四海而皆准，贯通古今而不穷；天下之人同心同性，都崇尚这公认的准则。舜让契担任司徒而教化人民，所教的也就是这一公认准则。当时，人人都是君子，家家皆有德行，教的人只教这个，学的人也只学这个。圣人去世以后，心学也就衰落了，各种伪诈之举盛行，追逐名利、训诂、记诵辞章之徒纷纷涌现，学术支离破碎，不断变更，相互沿用，相互因袭，各自固守着自己的错误观点，人欲日益强烈，不再知晓还有道心的精微。其中也有人察觉错误，想要返回根本探求源头，却又被人哄然指为禅学，交相诋毁。唉！心学何时才能复兴呢！

禅学和圣人之学都是探求尽心，差别很小。但圣人追求的尽心，是以天地万物为一体。我们父子之间有亲情，但如果天下还有父子不亲的话，那就表明还未尽心；我们君臣之间有忠义，但如果天下还有不义之举，那就表明还未尽心；我们夫妇之间有内外之别，长幼有尊卑之序，朋友有信义，但如果天下还有夫妇不讲分别、长幼不分尊卑、朋友不讲信义的话，那么也不能算是尽心。我们一家丰衣足食共享天伦，而天下还有人吃不饱、穿不暖的话，能说有亲情吗？能说有忠义吗？能说有分别、有尊卑、有信义吗？只能说是我心还未尽；所以才要设立纲纪法规，实施礼乐教化，以此相辅相成，成就自身，也成就他物，以求能尽我心。心尽了，则可以齐家、治国、平天下。所以，圣人之学都讲求尽心。禅学虽然也讲心性，却把人心作为公认的准则，认为只要我心不昏昧就可以了，而没有必要去顾及心外之物；心外有不正确的东西，又何必去在意它？这就是禅学所说的尽心，却不知已陷入自私自利的偏执之中。因此他们所追求的超脱人伦，遗弃事物，用来提升自身修养或许可以，但终归不可以治理家国天下。圣人之学，无人我之分，也无内外之分，是将天下万物都一并融为一心；禅学却是从自私自利出发，不能免除内外之分，所以与圣人之学不同。现在研究心性之学的人，倘若果真超脱人伦，遗弃事物，那就确实可以称为禅；倘若它并没有超脱人伦，遗弃事物，而专心一意探求存心养性，那就是圣门的精纯专一之学，又怎么可以称为禅呢！世间的学者沿袭前人的举业辞章之习，荒废伤害自己的内心，与圣人的尽心之学背道而驰，相去日远，没有人知道止境在哪里。有人以心学的旗帜号召他们来学习，他们却骇疑是禅学而视之如仇敌，实在是可悲啊！哎，他们不知道自己的错误，反而认为别人是错误的，这都是因为有旧习遮蔽，还不能就此视为罪过。那些明知其错误，却轻蔑地看着别人犯错而不告诉别人的人，就是自私之徒。至于那些已经被人告知是非而依然冥然不化的人，就是自弃之人。

我们越地向来多豪杰之士，特然而立能够自觉勇敢地奋起的人为数不少，难道也容许一直被旧习所遮蔽吗？今天我受大家的邀请特意说了这番话。唉，我哪里是只为我们越地的人士阐述这些呢？

【解析】

此则撷自《重修山阴县学记》，写于嘉靖四年（1525）。在这篇文章中，阳明先生明确提出圣学的实质是"心学"，引导人养性尽心，将"良知"运用到对具体事务的处理中来。他通过辨析"道心"和"人心"的不同，论述精粹纯一的"道心"才是圣学追求的目标。而后世正是因为人心日炽，道心日微，才导致圣学的衰亡。而针对"心学"容易被诋毁为禅学的现实情况，先生也愤慨地指出：虽然禅学与心学都关注人的内心，都要求人们"尽心"，在功夫论上有相同之处，但它们的目的是根本不同的。儒学注重治己安世，提倡修身、齐家、治国、平天下；禅学却只关注自己内心的解脱，弃绝人伦事物，外天下国家。所以先生认为禅学是自私自利之学，其道或可独善，而终不能安顿人间世界。宋代以来儒学家一直对禅学加以批判，并非党同伐异的门派之私，而是基于道德与文化意识之不同。程颢说："佛学只是以生死恐动人。"陆九渊也说："释氏立教，本欲脱离生死，惟主于成其私耳。此其病根也"，"原其始，要其终，则私与利而已"。阳明先生也正是延续了程陆的精神脉络。

179. 谕及"学无静根，感物易动，处事多悔"①，是三言者，病亦相因②。惟学而别求静根，故感物而惧其易动；感物而惧其易

---

① 谕及：信中提到的。

② 相因：相袭，相承。

动，是故处事而多悔也。心，无动静者也。其静也者，以言其体
也；其动也者，以言其用也。故君子之学，无间于动静①。其静
也，常觉而未尝无也，故常应②；其动也，常定而未尝有也，故常
寂③；常应常寂，动静皆有事焉，是之谓集义④。集义故能无祗
悔⑤，所谓动亦定，静亦定者也⑥。心一而已。静，其体也，而复求
静根焉，是挠其体也；动，其用也，而惧其易动焉，是废其用也。
故求静之心即动也，恶动之心非静也，是之谓动亦动，静亦动，将
迎起伏⑦，相寻于无穷矣⑧。故循理之谓静，从欲之谓动。欲也者，
非必声色货利外诱也，有心之私皆欲也。故循理焉，虽酬酢万变，皆
静也。濂溪所谓"主静"，无欲之谓也，是谓集义者也。从欲焉，虽
心斋坐忘⑨，亦动也。告子之强制正助之谓也，是外义者也⑩。

【译文】

　　你信中谈到"学业没有静根，感应外物容易动心，处理事情多有
悔恨"，这三句话所提到的毛病其实是相互承袭的。正是因为求学还专
门追求静根，所以感应外物时就会忧惧心的易动；感应外物时忧惧心
的易动，所以处理事情时就多有悔恨。心无动静之分。说心静，是就

---

①　间：阻隔。

②　觉：感知到。应：心灵和外在事物感应。

③　寂：心灵寂静不被扰乱。

④　集义：参见第 108 则注释①。

⑤　祗（qí）悔：大悔。《易经·复》："不远复，无祗悔。"

⑥　动亦定，静亦定：指功夫应做到动静之时心都安定不乱。

⑦　将迎：参见第 20 则注释①。

⑧　相寻：相继，接连不断。

　⑨　心斋坐忘：庄子的修养方法。心斋谓摒除杂念，使心境虚静纯一。坐忘谓物我两忘、与道
　　合一的精神境界。

⑩　告子之强制正助之谓也，是外义者也：参见第 92 则注释⑥。

心的本体而言；说心动，是就心的功用而言。所以君子求学时，动静之间没有阻隔。心静的时候，也常有感觉，所以常和外物感应；心动的时候，也常安定，所以常寂静不被外物扰乱；无论常感应、常寂静，动静都体现在事上，这就是集义。做到了集义，才不会有大悔，也就是所说的动也安定，静也安定。心只有一个。静是其本体，而又追求静根，则是扰乱了心的本体；动是心的功用，却又忧惧其易动，就是废除了心的功用。所以求静之心，本就是动；厌恶动的心，本不是静，这就是动是动，静也是动，迎送起伏，接连不断，无穷无尽。所以遵循天理才称为静，顺从人欲就叫作动。人欲，不一定是指音乐、女色、货物、财利这些外在的诱惑，但凡心的私处都是人欲。所以只要遵循天理，虽然应对事物的千变万化，也都是静。周濂溪所说的"主静"，就指的是没有人欲，指的集义之人。顺从人欲，即使用庄子的心斋坐忘，也还是动。告子所说的强制正助，则是以义为外。

【解析】

　　此则撷自《答伦彦式》。正德十六年（1521），弟子伦以训（字彦式）写书信向阳明先生请教，在这段文字中，先生主要辨析了动与静的关系。"动静"是历代名家学者的共同课题，儒家学者中也各持己见。先生认为，心体原本就是静的，动只是它的功用，因此没有必要强行区分动和静。关键在于明确：心只有一个，无论动静与否，只要是循天理而为，就无时无处不是静；但倘若是循人欲而为，就无时无处不是动了。也就是说，对动静的探讨，一定要建立在对天理人欲、道心人心的辨析基础上。只有遵循天理，秉持道心，致得良知，心体才是精粹纯一的，才能求得静根，以不变应万变，避免在纷繁迷乱的现实生活中迷失自我。

180. 未发之中①，即良知也，无前后内外，而浑然一体者也。有事、无事可以言动静，而良知无分于有事、无事也。寂然、感通可以言动静，而良知无分于寂然、感通也②。动静者，所遇之时。心之本体，固无分于动静也。理无动者也，动即为欲。循理则虽酬酢万变，而未尝动也；从欲则虽槁心一念，而未尝静也。动中有静，静中有动，又何疑乎？有事而感通，固可以言动，然而寂然者未尝有增也；无事而寂然，固可以言静，然而感通者未尝有减也。动而无动，静而无静，又何疑乎？无前后内外而浑然一体，则至诚有息之疑③，不待解矣。未发在已发之中，而已发之中未尝别有未发者在；已发在未发之中，而未发之中未尝别有已发者存。是未尝无动静，而不可以动静分者也。周子静极而动之说，盖其意从"太极动而生阳""静而生阴"说来④。太极生生之理，妙用无息，而常体不易⑤。太极之生生，即阴阳之生生。就其生生之中，指其妙用无息者而谓之动，谓之阳之生，非谓动而后生阳也；就其生生之中，指其常体不易者而谓之静，谓之阴之生，非谓静而后生阴也。若果静而后生阴，动而后生阳，则是阴阳、动静，截然各自为一物矣。阴阳一气也，一气屈伸而为阴阳。动静一理也，一理隐显而为

---

① 未发之中：参见第 28 则注释②。

② 寂然：形容寂静的状态。感通：谓此有所感而通于彼。意即一方的行为感动对方，从而导致相应的反应。语本《易经·系辞上》："《易》无思也，无为也，寂然不动，感而遂通天下之故。"

③ 至诚有息：语本《中庸》："故至诚无息。"原意为在道德修养上若达到无虚假之"诚"的境界，则能长久而不间断。

④ "静极而动""太极动而生阳""静而生阴"：语见周敦颐《太极图说》："无极而太极，太极动而生阳，动极而静。静而生阴，静极复动。一动一静，互为其根，分阴分阳，两仪立焉。"

⑤ 常体：指本体。

动静。春夏可以为阳为动，而未尝无阴与静也；秋冬可以为阴为静，而未尝无阳与动也。春夏此不息，秋冬此不息，皆可谓之阳、谓之动也；春夏此常体，秋冬此常体，皆可谓之阴、谓之静也。自元、会、运、世、岁、月、日、时以至刻、秒、忽、微①，莫不皆然。所谓"动静无端，阴阳无始"②，在知道者默而识之，非可以言语穷也。观书者若牵文泥句，比拟仿像，则所谓心从《法华》转，非是转《法华》矣③。

【译文】

　　人的情绪未表露出来时的中和，就是良知，它没有先后内外的区别，是浑然一体的。从有事、无事可以区分动静，但良知不能分成有事和无事。从寂静、感应可以区分动静，但良知不分寂静和感应。动和静，表现在事物相遇的时候。心的本体原本没有动静的区别。天理是不动的，一动就变成了人欲。只要遵循天理，即使应对千变万化的事物也不会动；如果顺从人欲，即使心如死灰也不会静。动中有静，静中有动，又有什么可怀疑的呢？有事而感应，固然可以叫作动，但是，寂静的一方并没增加什么；无事时的寂静固然可以叫作静，但是，感应的一方也从没有减少什么。动但又没动，静但又没静，又有什么可怀疑的呢？良知没有先后内外的区别，浑然一体，那么关于至诚是否有间断的疑问就不证自明了。未发在已发之中，但已发之中不曾另

① 元、会、运、世：语本邵雍《观物内篇》："日经天之元，月经天之会，星经天之运，辰经天之世。"三十年为一世，十二世为一运，三十运为一会，十二会为一元。秒：同"秒"。忽、微：古代极小的时间单位名。

② "动静无端，阴阳无始"：语出程颐《易说·系辞》。

③ 心从《法华》转，非是转《法华》：语本《六祖坛经》："心迷《法华》转，心悟转《法华》。"大意为迷者拘泥于《法华经》的字句，悟者则能灵活运用《法华经》所传达的意义。

有一个未发存在；已发在未发之中，未发之中也不曾另有一个已发存在。这里不是没有动静，只是不能以动和静来加以区分。周敦颐先生有静极而动的说法，他的意思是从"太极动而生阳""静而生阴"上来说的。太极生生不已的理，既是妙用无穷的，其本体又是长久不变的。太极的运动生成也就是阴阳的生生不息。就在这生生不息之中，妙用无穷就是动，这就是阳的产生，并不是说在动之后才产生阳；在这生生不息之中，本体长久不变就是静，也就是阴的产生，并不是说在静之后才产生阴。如果真是静后生阴，动后生阳，那么阴阳、动静又截然不同，各为一物。阴阳是一个气，气的屈伸产生了阴阳。动静是一个理，理的隐显产生了动静。春夏两季是阳是动，但未尝没有阴和静；秋冬两季是阴是静，但未尝没有阳和动。春夏是这样生生不息，秋冬也是这样生生不息，都可以叫作阳和动；春夏有这样恒常不变的本体，秋冬也有这样恒常不变的本体，都可以叫作阴和静。从元、会、运、世、岁、日、时，直至刻、秒、忽、微，没有不是这样的。程伊川先生说"动和静没有发端，阴和阳没有起始"，这需要认识天道的人慢慢体悟，不是可以用言语穷尽的。看书之人如果只拘泥于文句，比拟模仿，那么就是所说的心从《法华》转，非是转《法华》了。

【解析】

此则撷自《答陆原静书》，与上一则文义关联，都论述了动与静的关系。自周敦颐以来，学者论动静多与太极、阴阳关联。如程颐说"动静无端，阴阳无始"（《河南程氏经说·易说》），朱熹认为无动无静的是太极，太极是万事万物的根源，"那动以前又是静，静以前又是动"，"一动一静循环无端"（《朱子语类》卷九十四），意谓阴阳、动静是一个连续不断的流转过程。阳明先生也依循这一思路论述动静之间的关系，但他强调的是心之本体不分动静，动静一体，没有必要将动与静截然分开，动中有静，静中有动，它们是辩证统一的关系。

181. 夫人者，天地之心。天地万物本吾一体者也。生民之困苦荼毒，孰非疾痛之切于吾身者乎？不知吾身之疾痛，无是非之心者也。是非之心，不虑而知，不学而能，所谓良知也。良知之在人心，无间于圣愚，天下古今之所同也。世之君子惟务致其良知，则自能公是非，同好恶，视人犹己，视国犹家，而以天地万物为一体。求天下无治，不可得矣。古之人所以能见善不啻若己出，见恶不啻若己入，视民之饥溺，犹己之饥溺①，而一夫不获，若己推而纳诸沟中者②，非故为是而以蕲天下之信己也③，务致其良知求自谦而已矣。尧舜、三王之圣④，言而民莫不信者，致其良知而言之也；行而民莫不说者⑤，致其良知而行之也。是以其民熙熙皞皞⑥，杀之不怨，利之不庸⑦，施及蛮貊⑧，而凡有血气者莫不尊亲，为其良知之同也。呜呼！圣人之治天下，何其简且易哉！

后世良知之学不明，天下之人用其私智以相比轧，是以人各有

---

① 饥溺：比喻生活痛苦。语本《孟子·离娄下》："禹思天下有溺者，由己溺之也；稷思天下有饥者，由己饥之也，是以如是其急也。"

② "一夫"句：语本《尚书·说命下》："一夫不获，则曰时予之辜。"及《孟子·万章上》："匹夫匹妇，有不被尧舜之泽者，若己推而内之沟中。"

③ 蕲：通"祈"，祈求。

④ 三王：参见第18则注释②。

⑤ 说：通"悦"，喜悦，高兴。

⑥ 熙熙皞（hào）皞：和乐，怡然自得。

⑦ 杀之不怨，利之不庸：语本《孟子·尽心上》："杀之而不怨，利之而不庸，民日迁善而不知为之者。"庸：功也。

⑧ 蛮貊（mò）：古代称南方和北方落后部族，亦泛指四方落后部族。

心，而偏琐僻陋之见①，狡伪阴邪之术，至于不可胜说。外假仁义之名，而内以行其自私自利之实，诡辞以阿俗，矫行以干誉②。掩人之善而袭以为己长，讦人之私而窃以为己直。忿以相胜而犹谓之徇义，险以相倾而犹谓之疾恶③。妒贤忌能而犹自以为公是非，恣情纵欲而犹自以为同好恶。相陵相贼④，自其一家骨肉之亲，已不能无尔我胜负之意，彼此藩篱之形，而况于天下之大，民物之众，又何能一体而视之？则亦无怪于纷纷籍籍而祸乱相寻于无穷矣⑤。

仆诚赖天之灵，偶有见于良知之学，以为必由此而后天下可得而治。是以每念斯民之陷溺，则为之戚然痛心，忘其身之不肖，而思以此救之，亦不自知其量者。天下之人见其若是，遂相与非笑而诋斥之⑥，以为是病狂丧心之人耳。呜呼，是奚足恤哉⑦？吾方疾痛之切体，而暇计人之非笑乎？人固有见其父子兄弟之坠溺于深渊者，呼号匍匐，踝跣颠顿，扳悬崖壁而下拯之⑧。士之见者，方相与揖让谈笑于其傍⑨，以为是弃其礼貌衣冠而呼号颠顿若此，是病狂丧心者也。故夫揖让谈笑于溺人之傍而不知救，此

---

① 偏琐：偏颇猥琐。僻陋：谓性情偏执，见识浅陋。

② 诡辞：诡异的言论，异端邪说。阿（ē）俗：曲从、迎合世俗。干誉：求取名誉。

③ 忿：愤怒，怨恨。相胜：相互压服，制约。徇义：为正义献身。徇，通"殉"。相倾：相互竞争，彼此排挤。疾恶：憎恨坏人坏事。

④ 相陵：相互侵扰。相贼：相互侵犯、妨害。

⑤ 籍籍：众口喧腾貌。

⑥ 诋斥：谴责，呵斥。

⑦ 恤：顾及，顾念。

⑧ 匍匐：爬行，这里形容惊慌匆忙。踝跣（luǒ xiǎn）：赤脚。踝，通"裸"。颠顿：上下奔跑。扳：攀援。拯：援救，救助。

⑨ 揖让：宾主相见的礼仪。

惟行路之人，无亲戚骨肉之情者能之。然已谓之"无恻隐之心，非人矣"①。若夫在父子兄弟之爱者，则固未有不痛心疾首，狂奔尽气，匍匐而拯之，彼将陷溺之祸有不顾，而况于病狂丧心之讥乎？而又况于蕲人之信与不信乎！呜呼！今之人虽谓仆为病狂丧心之人，亦无不可矣。天下之人心皆吾之心也。天下之人犹有病狂者矣，吾安得而非病狂乎？犹有丧心者矣，吾安得而非丧心乎？

昔者孔子之在当时，有讥其为谄者②，有讥其为佞者③，有毁其未贤④，诋其为不知礼⑤，而侮之以为东家丘者⑥，有嫉而沮之者⑦，有恶而欲杀之者⑧。晨门、荷蒉之徒，皆当时之贤士，且曰"是知其不可而为之者欤？""鄙哉！硁硁乎！莫己知也，斯已而已矣"⑨。虽子路在升堂之列，尚不能无疑于其所见，不悦于其所欲

---

① "无恻隐之心，非人矣"：参见第 176 则第 205 页注释①。

② 讥其为谄：语本《论语·八佾》："子曰：'事君尽礼，人以为谄也。'"

③ 讥其为佞：语本《论语·宪问》："微生亩谓孔子曰：'丘何为是栖栖者与？无乃为佞乎。'"

④ 毁其未贤：事本《论语·子张》："叔孙武叔毁仲尼。子贡曰：'无以为也！仲尼不可毁也。他人之贤者，丘陵也，犹可逾也；仲尼，日月也，无得而逾焉。'"

⑤ 诋其为不知礼：事本《论语·八佾》："子入太庙，每事问。或曰：'孰谓鄹（zōu）人之子知礼乎？入太庙，每事问。'"

⑥ 东家丘：《孔子家语》："孔子西家有愚夫，不能识孔子是圣人，乃曰：'彼东家丘，吾知之矣。'"

⑦ 嫉而沮之：事本《论语·微子》："齐人归女乐，季桓子受之，三日不朝，孔子行。"沮：同"阻"。

⑧ 恶而欲杀之：事本《史记·孔子世家》。孔子周游列国，宋国的司马魋怕他介入宋国朝政，派人去刺杀他。

⑨ 晨门、荷蒉（kuì）：晨门与荷蒉都是和孔子同时代的隐士。"是知"句：出自《论语·宪问》，为晨门嘲笑孔子之语。"鄙哉"四句：出自《论语·宪问》，是荷蒉规劝孔子之语。硁：刚劲有力的击石声。

往，而且以之为迂①。则当时之不信夫子者，岂特十之一二而已乎？然而夫子汲汲遑遑，若求亡子于道路，而不暇于暖席者②，宁以薪人之知我、信我而已哉？盖其天地万物一体之仁，疾痛迫切，虽欲已之而自有所不容已，故其言曰："吾非斯人之徒与，而谁与？"③"欲洁其身而乱大伦。"④"果哉，末之难矣！"⑤呜呼！此非诚以天地万物为一体者，孰能以知夫子之心乎？若其"遁世无闷""乐天知命"者⑥，则固"无入而不自得"⑦，"道并行而不相悖"也⑧。

仆之不肖，何敢以夫子之道为己任。顾其心亦已稍知疾痛之在身，是以彷徨四顾，相求其有助于我者，相与讲去其病耳。今诚得豪杰同志之士，扶持匡翼⑨，共明良知之学于天下，使天下之人皆知自致其良知，以相安相养，去其自私自利之蔽，一洗谗妒胜忿之习⑩，以济于大同⑪。则仆之狂病固将脱然以愈⑫，而终免于丧心之

① "虽子路"句：事本《论语·雍也》："子见南子，子路不说。"及《论语·子路》："子路曰：'卫君待子而为政，子将奚先？'子曰：'必也正名乎！'子路曰：'有是哉，子之迂也！奚其正？'"升堂：比喻学问技艺已入门。《论语·先进》："子曰：'由也升堂矣，未入于室也。'"

② 汲汲遑遑：匆遽貌。暖席：把座位坐热，指安居。

③ "吾非"句：出自《论语·微子》。

④ "欲洁"句：出自《论语·微子》。

⑤ "果哉"句：出自《论语·宪问》。

⑥ "遁世无闷"：谓逃避世俗而心无烦忧。出自《易经·乾》："不成乎名，遁世无闷。""乐天知命"：谓乐从天道的安排，安守命运的分限。出自《易经·系辞上》："乐天知命，故不忧。"

⑦ "无入而不自得"：参见第17则注释④。

⑧ "道并行而不相悖"：语见《中庸》。

⑨ 匡翼：匡正辅佐。

⑩ 谗妒：忌妒陷害。胜忿：好胜和易怒。

⑪ 济：通"跻"，登上，到达。大同：战国末至汉初的儒家学派提出的一种理想社会，与"小康"相对。

⑫ 脱然：舒适貌，多指疾病脱体。

患矣。岂不快哉！

【译文】

人，是天地之心。天地万物与我本是一体。百姓遭受的痛苦荼毒，哪一件不是我的切肤之痛？不知道自身痛苦的人，就是没有是非之心的人。是非之心，不需要思考就能知道，不需要学习就能具备，就是所说的良知。良知存在于人心之中，不论贤愚，天下古今都是相同的。世上的君子只要全心全意致良知，就自然能够具备共同的是非好恶，待人如己，视国如家，视天地万物为一体。若能如此，想要天下治理不好是不可能的。古人之所以能看见善行就如同是自己所做，看见恶行就如同是自己所为，把百姓的疾苦视为自己的疾苦，只要有一个人生活没安顿好，就像是自己把他推到沟壑之中，并不是企图以此来取信于天下人，而是一心致良知、求心安罢了。尧舜、三王等圣人的话，百姓没有不信的，就是因为他们能推极良知而发言；他们的行为，百姓没有不心悦诚服的，就是因为他们能推极良知而行事。所以，他们的百姓平和安乐，即使获刑被杀也没有什么怨恨，得到好处也不认为是自己的功劳。把这些推广到未开化的地方，凡是有血气的人无不孝敬父母，因为人的良知是相同的。哎！圣人治理天下，是何等的简单容易啊！

及至后世，良知之学隐没不明，天下人都用自己的那点才智相互倾轧，各有私心，而那些偏颇浅陋的主张，狡诈阴险的手段，层出不穷。外面打着仁义的招牌，内里干着自私自利的勾当，用诡辩来迎合世俗，用虚伪来沽名钓誉。把掩盖别人的善行当作自己的长处，把攻击别人的隐私当作正直。出于怨怨相互争胜，却说成追求正义；用心险恶相互倾轧，却说成是嫉恶如仇。嫉贤妒能，还自以为坚持公是公非；放纵情欲，还自以为与人同好同恶。相互侵扰，相互妨害，即使是骨肉至亲的一家人，也不免争强好胜之心，彼此间也都有隔阂，更何况天下之大，生民万物之众，又岂能视为一体？这也就难怪天下纷纷扰扰、祸乱无穷了。

托上天之福，我偶然领悟了良知学问，认为只有靠它然后天下才能得到治理。所以，每当想到百姓的痛苦，就感到悲伤痛心，不顾自己才疏学浅，希望用良知之学来拯救天下，这的确是不自量力。天下的人看我这样，都一起讥笑我，谴责我，把我当成丧心病狂之人。唉，我哪里还能顾及这些呢！我正有切肤之痛，怎么还会有空去计较别人的讥笑呢？倘若有人看到他的父子兄弟坠入深渊，一定会惊慌喊叫，赤脚奔跑，攀着悬崖峭壁下去拯救。士人们见此情景，却还在一旁打躬作揖，谈笑如常，认为这个人扔掉衣帽喊叫奔跑，一定是个丧心病狂之人。看到别人落水，仍然在那里打躬作揖、谈笑如常而不知救人，这只有那些没有亲情血缘关系的路人才会这样。这种人可以说就是孟子所谓的"没有同情怜悯之心的，就不是人"。如果是那些有骨肉亲情的看见了，就一定会痛心疾首，奔走呼号，竭尽全力去救人，把可能被淹死的危险都抛到脑后，哪还能顾及丧心病狂之类的讥笑呢？又怎么会去在乎别人的信和不信呢？唉！现在的人说我是丧心病狂之人，也没有什么不可以。天下的人心就是我的心。天下人之中还有病狂的人，我又怎么可能不病狂呢？天下人之中还有丧心的人，我又怎么可能不丧心呢？

当初孔子在世的时候，有讥讽他谄媚的，有讥讽他奸佞的，有诽谤他不贤的，有诋毁他不懂礼仪而称他是"东家丘"的，有嫉妒他而加以阻止的，有厌恶他想去杀害他的。即使是晨门、荷蒉这样的人，都是当时的贤士，也都说他是"知其不可为而为之的人"，"浅薄啊，砭砭的声音好像是说没有人理解自己啊！没有人能理解你就算了吧"。虽然子路已学有所成，但有时也难免怀疑自己所看到的，当孔子要去见南子时，子路就不高兴，并且认为孔子迂腐。可见当时不信任孔子之人，岂止十分之一二？可孔子依然急切匆忙，就像寻找丢失的儿子一样四处奔波，坐不暖席，这难道是为了希望别人了解自己、信任自己吗？是因为他有天地万物为一体的仁爱之心，深切地感受到世间病痛的严重，即使想撒手不管，也身不由己、势不能停了。所以他说："我不跟天下的人在一起又跟谁在一起呢？""想要洁身自好，却扰乱了作为一个人的最重要的伦理规范。""好坚决！没有办法说服他了。"唉！如果不是真正把天地万物视为一体的人，又怎么能够理解孔子的心情呢？像那些逃避世俗而心无烦忧之人，或乐天知命之人，自然所有境地都能够安然自得，都能与道并行而不相悖。

我才能平庸，怎么敢以夫子之道为己任。体察我的内心就会知道我已疾痛加身，因此徘徊四顾，希望寻找能帮助我的人，互相探讨以消除世之弊病。若真能得到志同道合的豪杰之士，相互扶持，共同匡正，使良知学说发扬光大，使天下人都懂得致良知，在相互帮助和学习中，去除自私自利的弊病，抛弃谗谤、忌妒、好胜和易怒的恶习，以实现天下大同。这样，我的狂病就会立刻痊愈，并最终免除丧心病狂的忧患。岂不痛快！

【解析】

此则撷自《答聂文蔚（一）》。在这篇文字中，阳明先生系统阐述了"万物一体"观念，这是他心学理论的出发点，包含着他的社会政治理想和道德修养境界。在先生看来，人是天地之心，万物与我本为一体，若能致良知，成就万物一体之仁的话，就能够实现理想政治。

他认为尧舜、三王之所以能上下一致，圣凡同心，使天下大治，实现社会大同，就是因为他们的一言一行无不本自良知。而后世正是因为良知之学不明，所以导致人心散荡，天下混乱。孔子曾不顾世间非议，为解救天下苍生而东奔西走。先生也极为忧虑社会现状，他将天下百姓的困苦看作自身的痛苦，不顾世人非议嘲笑，希望能用自己的学说让世人清醒过来，认识到自己的良知，去主动推极自己的良知。他对隐士们只顾独善其身、洁身自好，而主动放弃责任和担当的做法非常不欣赏，因此说这些人自然可以"无入而不自得"和"道并行而不相悖"，显然是反讽。先生自己并不想做一个遁世无闷、乐天知命者，他要承担责任，要改变社会。他的"一体之仁"是其道德实践的原动力，使他虽遭"病狂丧心"之讥而不坠其志。

182. 世之高抗通脱之士①，捐富贵，轻利害，弃爵禄，决然长往而不顾者②，亦皆有之。彼其或从好于外道诡异之说③，投情于诗酒山水技艺之乐，又或奋发于意气，感激于愤悱④，牵溺于嗜好，有待于物以相胜⑤，是以去彼取此而后能。及其所之既倦，意衡心郁，情遂事移，则忧愁悲苦随之而作。果能捐富贵，轻利害，弃爵禄，快然终身，无入而不自得已乎⑥？

夫惟有道之士，真有以见其良知之昭明灵觉，圆融洞彻，廓然

---

① 高抗：刚正不屈。通脱：放达不拘小节。

② 捐：放弃，舍弃。决然：坚决果断貌。长往：一去不返。

③ 外道：泛指不合于正道的论说、法则等。

④ 愤悱：愤慨，怨恨。

⑤ 有待：古代道家哲学用语，谓需要依赖一定的条件。庄子认为世俗生活都是有待的，不自由的；而绝对的精神自由则是无待的。参见《庄子·逍遥游》。

⑥ 快然：喜悦貌。无入而不自得：参见第 17 则注释④。

与太虚而同体①。太虚之中，何物不有？而无一物能为太虚之障碍。盖吾良知之体，本自聪明睿知，本自宽裕温柔，本自发强刚毅，本自齐庄中正、文理密察②，本自溥博渊泉而时出之③，本无富贵之可慕，本无贫贱之可忧，本无得丧之可欣戚④，爱憎之可取舍。盖吾之耳而非良知，则不能以听矣，又何有于聪⑤？目而非良知，则不能以视矣，又何有于明？心而非良知，则不能以思与觉矣，又何有于睿知？然则，又何有于宽裕温柔乎？又何有于发强刚毅乎？又何有于齐庄中正、文理密察乎？又何有于溥博渊泉而时出之乎？

故凡慕富贵，忧贫贱，欣戚得丧，爱憎取舍之类，皆足以蔽吾聪明睿知之体，而窒吾渊泉时出之用。若此者，如明目之中而翳之以尘沙，聪耳之中而塞之以木楔也⑥。其疾痛郁逆，将必速去之为快，而何能忍于时刻乎⑦？故凡有道之士，其于慕富贵，忧贫贱，欣戚得丧而取舍爱憎也，若洗目中之尘而拔耳中之楔。其于富贵、贫贱、得丧、爱憎之相值，若飘风浮霭之往来变化于太虚，而太虚之体，固常廓然其无碍也。

---

① 圆融：佛教语，谓破除偏执，圆满融通。洞彻：通晓，透彻了解。太虚：谓宇宙。

② 聪明睿智、宽裕温柔、发强刚毅、齐（zhāi）庄中正、文理密察：语出《中庸》："唯天下至圣，为能聪明睿知，足以有临也；宽裕温柔，足以有容也；发强刚毅，足以有执也；齐庄中正，足以有敬也；文理密察，足以有别也。"宽裕：宽大，宽容。发强：犹言奋发图强。齐庄：严肃诚敬。中正：正直，忠直。文理：犹条理。密察：缜密明晰。

③ 溥（pǔ）博渊泉而时出之：语本《中庸》，意谓智慧像不断涌动的深泉。溥博：周遍广远。

④ 欣戚：喜乐和忧戚。

⑤ 聪：听觉灵敏。

⑥ 翳：遮蔽，隐藏，隐没。木楔（xiē）：木材制作的楔形物。

⑦ 郁：郁结。逆：中医指气血不和、胃气不顺等所致病症。时刻：指短暂的时间，犹片刻。

【译文】

世上的刚正放达之士，舍弃富贵，轻视利害，丢弃爵位俸禄，毅然决然地超脱凡俗而没有一点留恋，也都是有的。他们中有的人喜好外道异说，纵情于诗酒山水技艺的乐趣之中；又有的人凭一时意气，慷慨激愤，沉溺于各种嗜好，依靠外物来压制内心的苦闷，必须不断舍弃这个、获取那个。但当他倦怠的时候，内心就不免郁悒，情感随事而变，忧愁悲苦的情绪也随之而来。难道这果真是舍弃富贵，轻视利害，丢弃爵位俸禄，终生无忧无虑，随时随地心境怡然吗？

只有懂得大道的人，才能够洞彻良知的光明灵觉，融通透彻，远大空寂，和宇宙同为一体。宇宙之中，什么事物不存在？然而也没有什么事物能成为宇宙的障碍。我们的良知本体，本来就聪明睿智，本来就宽容温柔，本来就奋发刚强，本来就诚敬正直、条理缜密，本来就像周遍广远的深泉不断涌动，本来就不贪慕富贵，本来就不忧虑贫贱，本来就没有得失可以悲喜、爱憎可以取舍。我们的耳朵倘若不是因为良知，就不能听到声音，那么对听力又有什么用？眼睛倘若不是因为良知，就不能看到东西，那么对视力又有什么用？人心如果没有良知，就不能思考与感觉，那么对睿智又有什么用？既然是这样，那么它们对宽容温柔、奋发刚强、诚敬正直、条理缜密又有什么用呢？又怎能像周遍广远的深泉不断涌动？

所以凡是贪慕富贵，忧惧贫贱，因得失而悲喜、因爱憎而取舍之类，都足以蒙蔽我们聪明睿智的本体，窒塞我们像深泉一样不断涌动的机能。这就像明亮的眼睛被尘沙所遮蔽，灵敏的耳朵被塞进了木楔。这种痛苦和压抑一定要尽快去掉，怎么还能忍耐片刻呢？所以，凡是得道之人，对于贪慕富贵，忧惧贫贱，因得失而悲喜、因爱憎而取舍之类情感，就像洗去眼睛中的尘沙，拔去耳朵中的木楔一样。在他们眼里，富贵、贫贱、得失、爱憎等，就像飘风和浮云，虽然它们在宇宙中往来变化，但宇宙本体却仍然远大无障。

【解析】

此则撷自《答南元善书》。嘉靖五年（1526），绍兴知府南大吉（字元善）入京汇报政务，却遭贬谪。但在南大吉写给阳明先生的书信中，所有内容都是以闻道而喜，而没有一字述及贬谪，阳明先生对此深感欣慰和叹服，回信勉励。在信中，先生指出，面对人生挫折，刚正放达之士固然能舍弃富贵爵禄，但因为他们并没有得道，所以只能寄情于外物，而终究不免倦怠苦闷。只有有道之士，因为已致良知本体，所以能与天地万物一体，能像宇宙一样博大广阔，生生不息，自然也就能超然物外，人世间所谓的富贵、贫贱、得失、爱憎，都不过是飘风浮云，再不会有丝毫萦回于心。此中真意，正与先生当年被贬龙场途中所写《泛海》诗相仿："险夷原不滞胸中，何异浮云过太空？夜静海涛三万里，月明飞锡下天风。"

183. 有问于阳明子曰："道有可见乎？"曰："有，有而未尝有也。""然则无可见乎？"曰："无，无而未尝无也。"曰："然则何以为见乎？"曰："见而未尝见也。夫道不可言也，强为之言而益晦；道无可见也，妄为之见而益远。夫有而未尝有，是真有也；无而未尝无，是真无也；见而未尝见，是真见也。子未观于天乎？谓天为无可见，则苍苍尔，昭昭尔，日月之代明，四时之错行①，未尝无

① 代明：谓轮流照耀。错行：交替运行。语本《礼记·中庸》："辟如四时之错行，如日月之代明。"

也；谓天为有可见，则即之而无所①，指之而无定，执之而无得，未尝有也。夫天，道也；道，天也。风可捉也，影可拾也，道可见也。"曰："然则吾终无所见乎？古之人则亦终无所见乎？"曰："神无方而道无体②，'仁者见之谓之仁，知者见之谓之知'③。是有方体者也，见之而未尽者也。颜子则'如有所立卓尔'④。夫谓之'如'，则非有也；谓之'有'，则非无也。是故'虽欲从之，末由也已'。故夫颜氏之子为庶几也⑤。文王望道而未之见⑥，斯真见也已。"曰："然则吾何所用心乎？"曰："沦于无者，无所用其心者也，荡而无归；滞于有者，用其心于无用者也，劳而无功。夫有无之间，见与不见之妙，非可以言求也。而子顾切切焉⑦，吾又从而强言其不可见，是以瞽导瞽也⑧。夫言饮者不可以为醉，见食者不可以为饱。子求其醉饱，则盍饮食之⑨？子求其见也，其惟人之所

---

① 即：就，接近，靠近。

② 神无方而道无体：语本《易经·系辞上》"神无方而易无体"，是说玄妙之道没有固定的形态，无形迹可捕。

③ "仁者"句：语出《易经·系辞上》。比喻因个体差异，对事物就会有不同的看法。

④ "如有所立卓尔"与下文"虽欲从之，末由也已"：出自《论语·子罕》："颜渊喟然叹曰：'……夫子循循然善诱人，博我以文，约我以礼，欲罢不能。既竭吾才，如有所立卓尔。虽欲从之，末由也已。'"意谓：我已经用尽自己的才力，似乎有一个高高的东西立在我的前面。虽然我想要追随上去，却找不到可循的路径。卓尔：高高直立的样子。由：途径，办法。

⑤ "故夫"句：语本《易经·系辞下》："子曰：'颜氏之子，其殆庶几乎？'"孔子赞扬颜回已接近圣人。庶几：差不多，近似。

⑥ "文王"句：语本《孟子·离娄下》："文王视民如伤，望道而未之见。"意指周文王极其顾恤民众疾苦，分明已见道，却好像还没有见道一样。

⑦ 切切：急切，急迫。

⑧ 以瞽（gǔ）导瞽：盲人给盲人领路。瞽：失明的人，盲人。

⑨ 盍：副词。表示反诘。犹何不。

不见乎？夫亦'戒慎乎其所不睹'也已①。斯真睹也已，斯求见之道也已。"

【译文】

刘观时问阳明子说："道，有能看见的吗？"我告诉他："有，但也不一定有。"又问："那么是有看不见的吗？"我说："无，但也不一定无。"又继续问："那么怎样才能看得见呢？"我说："看得见，但又不一定看得见。道，是不可言说的，如果强行言说，就会越发隐晦；道也是看不见的，如果强行去看，就会离得更远。有但又没有，这才是真有；无但又不一定无，这才是真无；见但又不一定见，这才是真见。你没有观察过天吗？如果说天是看不见的，但它却是深青色的，明亮的，日月迭代照耀，四季交替运行，所以并非无；如果说天是看得见的，却靠近它并无处所，指向它并无定形，想要抓住它也无所得，所以并非有。天就是道，道就是天。如果说风可以捉住，影子可以捡拾，那么道也是可见的。"又问："那么我们终究什么也看不见吗？古人也终究什么都看不见吗？"我说："道并无固定的形态，也无形迹可捕，'仁者看见了称为仁，智者看见了称为智'。有形体的事物，我们亲眼所见的也未必就是它的全部。颜回说'如同有一个高高的东西立在我的前面'。既然说'如同'，就不是有；说是'有'，却又没有。所以'虽然想跟从，也找不到门径'。所以颜回已接近圣人了。周文王见道却又好像未见，这实际上是真见。"又问："那么我应该怎样用心呢？"我回答说："陷入无的人，找不到用心的地方，恣纵没有归宿；拘泥于有的人，把心用在没有用的地方，劳而无功。有与无的区

① 戒慎：参见第43则注释①。

别，见与不见的奥妙，是无法言传的。你既然如此急切，我也就勉强同你说不可见的东西，这就好像盲人给盲人领路一样。谈论饮酒的人，不可以认为已经醉了，看见食物的人，不可以认为已经饱了。你如果想吃饱喝醉，又为什么不自己饮酒、吃东西呢？你所追求的看得见，是否就是别人的看不见？也就是《中庸》所说的'在看不见的时候就非常警惕谨慎'。这才是真正的看见，这才是你想要看见的道。"

【解析】

此则撷自《见斋说》。刘观时为自己的书斋命名"见斋"，寄寓早日见道之意，并向阳明先生请教"道"是否可见，先生因此撰写此文。先生认为道可谓之有，也可谓之无，并且不可强行言说、强行去看，否则就破坏了道，道的真义也会离我们越远。也就是说，求道不可凭空谈或感官，关键还要用自己的心去切实领会和体验。这番探讨，与《老子》首章"道可道，非常道；名可名，非常名"有一定关联性，也与禅宗所谓"真空妙有，妙有真空"近似。

184. 臣切见道路流传之言，以为遣使外夷，远迎佛教，群臣纷纷进谏，皆斥而不纳。臣始闻不信，既知其实，然独窃喜幸，以为此乃陛下圣智之开明，善端之萌蘖。群臣之谏，虽亦出于忠爱至情，然而未能推原此念之所从起。是乃为善之端，作圣之本，正当将顺扩充①，溯流求源。而乃狃于世儒崇正之说，徒尔纷争力沮，宜乎陛下之有所拂而不受，忽而不省矣②。愚臣之见独异于是，乃惟恐陛下好佛之心有所未至耳。诚使好佛之心果已真切恳至，不徒

---

① 将顺：顺势促成。

② 狃（niǔ）：囿，局限。徒尔：徒然，枉然。力沮（jǔ）：极力阻止。拂：除去，排除。不省（xǐng）：不理会。

好其名而必务得其实，不但好其末而必务求其本，则尧舜之圣可至，三代之盛可复矣。岂非天下之幸，宗社之福哉！臣请为陛下言其好佛之实。

陛下聪明圣知，昔者青宫①，固已播传四海。即位以来，偶值多故②，未暇讲求五帝、三王神圣之道。虽或时御经筵，儒臣进说，不过日袭故事，就文敷衍③。立谈之间，岂能遽有所开发④？陛下听之，以为圣贤之道不过如此，则亦有何可乐？故渐移志于骑射之能，纵心于游观之乐。盖亦无所用其聪明，施其才力，而偶托寄于此。陛下聪明，岂固遂安于是，而不知此等皆无益有损之事也哉？驰逐困惫之余，夜气清明之际，固将厌倦日生，悔悟日切。而左右前后又莫有以神圣之道为陛下言者，故遂远思西方佛氏之教，以为其道能使人清心绝欲，求全性命，以出离生死；又能慈悲普爱，济度群生，去其苦恼而跻之快乐⑤。今灾害日兴，盗贼日炽，财力日竭，天下之民困苦已极。使诚身得佛氏之道而拯救之，岂徒息精养气，保全性命？岂徒一身之乐？将天下万民之困苦，亦可因是而苏息⑥！故遂特降纶音，发币遣使，不惮数万里之遥，不爱数万金之费，不惜数万生灵之困毙，不厌数年往返之迟久，远迎学佛之徒⑦。是盖思欲

---

① 青宫：太子居东宫，东方属木，于色为青，故称太子所居为青宫。后借指太子。

② 多故：多变乱，多患难。

③ 故事：先例，旧日的典章制度。敷衍：铺陈发挥。

④ 开发：启发，开导。

⑤ 跻：升登，达到。

⑥ 苏息：休养生息。

⑦ 纶音：犹纶言，帝王的诏令。发币：致送礼物或财物。不惮：不怕。不爱：不吝惜。

一洗旧习之非，而幡然于高明光大之业也①。陛下试以臣言反而思之，陛下之心，岂不如此乎？然则圣知之开明，善端之萌蘗者，亦岂过为谀言以佞陛下哉②！陛下好佛之心诚至，则臣请毋好其名而务得其实，毋好其末而务求其本。诚欲得其实而求其本，则请毋求诸佛而求诸圣人，毋求诸外夷而求诸中国。此又非臣之苟为游说之谈以诳陛下，臣又请得而备言之。

夫佛者，夷狄之圣人；圣人者，中国之佛也。在彼夷狄，则可用佛氏之教以化导愚顽；在我中国，自当用圣人之道以参赞化育③，犹行陆者必用车马，渡海者必用舟航。今居中国而师佛教，是犹以车马渡海，虽使造父为御，王良为右，非但不能利涉，必且有沉溺之患④。夫车马本致远之具，岂不利器乎？然而用非其地，则技无所施。若谓佛氏之道，虽不可以平治天下，或亦可以脱离一身之生死；虽不可以参赞化育，而时亦可以导群品之嚚顽⑤。就此二说，亦复不过得吾圣人之余绪⑥。陛下不信，则臣请比而论之。臣亦切尝学佛，最所尊信，自谓悟得其蕴奥。后乃窥见圣道之大，始遂弃置其说。臣请毋言其短，言其长者。夫西方之佛，以释迦为最；中国之圣人，以尧舜为最。臣请以释迦与尧舜比而论之。夫世

① 幡然：剧变貌。

② 谀言：说奉承话。佞（nìng）：用花言巧语谄媚人。

③ 参赞：协助谋划。

④ 造父：古之善御者，赵之先祖。御：驭手，驾驭车马的人。王良：春秋时之善驭马者。
右：车右，亦名骖乘，古制一车乘三人，尊者居左，御车人居中，骖乘居右，以有勇力的
人担任。利涉：顺利渡河。

⑤ 群品：佛教语，谓众生。嚚（yín）顽：即"顽嚚"，谓愚妄奸诈。

⑥ 余绪：留传给后世的部分。

之最所崇慕释迦者，莫尚于脱离生死，超然独存于世。今佛氏之书具载始末，谓释迦住世说法四十余年①，寿八十二岁而没，则其寿亦诚可谓高矣；然舜年百有十岁，尧年一百二十岁，其寿比之释迦则又高也。佛能慈悲施舍，不惜头目脑髓以救人之急难，则其仁爱及物，亦诚可谓至矣；然必苦行于雪山，奔走于道路，而后能有所济。若尧舜则端拱无为②，而天下各得其所。惟克明峻德，以亲九族，则九族既睦；平章百姓，则百姓昭明；协和万邦，则黎民于变时雍③。极而至于上下草木鸟兽，无不咸若④。其仁爱及物，比之释迦则又至也。佛能方便说法，开悟群迷⑤，戒人之酒，止人之杀，去人之贪，绝人之嗔，其神通妙用，亦诚可谓大矣，然必耳提面诲而后能⑥。若在尧舜，则"光被四表，格于上下"⑦，其至诚所运，自然不言而信，不动而变，无为而成。盖"与天地合其德，与日月合其明，与四时合其序，与鬼神合其吉凶"⑧，其神化无方而妙用

---

① 具载：详载，备载。住世：身居现实世界，与"出世"相对。

② 端拱：谓闲适自得，清静无为。

③ "惟克明峻德"句：语本《尚书·尧典》。克明：能明。峻德：大德，高尚的品德。平（pián）章：辨别彰明。协和：和睦，融洽。万邦：所有诸侯封国。时：通"是"。雍：犹和睦。

④ 咸若：《尚书·皋陶谟》："皋陶曰：'都！在知人，在安民。'禹曰：'吁！咸若时，惟帝其难之。'"后以"咸若"称颂帝王之教化。谓万物皆能顺其性，应其时，得其宜。

⑤ 方便：佛教语，以灵活方式因人施教，使悟佛法真义。群迷：佛教语，谓迷失本性的众生。

⑥ 耳提面诲：犹"耳提面命"，谓教诲殷切，要求严格。

⑦ "光被四表，格于上下"：语出《尚书·尧典》。意指帝尧的名声充满于天地四方。被：覆盖。四表：四方以外的地方。格：到达，至。

⑧ "与天地"句：出自《易经·文言》。

无体①，比之释迦则又大也。若乃诅咒变幻，眩怪捏妖，以欺惑愚冥，是固佛氏之所深排极诋②，谓之外道邪魔，正与佛道相反者。不应好佛而乃好其所相反，求佛而乃求其所排诋者也。若以尧舜既没，必欲求之于彼，则释迦之亡亦已久矣；若谓彼中学佛之徒能传释迦之道，则吾中国之大，顾岂无人能传尧舜之道者乎？陛下未之求耳。试求大臣之中，苟其能明尧舜之道者，日日与之推求讲究，乃必有能明神圣之道，致陛下于尧舜之域者矣。故臣以为好佛之心诚至，则请毋好其名而务得其实，毋好其末而务求其本；务得其实而求其本，则请毋求诸佛而求诸圣人，毋求诸夷狄而求诸中国者，果非妄为游说之谈以诳陛下者矣。

陛下而果能以好佛之心而好圣人，以求释迦之诚而求诸尧舜之道，则不必涉数万里之遥，而西方极乐，只在目前；则不必糜数万之费③，毙数万之命，历数年之久，而一尘不动，弹指之间，可以立跻圣地，神通妙用，随形随足。此又非臣之缪为大言以欺陛下④；必欲讨究其说，则皆凿凿可证之言⑤。孔子云："我欲仁，斯仁至矣"⑥，"一日克己复礼，而天下归仁"⑦；孟轲云："人皆可以为尧舜"⑧，岂欺我哉？

---

① 神化：神妙地潜移默化。无方：没有方向、处所的限制，谓无所不至。妙用：神妙的作用。

② 愚冥：指愚昧的人。深排极诋：坚决排斥，极力诋毁。

③ 糜：浪费。

④ 缪：诈伪。大言：夸大的言辞，大话。

⑤ 凿凿：确实。

⑥ "我欲"句：出自《论语·述而》。

⑦ "一日"句：出自《论语·颜渊》。

⑧ "人皆"句：出自《孟子·告子下》。

【译文】

臣痛切地听闻流言，陛下将派遣使者赶赴外族，远迎佛教，群臣纷纷进谏，都被斥退而不采纳。臣刚听闻时并不相信，后来得知实情，但还是暗自欢喜庆幸，认为这是陛下圣智的开明，善端的初萌。群臣的进谏，虽也出于忠君爱国之情，然而未能从本原上推究陛下这一念头从何所起。这是行善的开端，作圣的根本，正应该顺势促成并扩充，逆流而求本原。他们却囿于世儒崇尚正道之说，徒劳地纷争力阻，也就难怪陛下会排除他们的意见而不接受，忽略他们的想法而不理会。愚臣我的看法与他们的看法有所不同，是唯恐陛下好佛之心还有所未至。假如陛下好佛的心思果然真诚恳切，不是只好其名而是必得其实，不仅喜好其枝末而务必求得其根本，那么像尧舜那样的圣人境界也就可以达到，上古三代的盛况也又可重现了。这难道不是天下的幸运，宗社的福气吗？臣请求为陛下讲一讲好佛的事实。

陛下聪明圣智，昔日居青宫为太子之时，声名就已经传播四海。即位以来，碰巧多变乱，因此无暇讲求五帝三王神圣之道。虽然偶尔到讲经之处，儒臣进讲的也只不过是日日沿袭的先例，就文义铺陈发挥。交谈之间，哪里能马上有所启发呢？陛下听了，自然以为圣贤之道不过如此，哪有什么乐趣？所以渐渐把志趣移向骑射的本领，纵任心意于观赏游玩之乐。大概也是聪明无处使，才力无处施，而偶尔寄托一下。但陛下聪明，哪能就满足于这些，而不知道这些都是有害无益的事呢？奔驰追逐得困倦疲惫的时候，夜气清朗明净的时刻，必然日渐生出厌倦之心，悔悟之情也日渐痛切。而左右前后又没有人能把神圣之道讲给陛下听，所以就远思西方的佛教，认为它能使人清心绝欲，保全性命，脱离生死之患；又能慈悲博爱，普度众生，去除苦恼而升登快乐之境。如今灾害日渐兴起，盗贼日渐嚣张，财力日渐枯竭，天下百姓的困苦已达极点。倘若真能亲自得到佛氏之道而拯救他们，哪里只是息精养气、保全性命？哪里只是一身之乐？天下万民的困苦，也可因此而得以休养生息！所以才特意颁布诏令，发送财物，遣派使者，不惧数万里之远，不吝数万金之费，不惜数万生灵的困苦倒毙，不厌倦数年往返时间之久，远迎学佛之人。陛下应该是想一改旧习的错误，幡然悔悟于高明光大的事业。请陛下用臣的话反思一下，陛下的心理，难道不是这样吗？这些都是圣智的开明，善端的初萌，哪里是我过分地说些阿谀的话来讨好陛下呢！陛下好佛的心思真诚恳切，那么臣请求不要只好其名而务必得其实，不要好其末节而务必求得其根本。陛下如真想得其实而求其根本，那就请不要求于佛而应求于圣人，不要求于外族而应求于中国。这并不是臣仅作游说之语来诓骗陛下，臣再请求能详细陈述。

佛，是夷狄的圣人；圣人，是中国的佛。在夷狄的地方，可以用佛教来教化开导愚笨顽劣之人；在我们中国，自然应当用圣人之道来协助化生长育，就像赶路之人必用车马，渡海之人必用航船。如今处于中国而师从佛教，这就像用车马渡海，即使派遣造父驾车马，王良为车右，不但不能顺利渡海，还必定有沉溺的危险。车马本来是行走远方的工具，难道不是精良的工具吗？然而用的地方不对，技能也就无法施展。陛下如果认为佛氏之道虽不能治理天下，或许也可脱离一身的生死；虽不能协助化生长育，而有时也可引导众生的愚妄奸诈。但这两种说法，也不过是得了我们圣人流传给后世的教诲罢了。陛下如果不信，那臣请求对比着来论述一下。臣也曾真切地学过佛，并且极为尊敬信奉，自认为悟得它所蕴藏的奥秘。后来窥见圣道的广大，才抛弃了佛学。臣请不说它的短处，而说说它的长处。西方之佛，以释迦牟尼最尊；中国的圣人，以尧舜最尊。臣请把释迦和尧舜对比来说一下。世人最崇慕释迦的地方，在于脱离生死，超然独存于世。而现在佛教的典籍详细记载他的始末，说释迦在世上说法四十多年，寿八十二岁而终，那他的寿命也的确算长了；可是舜有一百一十岁，尧则一百二十岁，他们比释迦的寿命更长。佛能发慈悲行施舍，不惜舍弃头目脑髓救人于急难，他对于万物的仁爱，也确实可说是达到极致；然而必定在雪山中苦行，在道路上奔走，然后才能有所济助。而尧舜清静无为，天下就能各得其所。他们能够明白大德，使九族亲睦，而九族也就亲睦；为百姓辨别彰明，百姓也就清楚明白；使所有诸侯封国和睦相处，黎民也就能太平生活。极至于上下草木鸟兽，没有不顺性应时的。他们的仁爱及于万物，和释迦比起来又有过之。佛能因人施教讲述法理，使迷失本性的众生开悟，戒除人的嗜酒阻止人的杀戮，去除人的贪欲，根绝人的嗔怒，其神通妙用，也确可谓大了，然而必得耳提面命地教诲才能做到这些。如果是尧舜，则"名声充满于天地四方"，其至诚所至，自然不需要言语就能令人信服，不用有所动作就有变化，无所作为而能成功。"与天地的品德相合，与日月的光明相合，与四时的次序相合，与鬼神的吉凶相合"，神妙地潜移默化却又没有固定方向，有奇妙的作用而没有一定的形式，和释迦相比又大了许多。至于用诅咒变幻，炫耀怪异，捏造妖魔等来欺骗、迷惑愚顽不化之人的行为，也是佛家所坚决排斥的，称之为外道邪魔，正与佛道相反。不应好佛却喜好和它相反的，求佛却求它所排斥的。陛下若是因为尧舜已经没世，必定要求之于他处，那么释迦也亡故很久了；假如说那里学佛的人能够传习释迦的道，则以我们中国之大，又怎么会没有人能传尧舜之道呢？只是陛下没有访求罢了。陛下试着在大臣中访求，如果有能阐明尧舜之道的，每日与他探求研究，必定能阐明神圣之道，从而将陛下引导至尧舜的境界。所以臣以为陛下的好佛之心若果真真诚恳切，就请不要好其名而务必得其实，不要好其枝末而务求其根本；务必得其实而求其根本，就请不要求于佛而求于圣人，不要求于外族而求于中国，这绝不是妄作游说之语来诓骗陛下。

陛下如果真能用好佛的心思来好圣人，用求释迦的诚意来求尧舜之道，就不用跋涉数万里之远，而西方极乐世界，也就在眼前；也不必费数万钱财，死数万百姓，历数年之久，而一点动静都没有。弹指之间，可以立刻升登圣地；神通妙用，随时而行，随时而成。这也不是臣假意说大话来欺骗陛下；必定要追究说法，这些都是确凿有证的话。孔子说："我想到仁，仁就自然来到了。""一旦做到克制自己，使言语和行动都做到合乎礼，那么天下的人都会赞许你有仁德。"孟子说："人都可以成为尧舜。"这些又哪里是欺骗我们的呢？

【解析】

此则撷自《谏迎佛疏》。正德十年（1515），明武宗听闻西域有活佛，能知三生事，立即派宦官刘允前去迎接，随行锦衣卫有130人，侍卫、杂役等数千人，粮草、车船等价值以百万计。毛纪等大臣坚决反对，阳明先生得知此事后也写了《谏迎佛疏》。在文中，先生充分考虑了武宗的性格和心理，采用先扬后抑的手法，将武宗迎佛的动机归结为善端萌发、济世救民，是天下之幸、宗社之福。但他同时指出，佛教毕竟属于外来文化，用于教化中国民众必定会水土不服；且相较而言，中国传统的儒教文化更为博大精深，又何必舍近求远？以此委婉地劝谏武宗舍佛教而尊儒教。考虑到武宗当时所处的境遇和心态，先生并没有像韩愈当年作《谏佛骨表》那样激烈地崇儒排佛，他的疏文几乎没有说佛教一字不好，也没有提及他一贯所认为的佛家"自私自利"之弊，而是通过阐述儒家思想的博大精深来衬托佛家思想的各种不足。他在肯定佛教价值的基础上，又间接劝说明武宗：在中国，佛教无益于治理天下；若想天下大治，成为圣王，还是得追寻尧舜之道。

185. 夫拔本塞源之论不明于天下[1]，则天下之学圣人者，将日繁日难，斯人入于禽兽、夷狄，而犹自以为圣人之学。吾之说虽或暂明于一时，终将冻解于西而冰坚于东，雾释于前而云滃于后，呶呶焉危困以死[2]，而卒无救于天下之分毫也。

夫圣人之心，以天地万物为一体，其视天下之人，无外内远近。凡有血气，皆其昆弟赤子之亲[3]，莫不欲安全而教养之，以遂其万物一体之念。天下之人心，其始亦非有异于圣人也，特其间于有我之私，隔于物欲之蔽，大者以小，通者以塞。人各有心，至有视其父子兄弟如仇雠者。圣人有忧之，是以推其天地万物一体之仁以教天下，使之皆有以克其私，去其蔽，以复其心体之同然。其教之大端，则尧、舜、禹之相授受，所谓"道心惟微，惟精惟一，允执厥中"[4]。而其节目，则舜之命契，所谓"父子有亲，君臣有义，

---

① 拔本塞源：语出《左传·昭公九年》："我在伯父，犹衣服之有冠冕，木水之有本原，民人之有谋主也。伯父若裂冠毁冕，拔本塞原，专弃谋主，虽戎狄其何有余一人？"原指背弃根本。后比喻铲除事物发生的根源，泛指从根本上着手解决问题。

② 滃（wěng）：云气腾涌貌。

③ 昆弟：兄弟。赤子：婴儿。

④ "道心"句：参见第178则第214页注释①。

夫妇有别，长幼有序，朋友有信"五者而已①。唐虞、三代之世，教者惟以此为教，而学者惟以此为学。当是之时，人无异见，家无异习，安此者谓之圣，勉此者谓之贤，而背此者，虽其启明如朱，亦谓之不肖②。下至闾井田野③，农、工、商、贾之贱，莫不皆有是学，而惟以成其德行为务。何者？无有闻见之杂，记诵之烦，辞章之靡滥，功利之驰逐，而但使之孝其亲，弟其长，信其朋友，以复其心体之同然。是盖性分之所固有，而非有假于外者，则人亦孰不能之乎？学校之中，惟以成德为事。而才能之异，或有长于礼乐，长于政教，长于水土播植者，则就其成德，而因使益精其能于学校之中。迨夫举德而任，则使之终身居其职而不易。用之者惟知同心一德，以共安天下之民，视才之称否，而不以崇卑为轻重，劳逸为美恶。效用者亦惟知同心一德，以共安天下之民，苟当其能，则终身处于烦剧而不以为劳，安于卑琐而不以为贱。当是之时，天下之人熙熙皞皞，皆相视如一家之亲。其才质之下者，则安其农、工、商、贾之分，各勤其业，以相生相养，而无有乎希高慕外之心。其才能之异，若皋、夔、稷、契者，则出而各效其能④。若一家之务，或营其衣食，或通其有无，或备其器用，集谋并力，以求遂其仰事俯育之愿⑤，惟恐当其事

① "父子有亲"句：参见第 176 则第 205 页注释②。

② 启明：聪明。朱，丹朱。语出《尚书·尧典》："放齐曰：'胤子朱，启明。'"不肖：参见第 35 则注释⑦。

③ 闾井：犹闾里，居民聚居之处。

④ 皋、夔、稷、契：传说中舜时贤臣皋陶、夔、后稷和契的并称，亦借指贤臣。效能：犹效力，贡献才能。

⑤ 仰事俯育：即"仰事俯畜"，谓对上侍奉父母，对下养育妻儿。亦泛指维持全家生活。语本《孟子·梁惠王上》："是故明君制民之产，必使仰足以事父母，俯足以畜妻子。"

者之或怠而重己之累也。故稷勤其稼而不耻其不知教，视契之善教即己之善教也；夔司其乐而不耻于不明礼，视夷之通礼即己之通礼也。盖其心学纯明，而有以全其万物一体之仁。故其精神流贯，志气通达，而无有乎人己之分、物我之间。譬之一人之身，目视、耳听、手持、足行，以济一身之用。目不耻其无聪，而耳之所涉，目必营焉①；足不耻其无执，而手之所探，足必前焉。盖其元气充周，血脉条畅，是以痒疴呼吸②，感触神应，有不言而喻之妙。此圣人之学所以至易至简，易知易从，学易能而才易成者，正以大端惟在复心体之同然，而知识技能非所与论也。

三代之衰，王道熄而霸术焻③；孔孟既没，圣学晦而邪说横。教者不复以此为教，而学者不复以此为学。霸者之徒，窃取先王之近似者，假之于外以内济其私己之欲，天下靡然宗之，圣人之道遂以芜塞④。相仿相效，日求所以富强之说，倾诈之谋，攻伐之计，一切欺天罔人，苟一时之得，以猎取声利之术，若管商、苏张之属者⑤，至不可名数。既其久也，斗争劫夺，不胜其祸，斯人沦于禽兽、夷狄，而霸术亦有所不能行矣。世之儒者慨然悲伤，搜猎先圣王之典章法制，而掇拾修补于煨烬之余。盖其为心，良亦欲以挽回

---

① 营：经营，这里指辅助。

② 条畅：通畅，畅达。痒疴（kē）：泛指病痛。

③ 霸术：即霸道，指君主凭借武力、刑法、权势等进行统治，与"王道"相对。焻（chàng）：盛行。

④ 靡然：草木顺风而倒貌，喻望风响应，闻风而动。芜：荒废。塞：堵塞，填塞。

⑤ 管商、苏张：管谓管仲（约前723年—前645年），春秋时期法家代表人物；商谓商鞅（约前395年—前338年），战国时期法家代表人物；苏谓苏秦（？—前284年），战国时期著名的纵横家；张谓张仪（？—前309年），战国时期著名的纵横家。

先王之道。圣学既远，霸术之传积渍已深，虽在贤知，皆不免于习染。其所以讲明修饰，以求宣畅光复于世者，仅足以增霸者之藩篱，而圣学之门墙，遂不可复睹①。于是乎有训诂之学，而传之以为名；有记诵之学，而言之以为博；有词章之学，而侈之以为丽。若是者纷纷籍籍，群起角立于天下②，又不知其几家。万径千蹊，莫知所适。世之学者如入百戏之场，欢谑跳踉、骋奇斗巧、献笑争妍者③，四面而竞出，前瞻后盼，应接不遑，而耳目眩瞀，精神恍忽，日夜遨游淹息其间，如病狂丧心之人，莫自知其家业之所归。时君世主亦皆昏迷颠倒于其说，而终身从事于无用之虚文，莫自知其所谓。间有觉其空疏谬妄、支离牵滞，而卓然自奋，欲以见诸行事之实者，极其所抵，亦不过为富强功利、五霸之事业而止。圣人之学日远日晦，而功利之习愈趋愈下。其间虽尝瞀惑于佛老④，而佛老之说卒亦未能有以胜其功利之心；虽又尝折衷于群儒⑤，而群儒之论终亦未能有以破其功利之见。盖至于今，功利之毒沦浃于人之心髓⑥，而习以成性也几千年矣。相矜以知，相轧以势，相争以利，相高以技能，相取以声誉⑦。其出而仕也，理钱谷者则欲兼夫兵刑，典礼乐者又欲与于铨轴，处郡县则思藩臬之高，居台谏则望

---

① 藩篱：篱笆，比喻门户或屏障。门墙：《论语·子张》："夫子之墙数仞，不得其门而入，不见宗庙之美，百官之富。得其门者或寡矣。"后因称师门为"门墙"。

② 角立：对峙，并立。

③ 跳踉（liàng）：犹跳跃。争妍：竞相逞美。

④ 瞀惑：迷乱，蛊惑。

⑤ 折衷：取正，用为判断事物的准则。

⑥ 沦浃：深入，渗透。

⑦ 相矜：互相夸耀。相轧：互相倾轧。相高：比高，争胜。

宰执之要①。故不能其事则不得以兼其官，不通其说则不可以要其誉。记诵之广，适以长其傲也；知识之多，适以行其恶也；闻见之博，适以肆其辩也；辞章之富，适以饰其伪也。是以皋、夔、稷、契所不能兼之事，而今之初学小生皆欲通其说、究其术。其称名借号，未尝不曰"吾欲以共成天下之务"，而其诚心实意之所在，以为不如是则无以济其私而满其欲也。呜呼！以若是之积染，以若是之心志，而又讲之以若是之学术，宜其闻吾圣人之教，而视之以为赘疣枘凿②。则其以良知为未足，而谓圣人之学为无所用，亦其势有所必至矣！呜呼！士生斯世，而尚何以求圣人之学乎！尚何以论圣人之学乎！士生斯世，而欲以为学者，不亦劳苦而繁难乎！不亦拘滞而险艰乎③！呜呼，可悲也已！所幸天理之在人心，终有所不可泯，而良知之明，万古一日。则其闻吾拔本塞源之论，必有恻然而悲，戚然而痛，愤然而起，沛然若决江河而有所不可御者矣。非夫豪杰之士，无所待而兴者，吾谁与望乎④？

【译文】

　　正本清源的学说如果不能明于天下，那么天下学习圣人的人，就会觉得越来越繁杂艰难，最后沦落为禽兽夷狄，还自以为学的是圣人

---

① 钱谷：货币和谷物。铨（quán）轴：犹衡轴，比喻中枢要职。藩臬（niè）：藩司和臬司，明清两代的布政使和按察使的并称。台谏：唐宋时以专司纠弹的御史为台官，以职掌建言的给事中、谏议大夫等为谏官。两者虽各有所司，而职责往往相混，故多以"台谏"泛称之。明初废谏院，以给事中兼领监察与规谏，两者开始合流。宰执：指宰相等执掌国家政事的重臣。

② 赘疣（yóu）：指附生于体外的肉瘤。喻多余无用之物。枘（ruì）凿：枘、凿，榫头与卯眼。枘圆凿方或枘方凿圆，难相容合。后因以"枘凿"比喻事物的扞格不入或互相矛盾。

③ 拘滞：拘泥呆板。

④ "无所待而兴"：参见第 178 则第 216 页注释⑧。

之学。我的学说虽然可能暂时让圣道明于一时，终究还是会像西边的冻虽然融化了，东边的冰却依然坚硬，前方的雾刚刚消散，后面的云又开始腾涌，即使我喋喋不休，甘冒性命之险，也丝毫不能拯救天下。

圣人的心与天地万物是一体的，他对待天下人没有内外远近之分。凡是有血气的，都是他的兄弟儿女，都想让他们安全并且教养他们，以实现他与天地万物为一体的心愿。天下人的心，开始时与圣人也并无区别，只是被自我的私心所离间，受到物欲的蒙蔽而分隔，才把公心变成了私心，通达变成了阻塞。每个人都各有私心，甚至把父子兄弟也视同仇敌。圣人对此深感忧虑，于是推广他那与天地万物为一体的仁心来教化天下，使天下人都能克服私心，去除蒙蔽，以恢复心体本来所共有的面貌。圣人教化的主要内容，就是尧、舜、禹相互传授的，即"道心惟微，惟精惟一，允执厥中"。其中的细节名目，也就是舜命令契去教化天下的五个方面："父子有亲，君臣有义，夫妇有别，长幼有序，朋友有信。"尧舜和夏商周三代，教师就教这些，学生也就学这些。那时候，人们没有不同的看法，家家也没有不同的习俗，自然就能做到这些的人称作圣，努力后才能做到的人称作贤，而背离这些的人，即使像丹朱那样聪明，也都叫不肖。即使是在市井田野中从事农、工、商等低微职业的人，也没有不学习这些的，只把完善自己的德性看作要紧的事。为什么呢？因为他们没有繁杂的见闻，烦琐的记诵，浮靡的辞章，以及对功利的追逐，而只是孝敬父母，敬爱兄长，诚信交友，以恢复心体中所共有的。这些都是人性中固有的东西，并不需要从外面假借，又有谁不能做到呢？学校也以培养人的品德为任务。至于才能方面的差异，有的擅长礼乐，有的擅长政治教化，有的擅长水利农事，都是依据他们已具备的德行，在学校进一步培养各自的才能。根据德行让他们任职，才能让他们在自己的职位上终生不会更改。用人者只知同心同德，以使天下长治久安，只看他们的才能是否称职，而不以身份的高低分轻重，也不以工作的劳苦或安逸为好坏。被任用的人也只知同心同德，以使天下长治久安，如果适合自己的才能，即使终生从事繁重剧烈的工作，也不觉得辛劳，安心从事低下琐碎的工作也不会感到卑贱。那时候，天下人都和乐舒畅，视彼此亲如一家。其中才能资质较差的人，就安心从事农、工、商等本职工作，勤奋劳动，互相为对方提供生活必需品，而没有好高骛远的想法。那些才能卓越的人，如皋陶、夔、后稷、契等人，就出仕为官，各自发挥自己的才能。就像一个家庭的事务，有的经营衣食，有的互通有无，有的制造器物，大家出谋划策，齐心协力，以实现侍奉父母、养育子女的心愿，只怕当事者懈怠而拖累了自己。所以后稷辛勤地种植庄稼，并不因为自己不知道教化而感到羞耻，而把契的善于教化看作是自己善于教化；夔掌管音乐，并不因为自己不懂礼仪而感到羞耻，而把伯夷通晓礼仪看作是自己通晓礼仪。因为他们的心体纯洁明净，能够完全实现万物一体的仁爱。所以，他们精神流贯，志气通达，没有你我之别、物我之分。就像一个人的身体，眼睛看，耳朵听，手拿物，脚走路，都是为满足身体的运用。眼睛不会因为没有听觉而感到羞耻，当耳朵听的时候，眼睛也一定会辅助；脚也不会因为没有握执的能力而感到羞耻，手拿物时，脚也一定会上前帮忙。因为人身体里元气充沛周流，血脉通畅，无论病痛呼吸，都能感觉到，并有神妙的反应，其中有不言而喻的奇妙。圣人的学问之所以极易极简，容易通晓，容易实践，容易学会，容易成才，正在于其根本是要恢复心体所共有的，而并不讨论知识技能层面的东西。

夏、商、周三代衰落以后，王道衰微而霸道盛行；孔子、孟子去世后，圣学晦暗而邪说横行。教师不再教圣学，学生也不再学圣学。施行霸道的人，窃取与先王相似的言论，外倡其说，内济私欲，天下人争相仿效，圣人之道于是荒废阻塞。人与人之间互相效法，每天追求的是富强的技巧，倾诈的谋略，攻伐的战术，以及一切欺天骗人却又能得到一时好处、获得名利的方法，像管仲、商鞅、苏秦、张仪这样的人，多得不可胜数。长此以往，争夺劫掠，祸患无穷，人沦落为禽兽夷狄，连霸道也难以推行。世间的儒者感慨悲伤，搜寻前代圣王的典章法制，从焚书的灰烬中捡拾修补。他们的本意，是要恢复先王的圣道。然而圣学已经相距甚远，霸道的流传却已造成深远的影响，即使是贤人智者，也难免不受侵染。因此，他们为求得圣学的发扬光大，对圣学做出的讲解修饰，仅仅是增强了霸道的门户，至于圣学的门墙，却依然看不到。于是，就有了训诂之学，传播它只为了求得虚名；有了记诵之学，讨论它只为了显示博学；有了辞章之学，夸大它只为了追求华丽。像这样纷纷扰扰，竞相对峙争夺天下，又不知有多少门派。路径纷繁，令人无所适从。世上的学者就像进了一个杂技场，到处都是嬉笑跳跃、争奇斗艳、献媚取悦的人，从四面八方竞相袭来，使人前瞻后顾，应接不暇，以致耳聋眼花，精神恍惚，日夜在那里辗转流连，就像丧心病狂的人，不知道自己的家业在哪里。当时的君主也都被这些主张言论弄得神魂颠倒，终生致力于无用的虚文，却终究不知道讲了些什么。偶尔有人意识到这些学问的空洞荒诞、零乱牵强，奋然而起，想在现实中有所作为，但他所能做到的，也不过是争取富强功利的霸业罢了。圣人的学问日渐遥远晦暗，追逐功利的习气越来越卑下。这期间，虽然曾经有迷信佛道两教的人，但佛道的学说最终也战胜不了人的功利心；也曾经有人想取正于群儒，但群儒的论说最终也不能破除人的功利心。这是因为时至今日，追名逐利的思想毒害已经深入人的内心最深处，积习成性，延续了几千年。人们在知识上互相夸耀，在权势上互相倾轧，在利益上互相争夺，在技能上互相争胜，在名声上互相竞争。那些做官的人，掌管钱粮的还想兼管军事、刑法，掌管礼乐的还想兼任中枢要职，郡县的官员想升到藩司、臬司的高位，身居御史之职还觊觎着宰相的高位。因此不能胜任某方面的事务便不能任某职，不通晓某方面的知识就不能谋求相应的名誉。记诵的广博，正助长了他们的傲慢；知识的丰富，正有助于他们行恶；见闻的博洽，正好使他们肆意诡辩；言词的华丽，正好掩饰他们的虚伪。所以，原本皋陶、夔、后稷、契都不能兼管的事，现在初学的孩子却都想通晓他们的理论，穷究他们的技巧。他们所打的名义招牌，何尝不是"我想要促成天下共同的事业"，而他们的真正用意，是认为如果不这样说，就不能实现他们的私心，满足他们的私欲。唉！凭这样的积习，凭这样的心志，而又讲求这样的学术，也就难怪当他们听闻圣人的教导，就把它当成累赘包袱，格格不入。因此，他们认为良知有所不足，认为圣人的学问是无用之术，也就势所必然了。唉！士人生在这样的时代，又怎么能求得圣人的学问！又怎么能讲明圣人的学问！士人生在这样的时代而想要成为学者，不是太辛苦太烦难了吗？不是太拘泥太艰辛了吗？唉，实在是可悲啊！幸运的是，人心中的天理不会泯灭，良知的光明亘古不变。那么，听了我所讲的正本清源的主张，一定会凄恻悲伤，痛心疾首，愤然而起，像决口的江河一泻千里，势不可挡！若不是自觉感奋而起的豪杰之士，我又能寄希望于谁呢？

【解析】

　　此则是《答顾东桥书》的最后一部分，阳明先生去世后，被其弟子单独刊行，命名为《拔本塞源论》，可见其具有相对独立的重要价值。自宋以来，学者有感于世风学风之衰败，多有"拔本塞源"之论，主张务必从根本上着手解决问题。如程颐说："夫辟邪说以明先王之道，非拔本塞源不能也。"（《河南程氏遗书》卷二十一）吕祖谦也说："大凡做事须是拔本塞源，然后为善。"（《吕东莱文集·孟子说》）阳明先生的这篇文章即依循此思路。在先生看来，要拯救圣学于危亡，根本之道在于圣人所教的"万物一体之仁"，即秉公心，去私欲，视天下人无内外远近之分，一以骨肉亲情待之，保全他们的生活，并予以养育教化。先生认为尧舜、三代之时正是因为能以一体之仁治天下，故能实现天下一家之亲的理想社会模式。他进而指出，万物一体之仁心其实不分圣愚，人人具有，只是后人受到功利的驱使，私欲的蒙蔽，因而失去公心，以致霸术昌盛，邪说盛行，圣学日晦，私欲日炽。先生揭此病根，正是希望从根本上拔除对圣学的怀疑惑乱，塞断导致歧出沉沦的源头，一扫世代累积的弊端，以提振良知，拔乎流俗，济世救人。他认为，归根结底，世人是因为良知未足，才会误以为圣学无所可用；一旦致良知，也就能体悟圣学之精髓，即"万物一体之仁"。在《庄子·齐物论》中即有万物齐同思想，儒家的万物一体思想最初见于《礼记·礼运》，入宋代以后发扬光大，周敦颐、程颢、程颐、张载、陆九渊等均有论述，各具特色。阳明先生则是基于"良知"本体论加以论说，可谓集大成。整篇文章思想深刻，情感真挚，文风热切，因此动人心魄，影响深远。明末大儒刘宗周评价说："快读一过，足见先生一腔真血脉，洞彻万古。"清初大儒孙奇逢说："拔本塞源之论，以宇宙为一家，天地为一身，真令人恻然悲，戚然痛，愤然起。是集中一篇大文字，亦是世间一篇有数文字。"日本学者三轮执斋亦云："是至论中之至论，明文中之明文。自秦汉以来数千年之间，惟有此一文而已。"先生此文的重要性，由此可见一斑。

主要参考书刊目录

著作

《王文成公全书》,《万有文库》第一集,商务印书馆 1933 年版。

吴光、钱明、董平编:《王阳明全集》,上海古籍出版社 2011
年版。

吴光、钱明、董平、姚延福编校:《王阳明全集》(新编本),浙江
古籍出版社 2010 年版。

杨光主编:《王阳明全集》,北京燕山出版社 1997 年版。

施邦曜辑评:《阳明先生集要》,中华书局 2008 年版。

《传习录》,台海出版社 2017 年版。

吴浩译注:《传习录》,中国法制出版社 2018 年版。

王建军译注:《传习录新解》,民主与建设出版社 2016 年版。

梁启超点校:《传习录集评》,九州出版社 2015 年版。

孙虹钢译解:《传习录:明道践行的人生法典》,北京理工大学出版
社 2014 年版。

墨非编译:《传习录全解》,中国华侨出版社 2016 年版。

纪望书:《传习录通解》,武汉出版社 2017 年版。

邓艾民注:《传习录注疏》,上海古籍出版社 2015 年版。

余重耀:《阳明先生传纂》,中华书局 1923 年版。

钱穆：《阳明学述要》，九州出版社 2010 年版。

冈田武彦著，钱明审校，杨田、冯莹莹、袁斌、孙逢明译：《王阳明大传：知行合一的心学智慧》，重庆出版社 2015 年版。

朱熹、吕祖谦：《近思录》，河南大学出版社 2016 年版。

路新生注说：《近思录》，河南大学出版社 2016 年版。

熊十力等：《跟着大师读王阳明》，华中科技大学出版社 2019 年版。

杜维明：《现代精神与儒家传统》，生活·读书·新知三联书店 1997 年版。

杜维明：《青年王阳明：行动中的儒家思想》，生活·读书·新知三联书店 2013 年版。

刘义光：《王阳明：知行合一·尽心知性》，中国法制出版社 2018 年版。

周建华：《王阳明在江西》，江西高校出版社 2017 年版。

刘梦溪：《学术与传统》，北京时代华文书局 2017 年版。

冯友兰：《中国哲学简史》，中华书局 2017 年版。

曲辉：《突破与变异：16—17 世纪儒学思想变迁探微》，中国传媒大学出版社 2017 年版。

陈来：《有无之境：王阳明哲学的精神》，生活·读书·新知三联书店 2009 年版。

陈来：《儒学通诠：陈来学术论集》，孔学堂书局 2015 年版。

吴楚材、吴调侯：《古文观止》，吉林出版集团有限责任公司 2010 年版。

文若愚：《中国文化 1000 问》，中国华侨出版社 2016 年版。

尹协理：《宋明理学》，新华出版社 1993 年版。

蔡仁厚：《王阳明哲学》，九州出版社 2013 年版。

蔡仁厚：《孔子的生命境界：儒学的反思与开展》，吉林出版集团 2010 年版。

曾亦：《儒家伦理与中国社会》，上海三联书店 2018 年版。

梁启超：《梁启超讲读王阳明心学》，当代世界出版社 2018 年版。

梁启超等：《王阳明传》，新世界出版社 2016 年版。

左东岭：《王学与中晚明士人心态》，商务印书馆 2014 年版。

钱明：《儒学正脉：王守仁传》，浙江人民出版社 2006 年版。

钱明：《浙中王学研究》，中国人民大学出版社 2009 年版。

束景南：《阳明佚文辑考编年》，上海古籍出版社 2012 年版。

马平安：《传统士人的家国天下》，团结出版社 2018 年版。

王凯立：《心学功夫》，贵州人民出版社 2017 年版。

张岱年：《中华思想大辞典》，吉林人民出版社 1991 年版。

张岱年：《中国哲学大辞典》，上海辞书出版社 2010 年版。

陈畅：《理学道统的思想世界》，上海书店出版社 2017 年版。

谢祥皓、刘宗贤：《中国儒学》，四川人民出版社 1993 年版。

张锡勤、霍方雷：《陆王心学初探》，黑龙江人民出版社 1982 年版。

刘宗贤：《陆王心学研究》，山东人民出版社 1997 年版。

东方治：《名家会评传习录》，国家行政学院出版社 2016 年版。

赵清文：《品读王阳明：知行合一的心学智慧》，华夏出版社 2019 年版。

张祥浩：《王守仁评传》，南京大学出版社 1997 年版。

陈立胜：《王阳明"万物一体"论　从"身体"的立场看》，北京燕山出版社 2018 年版。

周月亮：《阳明心学十九讲》，故宫出版社 2018 年版。

宋希仁：《伦理与人生》，教育科学出版社 2000 年版。

嵇文甫：《晚明思想史论》，东方出版社 1996 年版。

张学智：《明代哲学史》，北京大学出版社 2000 年版。

王晓昕、李友学：《王学之魂》，贵州民族出版社 2005 年版。

朱承：《儒家的如何是好》，广西师范大学出版社 2016 年版。

燕国材：《中国教育心理思想史》，山东教育出版社 2004 年版。

论文

陈畅：《阳明学的道问学开展途径——论蕺山学派格物思想的哲学义蕴》，《社会科学》2017 年第 5 期。

方尔加：《关于阳明心学的研究方法》，《中国哲学史》2003 年第 2 期。

朱义禄：《论王阳明自得精神及其对后世的影响》，《宁波大学学报》（人文科学版）2018 年第 5 期。

刘琳娜：《论王阳明对周程道统的继承——从道体动静角度的诠释》，《船山学刊》2017 年第 2 期。

孙宝山：《王阳明的〈论语〉诠释》，《孔子研究》（学术版）2014 年第 1 期。

张新民：《论王阳明实践哲学的精义——以"龙场悟道"及心学的发生学形成过程为中心》，《浙江社会科学》2018 年第 7 期。

谢琰：《"道喻"的日常化趣味及思想史意义——〈二程遗书〉的一

种文学解读》，《北京师范大学学报》2017 年第 4 期。

刘兆伟：《王阳明指导人生教育的实证研究》，《辽宁教育行政学院学报》2018 年第 5 期。

乐爱国：《"博文约礼"：朱熹的解读与王阳明的〈博约说〉》，《贵阳学院学报》（社会科学版）2018 年第 3 期。

苏子敬：《王阳明"拔本塞源论"之诠释》，《揭谛》2005 年第 9 期。

朱晓鹏：《养生与养德——论王阳明中后期对道家道教的批评之一》，《中国哲学史》2008 年第 2 期。